PETER HUCHTHAUSEN

K-19

UND DIE GESCHICHTE DER RUSSISCHEN ATOM-U-BOOTE

NATIONAL GEOGRAPHIC

Titel der amerikanischen Originalausgabe:
K 19
The Widowmaker
The Secret Story of the Soviet Nuclear Submarine
Peter Huchthausen
Capt., USN (Ret.)

Veröffentlicht von der National Geographic Society,
Washington, D.C., 2002, alle Rechte vorbehalten

Die National Geographic Society wurde 1888 gegründet,
um „die geographischen Kenntnisse zu mehren und zu verbreiten."
Seither unterstützt sie die wissenschaftliche Forschung und informiert
ihre mehr als neun Millionen Mitglieder in aller Welt.

Die National Geographic Society informiert durch Magazine, Bücher,
Fernsehprogramme, Videos, Landkarten, Atlanten und moderne Lehrmittel.
Außerdem vergibt sie Forschungsstipendien und organisiert den Wettbewerb
National Geographic Bee sowie Workshops für Lehrer.

Die Gesellschaft finanziert sich durch Mitgliedsbeiträge
und den Verkauf der Lehrmittel.

Die Mitglieder erhalten regelmäßig das offizielle Journal
der Gesellschaft: das NATIONAL GEOGRAPHIC-Magazin.
Falls Sie mehr über die National Geographic Society, ihre Lehrprogramme
und Publikationen wissen wollen: Nutzen Sie die Website unter
www.nationalgeographic.com.
Die Website von NATIONAL GEOGRAPHIC Deutschland
können Sie unter
www.nationalgeographic.de
besuchen.

Deutsche Ausgabe veröffentlicht von G+J/RBA Hamburg 2002
Übersetzung: Christiane Gsänger

Koordination/Redaktion: Carlo Lauer/CLP
Redaktionelle Mitarbeit: Dr. Horst Leisering für CLP
Satz:Typographischer Betrieb Walter Biering Hans Numberger
Titelgestaltung: Lutz Jahrmarkt
Produktion: Ursula Stahl
Druck und Verarbeitung: GGP Media, Pößneck
Printed in Germany
ISBN 3-934385-88-5

INHALT

4. Juli 1961, an Bord der *K-19*

VORWORT

Die Männer, die in Sektion Sechs arbeiteten, meldeten, dass ein Feuer ausgebrochen war. Über der Reaktorabdeckung leuchteten Flammen in den Farben von Hellblau bis Violett. Auf Befehl des zentralen Kommandostandes wurde die Sektion Sechs fest verschlossen. Zweimal waren Brände ausgebrochen und mit den dafür vorgesehenen Geräten gelöscht worden. Doch warum war die Flamme violett? fragte ich mich. Schließlich waren die Schweißarbeiten beendet und die Hilfspumpe, die mit einem 30-Tonnen-Süßwassertank verbunden war, wurde aktiviert. Ich ging nach unten und bahnte mir den Weg zur Sektion Sechs. Am Schott standen Kosyrew und Vachromejew, die über die Lage Bericht erstatteten. Währenddessen öffnete sich die Tür des Schotts und Korchilow kam aus der betroffenen Sektion. Er riss sich die Gasmaske vom Gesicht und erbrach sofort weißen und gelben Schaum. Man brachte ihn in die Sektion Eins, wo die medizinische Ambulanz untergebracht war. Alle Männer in Sektion Sechs waren massiver radioaktiver Strahlung ausgesetzt gewesen; sie hatten weit mehr als die zulässigen Mengen abbekommen.

Wir mussten versuchen, die untere Ölwanne der Reaktorabteilung trockenzulegen. Die Hauptrestmengenpumpe in Sektion Acht war ausgefallen; sie war defekt. Wir beschlossen, die Ölwanne mit der Hauptentwässerungspumpe für die Kommandozentrale zu leeren. Sobald wir zu pumpen begannen, erhöhten sich die Strahlenwerte in den Sektionen Fünf, Vier und Drei. Offensichtlich wurden Produkte der Kernspaltung aus der Ölwanne gespült und von der Hauptentwässerungspumpe in diese anderen Sektionen geleitet.

Ich fühlte, wie mir schlecht wurde. Ich ging in die Kabine und legte mich in meine Koje. Die unterschiedlichsten Gedanken schossen mir durch den Kopf. Ich wusste, dass wir etwas unternehmen mussten. Das Problem war jetzt, wie man die Mannschaft und das Schiff retten konnte. Meine Hauptsorge galt den Männern. Jeder, der sich in Sektion Sechs befunden hatte, war zum Tod verurteilt; das wusste ich bereits. Aber was konnte ich jetzt tun? Wir waren noch etwa 2400 km von zu Hause entfernt. Wenn wir eine Geschwindigkeit von zehn Knoten beibehielten, würden wir in sechs oder sieben Tagen dort ankommen. Wir würden alle permanent hoher Strahlung ausgesetzt sein und das über den gesamten Zeitraum. Keiner von uns würde überleben.

aus den Erinnerungen von Kommandant Nikolai Satejew

★ ★ ★

AM 12. AUGUST 2000, fast vierzig Jahre nach dem geheim gehaltenen Atomunfall auf dem sowjetischen U-Boot *K-19*, explodierte das russische Super-U-Boot *Kursk* und sank in 107 m tiefem Wasser in der Barentssee, weniger als 310 km von der im hohen Norden gelegenen Stadt Murmansk entfernt. 118 russische Seeleute und Ingenieure kamen dabei ums Leben. Die *Kursk* war der Stolz der russischen Marine, sie war zwar relativ klein, doch immer noch ein sehr leistungsstarkes U-Boot. Die *Kursk*, die Marschflugkörper abfeuern und bis zu 455 m tief tauchen konnte, war eines aus einer Klasse von 11 U-Booten. Man hatte sie gebaut, um gegen westliche Flugzeugträgerverbände vorzugehen.

49 herausragende U-Boot-Offiziere, 36 mehr als die normale Besatzung, waren an diesem Tag an Bord der *Kursk*. Sie sollten den Testabschuss einer bemerkenswerten neuen Unterwasserwaffe, des *Schkwal*-Raketentorpedos, beobachten. Der Hochgeschwindigkeitstorpedo, der unter Wasser Geschwindigkeiten von mehr als 320 km/h erreichen kann, wurde zur Zerstörung von Schiffen und U-Booten entworfen. Die *Kursk* testete eine verbesserte Version des *Schkwal* mit einer größeren Reichweite, bei dem Flüssigbrennstoff das frühere System mit festem Brennstoff ersetzte. Nach einer langen Geschichte von Unfällen mit Raketen, die instabilen flüssigen Brennstoff hatten, war die sowjetische Marine Ende der 80er-Jahre zu einem Antriebssystem mit festen Brennstoffen übergegangen. Dass man nun in dem neuen Torpedo wieder flüssigen Brennstoff verwendete, sollte der finanziell schlecht gestellten Marine Geld sparen. Um den Torpedo aus dem Abschussrohr zu feuern, verwendete das neue System Monotreibstoff mit einer Energiequelle auf einer Nitrat-Ester-Basis, die sehr instabil ist. Ein ähnlicher flüssiger Treibstoff hatte in den Jahren kurz nach dem Zweiten Weltkrieg bei zwei britischen Diesel-U-Booten zu katastrophalen Explosionen geführt.

Während des Tests an Bord der *Kursk* verlor ein Torpedo eines älteren Modells instabilen flüssigen Brennstoff, der mit Metallen im Gehäuse reagierte, explodierte und ein heftiges Feuer im Torpedoraum entfachte, der ersten Sektion im Bug des Schiffes. Eine zweite gewaltige Explosion, deren Sprengkraft etwa 55 Tonnen TNT entsprach, folgte mehr als zwei Minuten später. Die zweite Explosion riss den Bug auf und verursachte ein Feuer, dass den größten Teil des U-Bootes vor den Atomreaktoren entzündete. Russische U-Boot-Besatzungen, die an früheren Tests beteiligt gewesen waren, erklärten, dass sie beim Abfeuern der neuen Waffe oft die wasserdichten Schotte zwischen drei oder vier Sektionen nach achtern geöffnet hatten, weil der Überdruck im Torpedoraum, der kaum zu ertragen war, so gemildert wurde. Wenn dies auf der *Kursk* auch der Fall war, wurde bei der zweiten Explosion alles Leben vernichtet, soweit die Schotte offen waren.

Frühe Versuche, Überlebende zu retten, waren erfolglos. Nach sieben Tagen ergebnisloser Rettungsversuche, erklärte Michail Mostok, der Stabschef der Nordmeerflotte, dass er das Schlimmste befürchtete. Nachdem man zwölf Leichen in der Nähe des achterlichen Notausstiegs entdeckte, erklärten russische Experten zwei Monate nach dem Unfall, dass nach den Aufzeichnungen, die man bei der Leiche eines Offiziers gefunden hatte, 23 Mitglieder der Besatzung die erste Explosion überlebt und sich einen Weg zur Sektion im Heck erkämpft hatten. Sie starben vier Stunden später, als sie versuchten, das Sauerstoffversorgungssystem zu aktivieren, das explodierte, als es mit dem öligen Wasser in den Bilgen in Berührung kam. Dabei starben die restlichen Überlebenden.

Ende September 2001 wurde der Rumpf des U-Bootes vom Meeresgrund gehoben. Die abgetrennte vordere Sektion blieb am Grund. »Die Tragödie der *Kursk* ist eine Parabel für das moderne Russland«, schrieb John Barry in *Newsweek*. »Ein Land, das den plötzlichen Zusammenbruch seiner Stellung als Supermacht noch nicht verwunden hat, und auch mit der Verantwortung einer offeneren Gesellschaft nicht zurechtkommt.«

Eine große Hebevorrichtung brachte den zertrümmerten Rumpf zu einem schwimmenden Trockendock bei Murmansk. Das Dock wurde dann trocken gepumpt, sodass der verkohlte und verbogene Rumpf bloß lag. Der Rumpf wurde sorgfältig nach Überresten der Mannschaft und Hinweisen auf die Unglücksursache untersucht. Man fand 56 weitere Leichen (später mehr), und die Ergebnisse der Untersuchung zeigten, dass der flüssige Brennstoff eines älteren Torpedomodells den Unfall verursacht hatte. Sofort nach der folgenden Untersuchung entließ der russische Präsident Wladimir Putin 18 ranghohe Offiziere der Nordmeerflotte, darunter den Oberbefehlshaber und die meisten der dienstälteren U-Boot-Kommandanten. Einige von ihnen erwarten Anklagen wegen Pflichtversäumnis und fahrlässigem Vorgehen.

★★★

DER UNFALL DER *KURSK* steht in der Geschichte der russischen Marine keineswegs allein. Der extreme Druck, in Zeiten des Kalten Krieges mit der Marine westlicher Länder um die Vorherrschaft zu konkurrieren, trieb die Sowjetunion dazu, überstürzt neue Schiffe und Abschussrampen für Waffen zu bauen. Das sowjetische Militär reagierte auf das Verlangen nach Überlegenheit der Marine mit der raschen Produktion von U-Booten, häufig ohne Berücksichtigung der Sicherheitsvorschriften. Diese U-Boote wurden mit minimalen Testläufen und einer Mannschaft, die nicht ausreichend trainiert war, voreilig eingesetzt. Obwohl die Planung durchaus mit den Schiffen der NATO mithalten konnte, war die sowjetische militärische Führung zu unflexibel, um ausreichende Qualitätskontrollen während der Massenproduktion von Marineschiffen zu garantieren. Auf Planungs- und Konstruktionsfehler wurde viel zu langsam reagiert. Das Produktions- und Verwaltungssystem schaffte es ebenfalls nicht, dafür einzustehen, dass die Schiffe sicher waren. Außerdem wertete man das Feedback von den Mannschaften, die diese raffinierten Schiffe und U-Boote im Meer testeten, nicht richtig und setzte die Kritik nicht konstruktiv um. Die Sicherheits- und Konstruktionsmängel waren schuld an den häufigen Unfällen und den vielen Todesfällen, die mit dem Wachstum der sowjetischen Marine zwischen dem Ende des Zweiten Weltkriegs und dem Ende des Kalten Krieges Hand in Hand gingen.

Der katastrophale Verlust der *Kursk* ereignete sich in einer Zeit zunehmender wirtschaftlicher Probleme für die einst großartigen, aber jetzt unsicheren Streitkräfte der GUS, gerade neun Jahre nach dem Zerfall der Sowjetunion. Die *Kursk* ist vielleicht nur der letzte in einer langen Reihe von Marineunfällen, doch es ist nicht mehr länger möglich, die Informationen über diese Unfälle zu unterdrücken, da Meldungen jetzt relativ frei aus der einst geschlossenen Gesellschaft Russlands fließen.

Glasnost unter Michail Gorbatschow ermöglichte das Auftauchen der Erinnerungen und Protokolle, die in diesem Buch verwendet werden. Ich habe Berichte von Offizieren und Besatzungsmitgliedern von Schiffen und U-Booten eingebracht, die Zeugen von Explosionen, Untergängen und vielen anderen Beinahekatastrophen waren. Sie wollten gern die Geschichten von Amtsvergehen und Stümperei erzählen, die das repressive Regime lange Jahre vor den Augen der Öffentlichkeit verborgen hatte. Die Ansichten auf den folgenden Seiten zeigen zum ersten Mal in der Marinegeschichte der Gegenwart die offene Meinung von U-Boot-Planern und -konstrukteuren, die während der dunklen Jahre der Sowjetunion führende Positionen innehatten. Daneben äußern sich bekannte hochrangige russische U-Boot-Leute, darunter der letzte Oberbefehlshaber der Marine, Admiral Wladimir N. Tschernawin, sein erster Stellvertreter Iwan M. Kapitanets, der Stabschef der Marine, Konstantin V. Makarow und zwei stellvertretende Stabschefs, die verstorbenen Admirale Pjotr Nawoytzew und Iwan Komarow. Die Schlussfolgerungen, die in diesem Buch zum Thema Sicherheit und Bereitschaft der Flotte gezogen werden, fußen auf den Meinungen von diesen Admiralen und mehr als einem Dutzend russischer Kommandanten von Atom-U-Booten, von denen die meisten in schwere Unfälle aufgrund technischer Defekte oder Zusammenstöße mit amerikanischen U-Booten verwickelt waren. Viele dieser einmaligen Ansichten lernte ich kennen, während ich von 1987–90 als dienstältester amerikanischer Marine-Attaché in Moskau arbeitete oder während Forschungsbesuchen in Russland in den Jahren von 1991 bis 1996. Die persönlichen Erlebnisberichte über Unfälle konzentrieren sich, wenn möglich, auf die weit verbreiteten Fehler in der Flotte, und zeigen doch, wie die russischen Marineleute tapfer kämpften, um das Abbrennen und Sinken ihrer Schiffe und U-Boote zu verhindern.

An erster Stelle ist Kommandant Nikolai Satejew zu nennen, der Marineoffizier, der die *K-19*, das erste atomgetriebene U-Boot, das mit Raketengeschossen bestückt war, kommandierte. Seine erschütternde Begegnung mit tödlicher radioaktiver Strahlung ist einer der beängstigendsten Unfälle in den Annalen der Seefahrt. Kapitän Satejews persönliche Erinnerungen, die hier übersetzt wurden, bieten einen unübertroffenen Einblick aus erster Hand in die Frühzeit der sowjetischen Atom-U-Boote. Er entspricht auch der Erfahrung der meisten russischen U-Boot-Kommandanten bezüglich der Bedingungen in der Flotte und die Schwierigkeiten, mit denen sie zu kämpfen hatten, um ihre U-Boote einsatzbereit zu halten.

Die Entdeckung von Material, das zuvor von der Zensur zurückgehalten wurde, wirft auch neues Licht auf die Umstände, die zu den Unfällen führten. Als Marineveteran, der die Entwicklung in der sowjetischen Marine mehr als 30 Jahre lang genau verfolgte, war ich vor allem berührt durch den Heldenmut, den sowjetische Marineoffiziere und -matrosen inmitten der schlimmsten Katastrophen an den Tag legten. Deshalb versucht dieses Buch so lebendig wie möglich die Zerrissenheit zwischen Mut und Verzweiflung zu zeigen. Die Erinnerungen weisen auch auf die zu Grunde liegenden Ursachen vieler unglücklicher Unfälle hin, die der Sowjetmarine während des Kalten Krieges zusetzten.

Der folgende Bericht beginnt mit einem Blick auf die Jahre kurz nach dem Zweiten Weltkrieg mit ihren hektischen Versuchen, die Werften, die durch die Nazi-Invasion zerstört worden waren, wieder zu ersetzen, und erläutert die grandiosen Pläne von Stalin für eine Marine von Weltrang. Er liefert Details zu ausgewählten früheren U-Boot-Unfällen und dem größten Marine-Unglück in Friedenszeiten, hervorgerufen durch schlampige Sicherheitskontrollen, Schwächen im Training der Marineoffiziere und politische Kungelei, die in den Jahren nach den Wirren des Krieges weit verbreitet waren. Das Buch zeigt, wie der amerikanische Fortschritt in der U-Boot- und Atomkraft-Entwicklung das sowjetische Atomprogramm dazu trieb, die Erweiterung einer Flotte von kaum seetüchtigen, Raketen tragenden U-Booten zu forcieren. U-Boot-Bau und Trainingsmethoden für die Besatzungen in der Frühzeit der Atomkraft werden verglichen, um die unterschiedlichen Schwerpunkte der Marine der Vereinigten Staaten und jener der Sowjetunion zu zeigen. Auch das Verhalten der sowjetischen Schiffbaubehörden und der Marineführung, um mit den westlichen Marine-Entwicklungen Schritt zu halten, wird gezeigt. Schließlich wendet sich das Buch den Gefahren zu, die noch immer in den Gewässern um die ehemalige Sowjetunion lauern, weil dort entsorgte Reaktoren und radioaktiver Abfall lagern. Das heutige Russland trägt eine Riesenlast, diese umweltschädlichen Rückstände zu beseitigen.

Die Sowjetunion war lange dafür bekannt, ihre Geheimnisse zu verbergen. In den Jahren des Kalten Krieges (1948–91) wurden die ungeheueren Verluste der sowjetischen Marine vor der russischen Bevölkerung geheim gehalten. Radioaktiver Abfall wurde in die Weltmeere versenkt. Die grauenvollen Ergebnisse wurden jetzt aufgedeckt, ein Erbe, das uns wohl noch Generationen lang bedrohen wird.

FLOTTE UNTER DER ROTEN FLAGGE

KAPITEL 1

1945, NACH DEM SIEG über das Dritte Reich, entrollte man die roten Flaggen der sowjetischen Marine, die 1917 das erste Mal aufgezogen wurden, mit neuem Eifer. Trotz der Kriegszerstörungen schuf Josef Stalin eine moderne Marine, die sein siegreiches Heer in einer neuen Zeit zu einer der führenden Seemächte der Welt machen sollte. Die Sowjetmarine stürmte dank Stalins ehrgeizigem Plan, eine moderne Schlachtschiffflotte zu bauen, geradewegs in die Zukunft. Zu dieser Flotte gehörten das neue 20 000-Tonnen-Schiff *Swerdlow* und das 44 000-Tonnen-Schiff *Stalingrad* sowie Flugzeugträger.

Stalins Pläne waren seine persönliche Reaktion auf Fotos von den großen alliierten Flottenverbänden im Atlantik während der Invasion in der Normandie und im Pazifik. Damals waren große Einsatzkräfte zusammengezogen, die im Meer ankerten, soweit das Auge blicken konnte. Stalin beneidete Großbritannien und die USA um ihre Macht auf See und hatte das Gefühl, dass seine eigene schwache Marine seine Pläne einer weltweiten

Ausbreitung des Kommunismus behinderte. 1948 beklagte er sich, dass er die griechischen Kommunisten nicht angemessen unterstützen konnte, weil „wir keine Marine haben".

Stalin war überzeugt, dass die Sowjetunion eine Flotte brauchte, die ihrem neuen Status als Supermacht entsprach. Der Diktator glaubte außerdem, dass ein massives Bauprogramm für die Marine die sowjetische Schwerindustrie beleben würde, die im Krieg gegen Deutschland schwer geschädigt worden war. Die Sowjetunion würde eine neue Marine aufbauen, mit der sie Befreiungskriege weltweit unterstützen könnte. Die Marine würde zu einem Instrument globaler Strategie werden, eine „bestehende Flotte", wie es der Marinestratege Alfred Thayer Mahan ausdrückte. Diese Marine könnte Freunde und Feinde gleichermaßen von der Weltmacht der Sowjetunion überzeugen.

Um Stalins Vorstellung von einer großen Marine zu fördern, stützte sich die kommunistische Partei auf die Seefahrtsüberlieferungen aus der russischen Vergangenheit, einschließlich der volkstümlichen Träume des Zaren Peter des Großen im 17. Jahrhundert, der versuchte, eine große Flotte in warmen Gewässern zu stationieren. Der fortschrittliche Zar hatte große Anstrengungen unternommen, um für seine Traumflotte aus leistungsfähigen Kriegsschiffen ausländische Schiffbautechniken zu nützen. Er berief niederländische, englische und deutsche Schiffskonstrukteure und Marineoffiziere in seine Städte, um den Grundstein für eine mächtige Seestreitkraft zu legen.

Die russische Geschichte ist voll von Marinedramen und berühmten Seeschlachten gegen die Türken, Schweden und Japaner. Es gibt eine ganze Reihe Seehelden wie Admiral Fjodor Uschakow, der 1799 die Insel Korfu erstürmte, Pavel Nachimow, den Helden der Belagerung von Sewastopol 1855, und Stepan Makarow, den Kommandanten der russischen Pazifikschwadron, der 1905 auf dem Flaggschiff *Petropawlowsk* starb, das im Russisch-Japanischen Krieg sank. Die einzigen Seesiege konnte Russland 1714 gegen die Schweden in der Ostsee und

1790 gegen die Türken im Schwarzen Meer verzeichnen. Die meisten der berühmten russischen Abenteuer auf See waren entscheidende Niederlagen, wie der Untergang des Kreuzers *Varyag* 1904 oder die Meuterei auf dem Panzerkreuzer *Potemkin* 1917. Es erstaunt nicht, dass die Propaganda der kommunistischen Ära weniger ruhmreiche Ereignisse der russischen Marinegeschichte einfach übersah, wie etwa 1905 die Schlacht von Tsushima. Dabei verlor man die gesamte russische Flotte an die gerade erst entstandene japanische. Ebenfalls nicht erwähnt wurde der blutige Aufstand der Matrosen von Kronstadt 1921, ein früher Versuch der Konterrevolution gegen die Bolschewisten.

In den Jahren unmittelbar nach dem Zweiten Weltkrieg wrackten die westlichen Alliierten die größte Flotte, die man je gesehen hatte, schnell ab, während Stalin ein systematisches Wiederaufbauprogramm begann. Diese modernisierte und vergrößerte Flotte sollte eine völlig neue Aufgabe haben: offensive Macht auf See demonstrieren und offensive Operationen auf offener See durchführen. Diese Verschiebung in der Marinepolitik, die von einem Sowjetregime ausging, das auf militärische Geheimhaltung und strenge interne Sicherheitskontrollen bedacht war, erregte zunächst wenig Aufmerksamkeit bei den westlichen Alliierten. Die Westmächte konzentrierten sich damals in erster Linie auf die Entwicklung von Atomwaffen, Kurz- und Langstreckenraketen sowie Luftwaffen, die damit umgehen konnten.

Ein großer Prozentsatz der sowjetischen Werften, Häfen, Binnenwasserwege und Marine-Infrastruktur, einschließlich der Trainings- und Wartungseinrichtungen lag in Trümmern.

Die Sowjetunion war gezwungen, all diese Einrichtungen ganz von vorn zu bauen und einen sich rasch erweiternden Grundstock von modernen, gut ausgerüsteten Werften, in die auch Ausrüstung und Maschinen aus der Kriegsbeute integriert wurden, zu schaffen. Von diesen modernen Werften liefen schon bald neuzeitliche Schiffe und U-Boote vom Stapel. Doch bis sie mit voller Kraft produzierten, war die Sowjetmarine gezwungen, auf große Mengen Materials der Alliierten zurückzugreifen, das sie während des Krieges erhalten hatte.

Die Sowjetunion hatte mehrere Hundert amerikanische und britische Schiffe bekommen, dazu große Mengen von Marinewaffen und -ausrüstung, einschließlich Flugzeug- und U-Boot-Abwehrwaffen, Maschinen, Fahrzeuge und Kleidung. Die Sowjets machten auch reichlich Gebrauch von den Reparationen und dem Wissen, das sie vom besiegten Feind erworben hatten. Die Konferenz von Potsdam 1945, bei der die Aufteilung und Abwicklung der Überreste der deutschen Kriegsmaschinerie beschlossen wurde, hatte der Sowjetunion eine Reihe von Schiffen der früheren Achsenmächte zugesprochen. Diese Schiffe halfen den Sowjets, die Kriegsverluste auszugleichen und die Übergangszeit zu überbrücken, bis die neuen modernen Werften mit voller Kraft arbeiteten. Von Deutschland erhielten sie den beschädigten 23 200-Tonnen-Flugzeugträger *Graf Zeppelin*, das 12 000-Tonnen Linienschiff *Schleswig-Holstein*, den 6000-Tonnen-Kreuzer *Nürnberg*, zehn Zerstörer und zehn noch funktionsfähige U-Boote. Von den Italienern bekamen sie das 24 000-Tonnen-Schlachtschiff *Giulio Cesare*, den Kreuzer *Emanuele Filberto Duca d'Aosta*, vier Zerstörer, 14 Torpedoboote und zwei U-Boote. Die Japaner trugen sechs Zerstörer und zahlreiche kleine Schiffe und U-Boote bei.

Die sowjetischen Streitkräfte eroberten auch große Mengen an Marinematerial aus der sowjetischen Zone in Nordostdeutschland. Sie zogen auch Nutzen aus unfertigen Schiffen, U-Boot-Teilen, U-Boot-Maschinen, Fabriken und großen Mengen wissenschaftlicher und technischer Daten. Mit eingeschlossen waren auch einige intakte und einige teilweise fertig gestellte deutsche U-Boote der fortschrittlichen XXI-, XXIII- und XXVI-Klassen. Sie bekamen auch eine neue Sauerstoff-Peroxid-Antriebs-Technologie für U-Boote. Diese hochmodernen deutschen U-Boote und die Antriebstechnologie waren ein wahrer Segen für die sowjetischen Schiffskonstrukteure. Das Gleiche galt für die japanischen U-Boote der I-200-Klasse, die während der ersten Rangeleien um die Kriegsbeute des besiegten Japan in sowjetische Hände fielen. Diese erstklassigen japanischen U-Boote lieferten den sowjetischen U-Boot-Konstrukteuren wichtige Technologien, die sie zuvor nicht kannten. Günstig für die Entwicklung der zukünftigen sowjetischen Marine war die Gefangennahme deutscher Marine- und Waffenspezialisten. Sie wurden mit ihrem Wissen in den sowjetischen Forschungs- und Konstruktionsbüros eingesetzt. Die Sowjets erkannten den Wert dieser Aktivposten sofort. Um die Nutzung noch zu erleichtern, errichteten sie im besetzten Berlin ein großes Hauptquartier, dessen Aufgabe es in erster Linie war, die großen Mengen an Technologie, die man in den Werften konfisziert hatte, zu sichten.

Ganze Werften und Konstruktionshallen wurden in den nordostdeutschen Häfen von den Russen abgebaut, auf Züge, Schiffe und Frachtkähne verladen und in die Sowjetunion transportiert. Dass der unfertige und beschädigte Flugzeugträger *Graf Zeppelin* auf See verloren ging, war symptomatisch für die Bemühungen bei der Demontage und die große Eile der sowjetischen Nachkriegsregierung. 1945 wurde der 23 200-Tonnen-Flugzeugträger mit deutschen Maschinen von Werften beladen und in Richtung sowjetische Häfen geschleppt. Der Flugzeugträger kenterte und sank in der Ostsee als Folge eines Minentreffers. Er wurde 1946/47 wieder gehoben und nach Leningrad geschleppt. Deutsche Marine-Schiffbautechniken, die auf den Maschinen, der Technologie und dem Ingenieurswissen des Zweiten Weltkrieges beruhen, werden in Russland auch heute noch angewendet. Die sowjetischen Konstruktionstechniken für U-Boote, besonders der Bau des Rumpfs aus einzelnen Segmenten, sind eine Weiterentwicklung früherer deutscher Methoden. Zu dieser Technik gehört der getrennte Bau ganzer U-Boot-Teile, die später in überdachten Konstruktionshallen zusammengesetzt werden.

Die Landgewinne der Sowjetunion waren für den Aufbau einer Weltklassemarine ebenso wichtig. Durch die Angliederung von Land nach dem Krieg erhielten die Russen die ganzjährig nutzbaren Hochseehäfen, die sie seit 300 Jahren gesucht hatten. Russische Marineschiffe würden nicht mehr wegen des Eises fünf Monate im Jahr festliegen. 1945 besetzte die Sowjetunion die baltischen Länder (Litauen, Estland und Lettland) und den größten Teil Ostpreußens. Darüber hinaus erhielten die Sowjets wenig später das volle Nutzungsrecht für die Ostseehäfen in Polen und Ostdeutschland. Der Teil der Ostsee küste, der von der sowjetischen Marine kontrolliert wurde, wuchs in kürzester Zeit von 120 km vor dem Krieg auf 1600 km. Auch die sowjetischen Landgewinne am Pazifik waren umfangreich. Nach der japanischen Kapitulation 1945 bekam die UdSSR die Kurilen, die Hälfte der Halbinsel Sachalin und die nördliche Hälfte von Korea. Die sowjetische Marine durfte auch am Schwarzen Meer die Häfen von Satellitenstaaten wie Bulgarien oder Rumänien nutzen. Doch trotz dieser Landgewinne und dem neu erworbenen Zugang zu ganzjährig eisfreien Häfen war der Bewegungsspielraum dreier der vier sowjetischen Flotten – im Pazifik, in der Ostsee und im Schwarzen Meer – durch die westliche Kontrolle über den Zugang zu wichtigen Fahrrinnen eingeschränkt. Die Tsugaru-, Tsushima- und La-Pérouse-Straßen schützten des Japanische Meer. Die Dänen kontrollierten den Zugang zur Ostsee. Und das Schwarze Meer war nur durch den türkischen Bosporus und die Dardanellen zu erreichen. Trotz allem zog die sowjetische Flotte ihr rotes Banner bald auf allen Weltmeeren auf.

In den ersten sechs Jahren nach dem Zweiten Weltkrieg legten die Sowjets großen Wert auf wissenschaftlichen und technologischen Fortschritt, obwohl dies der sowieso schon arg geplagten Bevölkerung gewaltige Kosten auferlegte. 1951 hatte die UdSSR große Teile ihrer Industriestandorte wieder aufgebaut und näherte sich ihrem Ziel, Überlegenheit in der militärischen und Marine-Ausrüstung zu erreichen. In diesen sechs Jahren baute die Sowjetunion mehr Kriegsschiffe als alle anderen Nationen der Welt zusammen.

Allein zwischen 1948 und 1950 produzierten sie 50 bis 60 U-Boote pro Jahr, weil sie mit aller Kraft ihr Ziel verfolgten, 1959 eine U-Boot-Flotte von 500 Schiffen zu besitzen. Mitte der 50er-Jahre hatte die Sowjetmarine mehr U-Boote als Hitlerdeutschland auf dem Höhepunkt des U-Boot-Krieges gegen die Alliierten. Die sowjetische Flotte genoss einen hohen politischen und militärischen Status in der UdSSR, obwohl sie sich noch in der Frühphase eines hektischen Aufbaus befand.

Der heftige Vorstoß der Sowjetunion im Marinebereich war jedoch nur von kurzer Dauer und kam ins Stocken, als Stalin 1953 starb. Ein dreijähriger Kampf entbrannte unter seinen potenziellen Nachfolgern, aus dem Nikita S. Chruschtschow siegreich hervorging. Während der Anfangsjahre der Ära Chruschtschow legte der Oberbefehlshaber, Admiral Nikolai G. Kusnetzow, die Grundlage für eine moderne Flotte, mit Atomantrieb und mit der Möglichkeit Nuklearwaffen einzusetzen. Der populäre Kusnetzow wurde in den 30er-Jahren erstmals Oberbefehlshaber, nachdem durch Stalins Säuberungsaktionen ein großer Teil der älteren Marineoffiziere verschwunden war. Auch Kusnetzows Vorgänger, Wladimir Orlow, gehörte zu den Opfern, außerdem geschätzte 30 Prozent des Offizierskorps der gesamten Armee, darunter vier der fünf Flottenbefehlshaber. Nur der Kommandant der Pazifikflotte blieb. Admiral Kusnetzow, der leitende sowjetische Admiral während des Zweiten Weltkriegs, war nach dem Krieg kurze Zeit Kommandant der Pazifikflotte, bevor er 1951 als Marineminister nach Moskau zurückkehrte. 1953 wurde er stellvertretender Verteidigungsminister und wieder Oberbefehlshaber der Marine.

Eine Tragödie beendete 1955 Kusnetzows Amtszeit als Kommandant und leitete die neue Herrschaft von Admiral Sergej Gorschkow ein. Die *Noworossysk*, ein 24 000-Tonnen-Kriegsschiff, das Flaggschiff der Schwarzmeerflotte, explodierte, kenterte und sank im wichtigsten sowjetischen Schwarzmeerhafen, Sewastopol, 608 Matrosen kamen ums Leben. Dieses Ereignis hatte weit reichende Folgen. Das Kriegsschiff, ursprünglich ein italienisches Schiff mit dem Namen *Giulio Cesare*, kam 1949 gemäß den Beschlüssen der Konferenz von Teheran an die sowjetische Marine. Thema dieser Konferenz 1943 war die Abwicklung der italienischen Kriegsmarine. Der Untergang der *Noworossysk*, der erst 33 Jahre später der sowjetischen Bevölkerung und der Welt enthüllt wurde, war das schwerste Schiffsunglück des 20. Jahrhunderts in Friedenszeiten.

★★★

DAS KRIEGSSCHIFF EXPLODIERTE am 29. Oktober 1955, kurze Zeit nachdem es in den Hafen von Sewastopol eingelaufen war. Tausend Matrosen konnten von den Decks und den Aufbauten in Sicherheit springen, doch zweidreiviertel Stunden nach der Explosion legte sich das massive Kriegsschiff auf die Seite und steckte in 3 m dickem Schlamm fest. Die Mannschaft und Rettungsmannschaften von benachbarten Schiffen versuchten noch verzweifelt, die *Noworossysk* zu retten. Sie setzte sich aber mit dem Bug nach unten in 15 m tiefem Wasser fest. Hunderte Mannschaftsangehörige waren im Rumpf gefangen. Viele der Eingeschlossenen konnten mit der Luft, die in den Kopf stehenden Schotten blieb, noch einige Zeit überleben. Doch trotz panischer Klopfzeichen aus dem Rumpf, die noch 36 Stunden nach dem Kentern gehört wurden, konnten die Retter nur neun Überlebende aus den Bilgen bergen. Sie mussten sich dazu durch die dicke armierte Außenhaut des Schiffes schneiden.

Während die Mannschaft verbrannte und verletzte Kameraden aus dem öligen Hafenwasser zog, kämpfte ein Bordingenieur, Nikolai Woronkow, tief im Innern des Kriegsschiffes um sein Leben. Unmittelbar nach der Explosion war Nikolai zu seinem Gefechtsstand gerannt, der im Bereich des Dieselgenerators vier Ebenen unter dem Hauptdeck lag. Alle Lichter waren ausgegangen, und er tastete sich im Dunkeln voran. Nikolai erinnert sich, dass er sich, ohne die Katastrophe wahrzunehmen, die sich über ihm abspielte, über den zunehmenden Realismus der Nachtübung wunderte. Er gelangte rechtzeitig an seinen Gefechtsstand, um den großen Dieselgenerator zu starten, bevor fünf andere verblüffte Kameraden sich ihm anschlossen. Seine Mannschaft war in der Lage nach kurzer Zeit, die Beleuchtung im größten Teils des Hecks wieder in Ordnung zu bringen. Mehr als zweieinhalb Stunden gelang es ihm, seinen Generator laufen zu lassen und so die Notbeleuchtung zu liefern, die dringend gebraucht wurde. Kurz nach vier Uhr morgens spürte Nikolai, dass sein Schiff in den Hafen schlingerte. Nach einer kurzen Pause begann das Schiff sich, zu seinem Schrecken, auf die Seite zu legen. Die Ingenieure kämpften, um das Gleichgewicht nicht zu verlieren. Nikolai stürzte aber, stieß mit dem Kopf gegen seine geliebte Maschine und zog sich eine schlimme Verletzung an einem Rohr zu, als seine Welt plötzlich Kopf stand.

Als Nikolai erwachte, war er bis zum Hals im Wasser, die heiße Maschine hing von den Fußbodenplatten über seinem Kopf und reichte 90 cm tief ins Wasser. Die Maschine kam knirschend zum Stehen und Nikolai erstarrte wie in einem Traum, während er auf das Ende seines Lebens wartete. Die Notbeleuchtung, jetzt die einzige Lichtquelle, begann zu zischen und ging aus. Die Dunkelheit legte sich wie ein Leichentuch über das Schott. Als einzige Geräusche waren das Tropfen und Zischen von den Seiten des heißen Dieselgenerators zu hören.

Nikolai begann nach seinen Kameraden zu rufen. Fünf Matrosen antworteten ihm und stapften platschend in Richtung auf seine Stimme durchs Wasser. In der völligen Dunkelheit folgte Nikolai dem Verlauf der Rohre zur Außenhaut des Rumpfes über seinem Kopf. Zeit war nicht von Bedeutung. Er wusste, dass Stunden vergangen sein mussten, seit die erste Explosion das Schiff erschüttert hatte. Er wollte unbedingt einen Weg durch den Schiffsrumpf finden. Einige Versuche, aus dem dunklen Maschinenraum zu tauchen, hätten fast ins Verhängnis geführt, denn er hatte schon keine Luft mehr, bevor er zur nächsten Ebene kam. Die schlechte Luft, die Nikolai sich mit seinen fünf Kameraden teilte, machte ihn wirr und zunehmend müder. Doch er war entschlossen, zu entkommen.

Nikolai dachte über die verschiedenen Öffnungen im Rumpf nach, die groß genug sein könnten, um hindurchzukriechen.

Zuerst dachte er an Haupteinspeisung und -abzug des Kondensators, ein riesiges Rohr, doch es lag im Maschinenraum zwei Räume nach hinten. Dann erinnerte er sich, dass die Ableitung des Kühlwassers aus dem Diesel nach draußen eine Röhre mit 400 mm Durchmesser hatte. Er ließ seine Hände am unteren Ende der Maschine entlanggleiten und fand so die Kühlwasserleitung. Dann folgte er ihr entlang der Wasserpumpe bis zu der Stelle, wo das Kühlwasser ins Meer abgegeben wurde. Er wusste von einem nicht weit zurückliegenden Aufenthalt im Trockendock, dass die dicke Armierung des Rumpfes einige Zentimeter vor den Ableitungsrohren aufhörte und dass der Rumpf dort am dünnsten war.

Nikolai nahm einen Schraubenschlüssel aus der Tasche, durchtrennte vorsichtig das Knie der Leitung und schlüpfte mit Kopf und Schultern in das Rohr. Er passte gerade so hinein. Dann gab er seinen Kameraden Zeichen. Sie öffneten das erste Ventil, und Nikolai kroch tiefer in das Rohr – eine schwierige Sache, selbst unter günstigeren Bedingungen.

Das Rohr war gerade groß genug, dass er seine Schultern durchzwängen konnte, doch es war sehr eng, und er fühlte sich wie in einem Schraubstock. Nachdem er erst einmal ganz darin war, begann er nach dem zweiten Ventil zu tasten. Er streckte seinen Arm aus und fand die zweite Ventilklappe – geschlossen. Sie war nun der einzige bewegliche Gegenstand zwischen ihm und der Freiheit.

Er rief seinen Kameraden zu, sie langsam aufzukurbeln. Doch kaum war sie einen Spalt geöffnet, schlug ihm Wasser ins Gesicht, so dass er Gefahr lief, ins pechschwarze Schott zurückgedrückt zu werden. Da die Matrosen befürchteten, dass das eindringende Wasser das Schott ganz überfluten und ihnen die restliche kostbare Luft nehmen könnte, schlossen sie das Ventil rasch. Nikolai kroch wieder aus dem Rohr, entmutigt. Er stand einen Moment still und plötzlich, aus Enttäuschung, begann er mit seinem Schraubenschlüssel gegen den Schiffsrumpf zu schlagen. Immer weiter erzeugte er die ohrenbetäubenden Geräusche. Er kämpfte dabei gegen das

Bedürfnis, sich hinzulegen und zu schlafen – das machte ihm deutlich klar, dass der Sauerstoff in der Luftblase über ihm zu Ende ging.

Als er schon fast völlig verzweifelte, hörte Nikolai auf einmal ein Echo. Er hörte auf, den Schraubenschlüssel zu schwingen und lauschte. Er hörte es wieder. Jemand klopfte an die Außenseite des Schiffsrumpfes. Er hatte keine Ahnung, wie viel Zeit vergangen war, seit seine Welt sich auf den Kopf gestellt hatte, aber er zwang sich in einem verzweifelten Kampf gegen die Erschöpfung den Schraubenschlüssel wieder zu schwingen. Endlich, nachdem er das Gefühl hatte, in einen dunklen Tunnel einzutauchen und wieder herauszukommen, roch Nikolai heißes glühendes Metall. Mit großer Mühe sah er in der Dunkelheit nach oben zur Bilge. Plötzlich erkannte er einen roten Schein. Er beobachtete, wie hypnotisiert, dass dieser Schein wuchs und zu einer Linie und endlich zu einem Kreis wurde, gerade groß genug, seine Schultern hindurchzulassen. Nikolai schaute, unfähig zu sprechen, bis der Kreis sich in den offenen blauen Himmel verwandelte.

„Wir sind frei“, rief er mit aller Kraft, die seine Lungen hergaben.

Nikolai tastete im neuen schattigen Licht des Schotts, bis er die Hand des Kameraden gefunden hatte, der ihm am nächsten war. Die Männer bildeten eine Kette und krochen zum Licht. Sie kletterten schließlich auf den schmierigen, von Seepocken bedeckten Schiffsrumpf. Von dort zogen starke Arme, die aus einer Gruppe von Helfern kamen, einen nach dem anderen aus dem dunklen Abgrund. Wunderbarerweise folgte ihnen eine siebte Person, die sie im Innern des Schiffsrumpfs weder gesehen noch gehört hatten, in das blendende Nachmittagssonnenlicht von Sewastopol. Zwei weitere Besatzungsmitglieder wurden von Tauchern gerettet, die aus der Tiefe in den Schiffsrumpf vordrangen. Die Retter krochen durch einen dunklen überfluteten Gang nach dem anderen, bis sie zwei halb ertrunkene Seeleute fanden. Doch nur neun wurden aus dem Wrack geborgen – und das zwei volle Tage nach dem Kentern.

Die restlichen 608 fand man erst, als das Schiff im folgenden Jahr gehoben wurde.

Die Ursache für den Untergang wird wohl nie geklärt werden. Einige vermuteten italienische Froschmänner. Andere glaubten, dass übrig gebliebene deutsche Grundminen die Ursache waren, oder Sprengstoff, der in Maschinen an Bord gebracht worden war, bevor das Schiff von Italien aus überführt wurde. Schuld am Untergang war eine lange verschobene Reparatur am Rumpf, und das führte zu heftigen Klagen und Gegenklagen wegen schlechter Führung, mangelnder Vertrautheit mit dem im Ausland gebauten Schiff und, am schlimmsten, wegen Unterdrückung von Informationen, die helfen könnten, zukünftige Unfälle zu verhindern. Die Episode zeigte auch den Mut des russischen Seemanns und seinen Einfallsreichtum angesichts der Katastrophe, eine Eigenschaft, die Seeleute in den kommenden Jahrzehnten immer wieder unter Beweis stellen würden.

★★★

GLEICHGÜLTIG, WAS DIE URSACHEN WAREN, das *Noworossysk*-Unglück wird als Symbol für den Niedergang der konventionellen, für alle Waffen geeigneten Kriegsschiffe der Sowjetmarine in Erinnerung bleiben. Das unmittelbare Ergebnis des Untergangs war die Degradierung des Marine-Oberbefehlshabers, Nikolai Kusnetzow, und seine Ersetzung durch einen neuen Kommandanten. Der Flottenadmiral Sergej G. Gorschkow, zweimal Held der Sowjetunion, wurde der Vater der modernen sowjetischen Marine. Während seines 27-jährigen Dienstes erlebte er eine gewaltige Änderung in der Marinedoktrin und die Konstruktion einer modernen Hochseeflotte von Schiffen, die mit Raketen ausgestattet sind, und von Atom-U-Booten. Gorschkow, der mit 17 Jahren in die Marine eintrat, wurde mit 31 Admiral. Seinen raschen Aufstieg hatte er vor allem seinem Geschick als Kommandant während des Großen Vaterländischen Krieges zu verdanken. Er tauchte unter den wenigen ranghöheren Seehelden des Ersten Weltkriegs auf, vor allem wegen seines Vorgehens bei einem Feldzug in Odessa und als Kommandant der Donauflotte.

In einer plötzlichen Umkehr von Stalins Nachkriegsplänen zur Erweiterung der Flotte gebot Chruschtschow dem Bau großer Kriegsschiffe Einhalt. Er befahl der Sowjetmarine, alle Kriegsschiffe und Kreuzer aus der Zeit vor dem Zweiten Weltkrieg und die meisten der großen Schiffe aus deutschen und italienischen Reparationszahlungen auszurangieren. Der Nicht-Seemann Chruschtschow meinte: »Marineschiffe sind nur dazu gut, Staatsoberhäupter bei offiziellen Besuchen zu befördern; sie haben sich überlebt. Sie sind nur als Plattform für Raketen brauchbar.«

Chruschtschow führte eine Abwehrstrategie ein, die sich auf eine starke U-Boot-Macht und eine Flotte stützte. Ihre Aufgabe sollte die Verteidigung der Küste an den Flanken eines mächtigen Landheeres sein. Mit der Unterstützung seines Verteidigungschefs, des gefeierten Armeekommandanten Georgij Schukow, versuchte er die Kosten für militärische Neukonstruktionen zu senken, während er das riesige Landheer beibehalten wollte. Die Ausgaben für den Schiffbau wurden drastisch reduziert. So hatte die sowjetische Marine, die eine Million Mann umfasst hatte, 1957 nur noch 500 000 Angehörige. Mehr als 350 von 600 Schiffen waren stillgelegt. Der neue Marinechef Gorschkow setzte die Beseitigung veralteter Kriegsschiffe und alter Kreuzer nach dem Beschluss Chruschtschows fort. Er stoppte auch die Pläne, neue schwere 36 000-Tonnen-Stalingrad-Kreuzer zu bauen und ließ viele unfertige Schiffsrümpfe verschrotten. Das Projekt 68, das den Bau von Kreuzern der Swerdlow-Klasse vorsah, wurde nach nur 14 vollendeten von 24 geplanten Schiffen abgeschlossen. Dies versetzte den klassischen Kriegsschiffen den Todesstoß. Die Kürzungen waren begleitet von einer Debatte über den Wert einer konventionellen, von Kreuzern beherrschten Marine. Darüber hinaus wurde das Bauprogramm für große dieselangetriebene Angriffs-U-Boote reduziert, um für den Bau von besseren U-Booten mit raffinierteren Eigenschaften Kapazitäten frei zu haben.

1962, auf dem Höhepunkt der Kubakrise, machte der sprunghafte Chruschtschow Admiral Gorschkow Vorwürfe, wegen zu weniger bewaffneter Begleitschiffe und Hochgeschwindigkeits-U-Boote zum Schutz für die Handelsschiffe, die auf ihrem Weg nach Kuba bedroht wurden.

„Wir brauchen autonome Schiffe mit großer Reichweite als Begleitschiffe in Richtung Kuba“, schrie der wütende Chruschtschow. „Weshalb besitzen Sie keine?“

„Aber“, antwortete Gorschkow, „Sie haben angeordnet, dass alle zerstört werden.“

„Ich habe das nie befohlen“, darauf der Generalsekretär.

Als sich im Kalten Krieg der Wettlauf um Raketengeschosse verschärfte, war bereits ein weiteres Rennen um die Entwicklung von Atom-U-Booten im Gang. Die Vereinigten Staaten ließen 1956 erfolgreich die *U.S.S. Nautilus* vom Stapel und die Sowjetunion folgte 1958 mit ihrem ersten Atom-U-Boot. Das erste amerikanische U-Boot mit Polaris-Raketen war 1959 schon einsatzbereit, als die Sowjets ihr erstes atomangetriebenes U-Boot vom Stapel ließen, die *K 19*. Zu der Zeit besaß die Sowjetunion bereits ein Dutzend dieselgetriebene U-Boote mit Raketengeschossen, die von der Oberfläche aus abgeschossen wurden und deren Reichweite 565 km betrug. Das bedeutete, dass das U-Boot innerhalb der Reichweite der beachtlichen amerikanischen U-Boot-Abwehr patrouillieren musste. Doch diese U-Boote waren keine ebenbürtigen Gegner für die amerikanischen Polaris-Boote, die auch untergetaucht Raketen mit einer Reichweite von 2410 km abschießen konnten – einer Entfernung, die weit außerhalb der Möglichkeiten der sowjetischen U-Boote lag. Die Überlegenheit der westlichen U-Boot-Aufklärung und ihr Zerstörungspotenzial machten die Konstruktion von Langstreckenraketen für die sowjetischen U-Boote lebenswichtig, ebenso wie die Möglichkeit, Raketen unter Wasser abzuschießen, um die Gefahr der Entdeckung zu verringern.

Als die Kubakrise im Oktober 1962 ausbrach, hatten die Sowjets wenige seetüchtige Atom-U-Boote. Die meisten waren in Werften, um nachträglich mit sichereren Atomreaktoren ausgestattet zu werden, eine Folge der Unfälle auf der *K-8* und der *K-19*. Die Russen bezeichneten ihre U-Boote nach den Strecken, die sie kreuzen konnten, und ein U-Boot der K-Klasse war ein Atom-U-Boot mit unbegrenzter Reichweite. Zu Chruschtschows Plan, heimlich Mittelstreckenraketen auf Kuba unterzubringen, gehörte auch die Absicht, sieben mit Raketen ausgestattete U-Boote im Hafen von Mariel auf Kuba zu stationieren. Der geheime Marineplan, genannt Operation Kama, musste mit dieselgetriebenen U-Booten arbeiten, weil es an effektiven Atom-U-Booten fehlte. Als der Plan in Kuba aufgedeckt und durchkreuzt wurde, zeigte sich, dass die Sowjetunion, obwohl sie an Größe und Abwurfgewicht ihrer Raketen überlegen war, kläglich hinter den USA herhinkte, was die Anzahl und Genauigkeit der strategischen Langstreckenraketen betraf. Das Gleiche galt für die Möglichkeit, bedeutende Marinemacht fern ihrer eigenen Küsten zu demonstrieren. Das Debakel in Kuba half mit, ein beschleunigtes Rennen zu starten, mit dem Ziel eine große Anzahl Atom-U-Boote vom Stapel zu lassen.

Unfälle passieren bei jeder Marine. Eine große Anzahl von komplizierten Unterseebooten voll mit Waffen und Besatzung ins Meer zu schicken, ist an sich ein gefährliches Unterfangen. Das Sowjetsystem jedoch mit seiner zentral planenden und kontrollierten Wirtschaft und der strengen Geheimhaltung in allen Militärbelangen verschlimmerte die Gefahren bei einem ohnehin unfallträchtigen Unternehmen. Das Zentralkomitee der Kommunistischen Partei in Moskau und seine Wirtschaftsfachleute übten einen ungeheuren Druck auf die Marine aus. Die Führer stellten unrealistische Forderungen an die Ministerien für Schiffbau und Atomenergie und an die Marine, die Ziele aus Fünf- und Zehn-Jahres-Plänen erreichen sollte. Wir wissen heute, dass Parteifunktionäre und führende Mitarbeiter im Schiffbau Akten fälschten um zu zeigen, dass diese unmöglichen Ziele erreicht wurden. Die Arbeit der Atomingenieure wurde ohne oder nur mit geringer Qualitätskontrolle durchgeführt, und die Sicherheit auf den Werften beim Bau war äußerst gering. Das persönliche Fortkommen hing vom Erreichen der Produktionsquoten ab. In der Zeit des Kalten Krieges, und auch heute noch, wurden Schiffe zu Wasser gelassen, wobei Lebensbedingungen und der Sicherheit der Mannschaft kaum Beachtung geschenkt wurde.

Als der militärische Wettbewerb des Kalten Krieges stärker wurde, begann die Sowjetmarine, Schiffe und U-Boote in Meere zu schicken, die den sowjetischen Streitkräften bis dahin fremd waren. Patrouillen im Mittelmeer, dem Indischen Ozean und in entfernten Bereichen des Pazifik und des Atlantik wurden Routine. Doch während die Marine in neuen und größeren Gebieten unterwegs war, konnte sie nicht mit der Marine westlicher Länder konkurrieren, die kontinuierlich entwickelte Flotten besaßen. Obwohl die russischen Flotte bedeutende Verbesserungen bei ihren U-Booten erreichte, und schließlich Unterseeboote baute, die denen des Westens an Feuerkraft und Ortungssicherheit ebenbürtig waren, kam sie aber nicht in die Lage, die Überlegenheit der Luftabwehr der westlichen Nationen zu egalisieren. Die Sowjets schafften es kaum, die Luftwaffe gegen andere Schiffe oder Ziele an der Küste einzusetzen, und waren in der U-Boot-Abwehr unterlegen.

Die sowjetische Angst, immer hinterherzuhinken, spielte in ihrer Marinestrategie eine wichtige Rolle und sollte verhängnisvolle Folgen haben. Unter dem stetigen Druck vorwärtszupreschen, sich selbst auf gleiche Höhe mit dem Westen zu bringen, mussten Fehler passieren. Und sie wussten, dass diese Fehler mit beängstigender Regelmäßigkeit passierten. In einem System, in dem das Allgemeinwohl über die Rechte des Einzelnen gestellt wurde, trug der Mangel an umsichtigem Schutz für ihre Matrosen zur langen Geschichte der schweren Unfälle bei.

Frühe U-Boot-Verluste

Kapitel 2

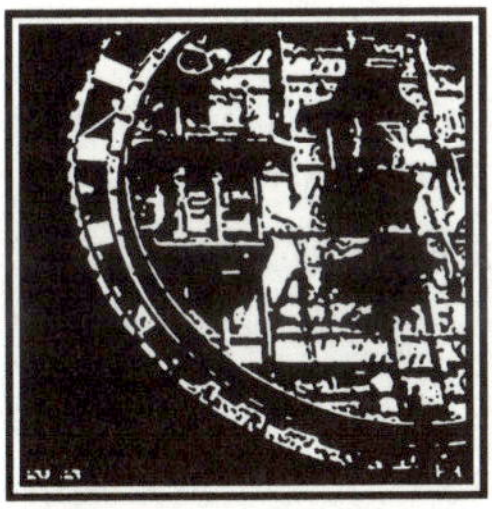

EIN U-BOOT IST NICHT MEHR als ein langer, waagrechter Stahlzylinder oder ein Druckkörper, der Maschinen, Waffen, Sensoren, Kontrollgeräte, Mannschaft und Lebenserhaltungssysteme enthält. Der Rumpf muss stark genug sein, um dem Druck in der Tiefe des Meeres standzuhalten. Die Aufbauten auf dem Rumpf des U-Bootes dienen als stromlinienförmige Räume für die Sehrohre und Antennen.

Der so genannte Schnorchel, ermöglicht es dem U-Boot, frische Luft zu erhalten und die Dieselmotoren auch untergetaucht laufen zu lassen. Die Deutschen verbesserten das Schnorchelsystem im Zweiten Weltkrieg nach Plänen, die sie bei der Besetzung der Niederlande erbeutet hatten. Der Schnorchel enthält ein langes Induktionsrohr, durch das frische Luft ins Boot gesogen wird, und ein Abluftrohr, das entweder Dieselabgase oder verbrauchte Luft aus dem Schiff nach oben führt, wo sie knapp unter der Wasseroberfläche abgegeben werden. Über dem Induktionsrohr ist das Toppventil, eine spezielle Ventilklappe, die automatisch schließt, wenn Wellen über den Mast strömen, damit kein Meerwasser ins U-Boot eindringt.

Über dem Druckkörper befindet sich die Kommandobrücke. Von der Plattform dieser Kommandobrücke aus können der Wachoffizier und die Ausgucks den Rundum-Sektor des Bootes überblicken.

Ältere U-Boote haben einen Turm, eine Art Minidruckkörper. Im Turm sind die Sehrohranlage sowie der Ruderstand samt Maschinentelegraf. Während des Zweiten Weltkriegs leiteten U-Boot-Kommandanten die Angriffe auf Schiffe vom Turm aus. Heute befinden sich die Sehrohranlage, das Feuerleitsystem und die Kartentische im Hauptdruckkörper.

Während der Überwasserfahrt befindet sich eine meist vierköpfige Wachmannschaft auf der Brücke und bei bestimmten Manövern natürlich auch der Kapitän. Die Wache wird vom wachhabenden Offizier geleitet.

Die Kommandozentrale ist das Gehirn des Unterseebootes. Alle internen Kommunikationssysteme des Bootes sind in der Kommandozentrale zugänglich, und in Abständen hängt ein Mikrofon von der Decke, damit der Kommandant oder wachhabende Offizier Befehle durch das U-Boot geben kann. Die Querschotte sind mit Schalttafeln versehen, voll gepackt mit einer Ansammlung von Skalen, Messgeräten, Lichtern und Anzeigen. Alle zusammengenommen zeigen einem geübten Auge mit einem Blick die Betriebsbereitschafts des Bootes und seiner Systeme. Die wichtigsten Beobachtungsposten, die die Kontrollsysteme von Hand bedienen, das Antriebssystem steuern und für die Feuerleitsysteme zuständig sind, sitzen oder stehen vor diesen Schalttafeln. Da gibt es den Rudergänger, der für die Einhaltung des Kurses zuständig ist. Dann sind da die Tiefenrudergänger, die mit dem Tiefenruder das Boot auf die befohlene Tiefe einsteuern und diese ständig kontrollieren. Der Leitende Ingenieur ist verantwortlich für das Gleichgewicht des Bootes beim Tauchgang. In kleinen Räumen, unmittelbar vor der Kommandozentrale und von dort direkt zugänglich, befinden sich das Radar- und Sonarpersonal, ein Vertreter des Steuermanns, ein Funker und der wachhabende Ingenieur, der für die Überwachung der Antriebssysteme des Schiffs verantwortlich ist. Diese Besatzungsmitglieder werden in wichtigen Momenten vom Kommandanten überwacht oder in dessen Abwesenheit vom wachhabenden Offizier.

Aus Sicherheitsgründen ist das U-Boot in einzelne Sektionen unterteilt, die vom Bug zum Heck hin durchnummeriert sind. Sie sind durch starke Stahlquerschotten voneinander getrennt, die dem Druck durch das Tauchen einerseits und dem atmosphärischen Druck andererseits standhalten. Den Durchgang durch diese Schotten ermöglichen so genannte Kugelschotten, welche die Sektionen hermetisch voneinander trennen können. Die meisten sowjetischen Diesel-U-Boote hatten sechs oder sieben Sektionen, während Atom-U-Boote in bis zu zehn Sektionen unterteilt sind. Der Luftdruck in jeder Sektion kann kontrolliert werden, damit Feuer oder Wasser sich nicht in benachbarte Sektionen ausbreiten können. In jeder Sektion gibt es zwei oder drei Decks, mit senkrechten Leitern, die zu Bilgen führen, die den Übergang zwischen den Decks ermöglichen.

Damit das U-Boot von vorn nach achtern seine Stabilität beibehält, müssen die wichtigsten Teile gleichmäßig über die Länge des Schiffs verteilt sein, sowohl an der Wasseroberfläche als auch beim Tauchen. Deshalb wird die Position der schweren Teile, wie etwa der Säurebatterien, der Dieselmotoren, der Atomreaktoren mit ihrem schweren Gehäuse, der Turbinen und des Untersetzungsgetriebes normalerweise durch das Gewicht bestimmt. Darüber hinaus müssen Antriebsgeräte achtern platziert werden, damit sie mit den Propellerwellen verbunden werden können, die das Boot antreiben. Das führt im Allgemeinen zu einem ganz typischen Äußeren der U-Boote.

Bei Diesel-U-Booten werden die schweren Maschinen meist genau hinter der Mitte untergebracht, dabei sind die Generatoren und die Motoren weiter hinten, damit sie mit den Propellerwellen verbunden werden können. Die schweren Säurebatterien werden weiter vorne untergebracht, damit ihr Gewicht das des Antriebssystems hinten ausgleicht.

In Atom-U-Booten sind die Reaktoren bei weitem der schwerste Teil des Bootes. Diese sind normalerweise so weit wie möglich mittschiffs platziert, und in den meisten Fällen befinden sich die Antriebsturbinen und die Turbogeneratoren des Schiffs weiter achtern. Wie bei Diesel-U-Booten sind die schweren Bleiakkumulatoren vorne positioniert, um das Gewicht des Antriebssystems hinten auszubalancieren.

In U-Booten, die Raketen tragen, ist der Raketenraum mit seinen starken Stahlsilos, dem Raketenabschusssystem und den schweren Raketen in der Mitte untergebracht. Dazu hat man die Raketensektion einfach vor der Reaktorsektion in Atom-U-Booten und vor die Dieselmotoren in Diesel-U-Booten eingefügt.

Schließlich befinden sich noch Ballasttanks an jedem Ende und in der Mitte des Boots, damit Meerwasser aufgenommen oder abgepumpt werden kann, sodass das Boot seine Stabilität bewahrt. Dies gilt an der Wasseroberfläche ebenso wie unter Wasser. Diese Ballasttanks ermöglichen es der Besatzung auch, Gewichtsverlagerungen, etwa durch das Aufbrauchen von Vorräten oder Brennstoff oder durch unterschiedliche Wasserstandshöhen in den Süßwassertanks, auszugleichen. Auch Veränderungen im Auftrieb, etwa durch geänderte Temperatur oder anderen Salzgehalt des Wassers können damit abgefangen werden. Mithilfe des Trimmsystems können die Techniker auch einen neutralen Auftrieb erreichen, bei dem das Boot weder schwerer noch leichter ist als das verdrängte Wasser, und sie können für die stabile Lage zwischen Bug und Heck sorgen, damit das Schiff eben im Wasser liegt.

Vom Bug zum Heck kommt zuerst die Sektion eins, der so genannte Torpedoraum. Er kann bis zu acht Torpedorohre beherbergen, mit denen Torpedos auf Schiffe oder andere U-Boote abgeschossen werden können. Wenn das U-Boot auch im Heck Torpedos besitzt, heißt dieser Raum vorderer Torpedoraum und der achtern gelegene Raum hinterer Torpedoraum. Die Rohre haben äußere und innere Verschlüsse, die aus dem Inneren des U-Boots bedient werden können. Das Torpedopersonal lädt durch den inneren Verschluss einen Torpedo in das Rohr, schließt ihn und flutet vor dem Abschuss das Rohr, um den Innendruck dem äußeren Druck des Meeres anzugleichen. Der Torpedo wird durch das Öffnen der Mündungsklappe abgeschossen, dabei wird die Waffe hydraulisch hinausgestoßen und durch Hochdruck oder durch seine eigene Antriebskraft weiterbefördert. Weitere Torpedos werden in Stahltuben aufbewahrt, die weiter nach achtern liegen und von den Abschussrohren aus leicht zu erreichen sind. Dieselben Tuben bieten normalerweise auch Raum für Kojen für bis zu 20 Männer, die über, unter und neben den Torpedos schlafen. So wird diese große Sektion so gut wie möglich ausgenutzt. In diesem Raum sind für gewöhnlich rund um die Uhr ein Dutzend Mann auf Wache und weitere dienstfreie Seeleute schlafen in ihren Kojen.

Sektion Zwei beherbergt meist auf der unteren Ebene die Batterien in mehreren Stufen. Die Batterien sind in Reihen von 100 bis 150 angeordnet, um die elektrischen Motoren anzutreiben und den Strom für die Beleuchtung und die Systeme des Schiffs zu liefern. Die Motoren bewegen das Schiff beim Tauchgang, wenn die Hauptturbinen bei einem Atom-U-Boot oder die Dieselmotoren bei einem Diesel-U-Boot nicht verwendet werden. Über den Batterien sind einzelne Kammern für die Offiziere sowie die Lecksicherung und Platz für Ausrüstung. Auch die Sonarräume befinden sich oft in Sektion Zwei.

Bis auf wenige Ausnahmen liegt Sektion Drei direkt unter den Aufbauten und beherbergt die Kommandozentrale. Über der Kommandozentrale sieht man einen Schacht mit einer Stahlleiter, die durch zwei Luken in die Aufbauten führt, dann durch das Innere der Aufbauten und zur Brücke. Diese Luken ermöglichen den Zutritt durch den Druckkörper zu den äußeren Aufbauten, die natürlich überflutet sind, wenn das U-Boot taucht. Die Offiziere und Mannschaften klettern durch diese beiden Luken, wenn das U-Boot aufgetaucht ist, und schließen sie, wenn das Boot taucht.

In der nächsten Sektion in Richtung nach achtern, Sektion Vier, befinden sich bei einem U-Boot mit Raketen, die Raketensilos. Diese Sektion ist in Decks unterteilt, in denen auch der Funkraum, eine Apotheke oder ein Krankenraum, ein Sonarraum und weitere Kammern für dienstältere Mannschaftsangehörige untergebracht sind. Die Raketen können ziemlich groß sein, und ihre Silos können die Höhe der gesamten Sektion erreichen. Bei frühen sowjetischen Raketen-U-Booten, wie der *K-19*, wurde Raum für die zusätzliche Höhe der Raketensilos geschaffen, indem man sie in den hinteren Teil der Aufbauten integrierte. Dadurch waren die Aufbauten wesentlich länger als bei anderen U-Booten. Die Aufbauten halfen, die Strömung um die Raketenrohre abzumildern, verringerten so den Strömungswiderstand und gaben dem U-Boot ein stabilere Lage.

Die *K-19* war das erste sowjetische Atom-U-Boot, das konstruiert wurde, um Raketengeschosse aufzunehmen. Sie war 114 Meter lang und 4500 Tonnen schwer; sie erreichte eine Geschwindigkeit von bis zu 26 Knoten. Als Erste der Hotel-Klasse wurde die *K-19* im April 1959 vom Stapel gelassen und unter Kapitän Nikolai Satejew im November 1960 in Dienst gestellt. Die *K-19* war gebaut worden, um mit Raketen mit Atom-Sprengköpfen strategische amerikanische Ziele treffen zu können.

In den Maschinenräumen gibt es erhebliche Unterschiede in der Aufteilung. Das Hauptziel der Planer war es, das Gewicht der Reaktoren soweit mittschiffs zu platzieren wie möglich. An Bord der *K-19* befanden sich in Sektion Fünf der Dieselgenerator und verschiedene zusätzliche Maschinen wie Klimaanlage, Pumpen, Hochdruck-Luftverdichter, Verdampfer und Lecksicherung sowie Brandschutzausrüstung.

Sektion Sechs enthält in Atom-U-Booten wie *K-19* die massiven Reaktoren in einer geschützten Kapsel in der unteren Hälfte der Sektion. Der Raum über den abgeschirmten Reaktoren bietet Zugang und Überwachungsplätze für Ingenieure, zur Kontrolle des Reaktors, der Pumpen und weiterer Geräte, die einen stetigen Fluss der Kühlflüssigkeit sichern, sowie der Dampfgeneratoren, die den Dampf zum Betrieb der Turbinen liefern.

Die Maschinen einschließlich der Dampfturbinen befinden sich in Sektion Sieben, während die Motoren mit Elektroantrieb, oder die Hauptmotoren, in Sektion Acht stehen. Die Hauptpropellerwellen ragen nach achtern aus Sektion Acht, dabei durchdringen sie jedes der Schotten des Maschinenraums durch bewegliche Dichtungsstutzen. So sind die Schraubenwellen fest verschlossen, um die Unversehrtheit der Sektion zu sichern. Diese Propellerwellen, die etwa auf der mittleren Ebene des Schiffs liegen, sind durch die beiden letzten Sektionen, Neun und Zehn geführt. Dann durchdringen sie den Druckkörper durch einstellbare Stopfbuchsen, die Wellendichtung genannt werden. Am hinteren Ende der Propellerwellen sind die Propeller, die dem U-Boot den Antrieb geben. In Sektion Neun befinden sich Mannschaftsquartiere, die Aufenthaltsräume der Mannschaft, der Krankenraum und die Klimaanlage. In Sektion Zehn sind weitere Mannschaftsquartiere und Räume für Vorräte und zur Wartung von Ruder und Tiefenruder.

Das U-Boot hat Notausstiege mit doppelten Luken über der vorletzten Sektion und dem vorderen Torpedoraum, d.h. es gibt drei Ausstiege durch den Rumpf, einen an jedem Ende des Boots und einen aus Sektion Drei von der Kommandozentrale zu den Aufbauten. Diese Notausstiege haben obere und untere Luken, sie können so als Luftschleusen dienen, wenn das Schiff in einem Notfall evakuiert werden muss.

Zusätzliche Kojen für die Mannschaft sind über das U-Boot verteilt, die Essens- und Aufenthaltsräume der Mannschaft sind in russischen U-Booten meist in einer der achteren Maschinensektionen. Für jede Sektion eines russischen U-Bootes ist ein Offizier zuständig. Dieser Offizier ist verantwortlich für den Zustand der Sektion und fungiert bei Bränden oder Überflutungen in diesem Bereich als Vorgesetzter.

Das Leben an Bord eines U-Bootes ist zwar im Allgemeinen hart, doch ist es auch sehr fordernd und oft lohnend. In modernen russischen U-Booten gibt es Trainingsräume, einen Filmraum, Saunen und einen Rauchraum für Besatzungsmitglieder,

Querschnitt durch das Oberdeck eines U-Bootes

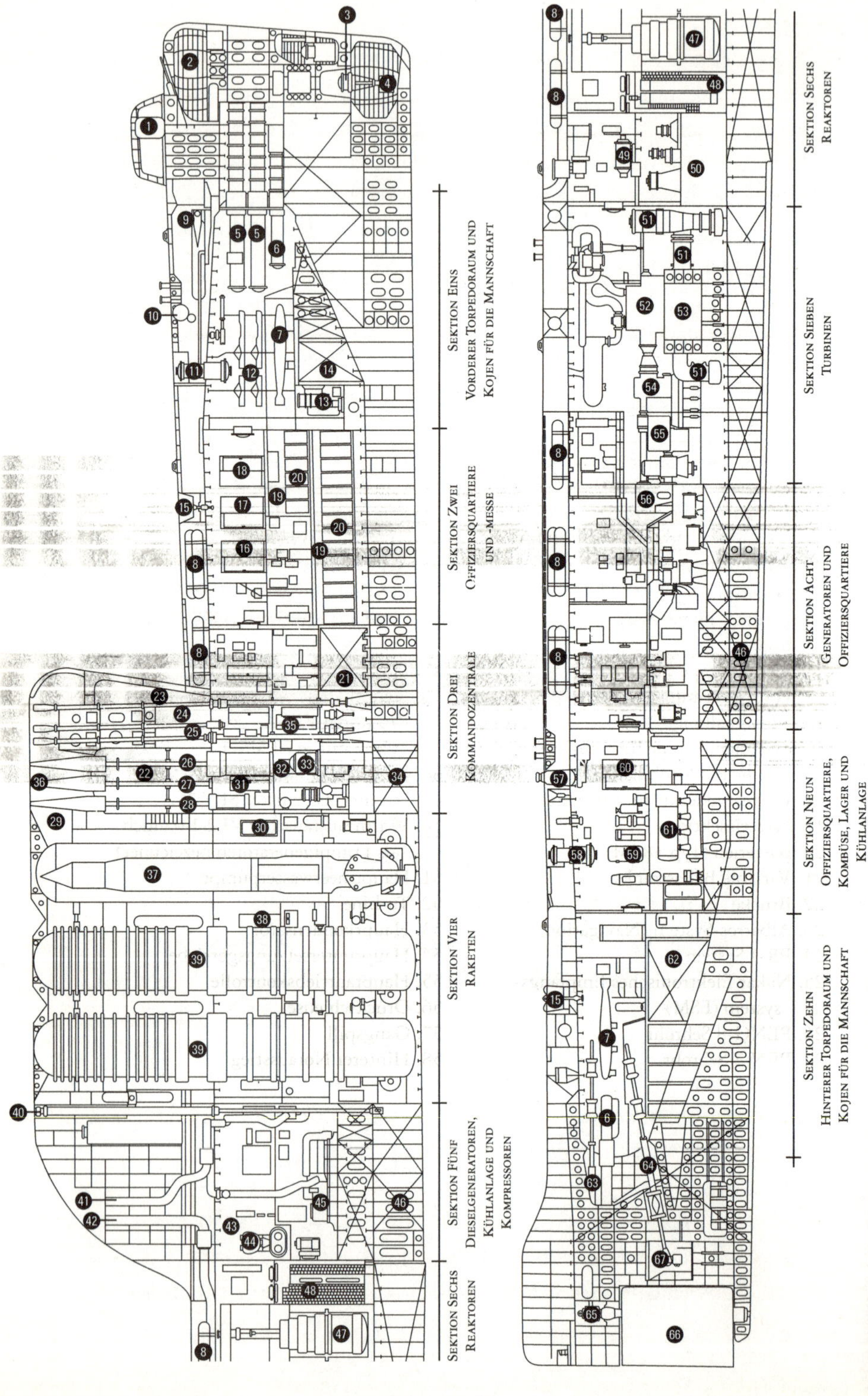

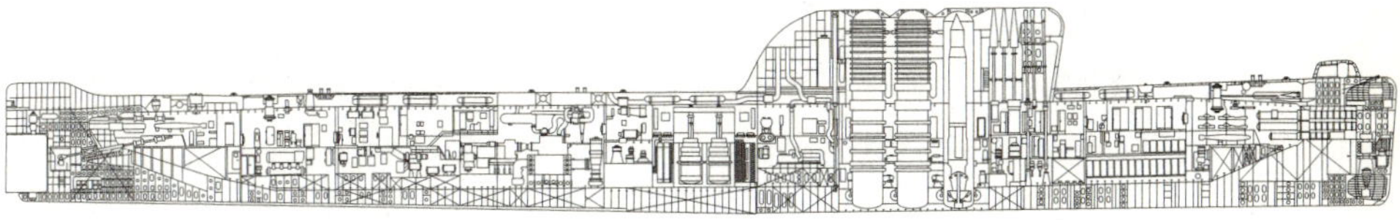

Erläuterungen zur Querschnittzeichnung

1. Aktives Sonar MG-25
2. Navigationssonar Pluton-658
3. Passives Sonar MG-10
4. Sonar Arktika-M (MG-200)
5. 533-mm-Torpedorohre (vier)
6. 46-mm-Torpedorohre (zwei vorn, zwei achtern)
7. Reservetorpedo, 406 mm
8. Flaschen mit Druckluft (je 410 Liter)
9. Vordere Tiefenruder
10. Ankerspill
11. Vorderer Notausstieg
12. Kojen
13. Bilgenpumpe 2P-1
14. Vordere Trimmzelle
15. Notsignalboje
16. Zweimannkabine für Offiziere
17. Kabine des Kapitäns
18. Viermannkabine für Offiziere
19. Batteriesektion
20. Batterien (Typ 38SM)
21. Variable Ballasttanks
22. Brücke
23. Albatros-System (Navigation)
24. PR-1 System
25. Nakat Elektronisches Empfangssystem (ESM)
26. PENG-8 Sehrohr
27. PEN-7 Sehrohr
28. RKP System
29. Cockpit
30. Kodierraum
31. Sonarraum
32. Radarraum
33. Gyroskopstation
34. Ballasttanks
35. Funkraum
36. Sehrohr-Dichtungsstutzen
37. SS-N-4 »Sark« Rakete mit Sprengkopf
38. Kabine des Arztes
39. Raketensilo für eine R-13 Rakete, das ursprüngliche Raketengeschoss auf der K-19
40. Schnorchelschacht
41. Abluftleitung der Ventilation
42. Abluftleitung des Schnorchels
43. Kühlanlage E-250
44. Verdampfungsanlage IKV-5/0.63 (um aus Meerwasser Süßwasser zu gewinnen)
45. Dieselgenerator DG-460
46. Hauptballasttanks
47. Reaktoren VM-A – zwei Reaktoren mit je 70 MWt
48. Reaktorabdeckung
49. Stromtransformator SPT-75
50. Wärmeaustauscher VP2-1-0 (auch als Dampfgeneratoren bezeichnet)
51. Hauptmeerwasserpumpe
52. Turbine
53. Hauptkondensator
54. Hauptuntersetzungsgetriebe
55. Hauptantriebskontrolle
56. Druckschleuse
57. Gangspill
58. Hinterer Notausstieg
59. Kombüse
60. Messe für zwölf Mann
61. Klimaanlageneinheit E-320
62. Hintere Trimmzelle
63. Ruderkolben
64. Hinterer Tiefenruderkolben
65. Ruderkopf
66. Ruder
67. Antrieb des hinteren Tiefenruders

die keinen Dienst haben. Die U-Boote der Akula-Klasse besitzen sogar einen kleinen Swimmingpool!

Da das Volumen des U-Boot-Druckkörpers kaum mehr Wasser verdrängt als sein eigenes Gewicht, läge es genau auf der Wasseroberfläche. Deshalb umhüllt ein äußerer Rumpf aus einem schwächeren Material den Druckkörper und liefert zusätzlichen Auftrieb. Damit ragt das U-Boot an der Oberfläche weiter aus dem Wasser. Dieser äußere Rumpf oder diese Hülle erhöht das Volumen des U-Bootes, ohne wesentlich zum Gewicht beizutragen. Der Raum zwischen dem äußeren Rumpf und dem Druckkörper ist in Tanks unterteilt, in denen sich bei Diesel-U-Booten Brennstoff befindet, dazu kommen Süßwasser- und die Hauptballasttanks. Die Hauptballasttanks sind mit Luft gefüllt, wenn das U-Boot an der Wasseroberfläche manövriert, und mit Meerwasser, wenn das U-Boot taucht. Beim Fahren auf dem Wasser ragt nur etwa ein Siebtel des U-Boot-Volumens aus dem Wasser. Beim Tauchen wird so lange Wasser in die Ballasttanks aufgenommen oder daraus abgepumpt, bis das Schiff den neutralen Auftrieb erreicht. Wasser wird zwischen den Tanks hin und her gepumpt, damit das Schiff im Gleichgewicht ist. Wenn es im Gleichgewicht ist, erreicht und hält das U-Boot die gewünschte Tiefe durch eine Kombination aus dem Winkel des Schiffes (Neigungskontrolle) und der Geschwindigkeit. Kleine bewegliche Steuerruder, die Tiefenruder, werden ganz ähnlich eingesetzt wie die Steuerruder beim Flugzeug. Beim Tauchgang werden die Bugruder, die am Bug oder an den Aufbauten sitzen, vor allem zur Kontrolle der Tiefe verwendet, während die Heckruder am Heck des Bootes in erster Linie den Winkel des Schiffes kontrollieren. Die dreidimensionale Bewegung eines U-Bootes ähnelt der eines Flugzeugs.

Da das U-Boot konstruiert ist, um unter Wasser zu manövrieren, hat es nur sehr wenig Auftriebsreserve, wenn es an der Oberfläche ist. Eine Beschädigung des Druckkörpers kann fatale Folgen haben. Ein Schiff mit der gleichen Tonnage wie ein U-Boot besitzt beträchtlich mehr Auftriebsreserve und übersteht wesentlich stärkere Beschädigungen, da es eine Wassermenge bis hin zu seinem Gesamtgewicht aufnehmen kann, ehe es sinkt. Ein U-Boot an der Oberfläche kann jedoch nur ein Fünftel seines Gewichtes an Wasser aufnehmen, bevor es vom Sinken bedroht ist. Da die Ausrüstung eines U-Boots, Maschinen, Batterien und andere Geräte, kompakt auf extrem engem Raum untergebracht ist, sind Reparaturen jeglicher Art sehr kompliziert. Wenn also ein Kriegsschiff, wie ein Zerstörer, bei gravierenden Schäden nach einer Schlacht durch eine Reparatur des Rumpfes gerettet werden kann, ist ein U-Boot mit Schäden am Druckkörper wohl zu einem vernichtenden Sturz in die Tiefen des Meeres verdammt. Das Leben an Bord eines U-Bootes ist zumindest gefährlich.

★ ★ ★

EIN RUSSISCHES U-BOOT IST IN NUMMERIERTE ABTEILUNGEN unterteilt, ähnlich wie die Bereiche auf amerikanischen Schiffen: Operationszentrale und Navigation, Kommunikation und Elektronik, Waffen, Raketen und Torpedos, Maschinenraum und Lecksicherung. Zu Zeiten der Sowjetunion hatte der Kommandant eine Reihe von Assistenten, die stellvertretenden Kommandanten. Sein dienstältester Assistent, der *starpom* – er entspricht dem Ersten Offizier im Westen –, stand beim Kommando an zweiter Stelle und unterstützte den Kapitän in allen Funktionen. Der stellvertretende Kommandant für politische Angelegenheiten, der Zampolit, war zuständig für die politische Doktrin, die Moral und das Wohlergehen. Der stellvertretende Kommandant für Sicherheit war verantwortlich für die Spionageabwehr, die Sicherheit der Mannschaft und der Atomwaffen. In den frühen Tagen der Atomkraft hatte der politische Offizier große Bedeutung, doch je zahlreicher die Atomwaffen wurden, desto stärker wurde seine Autorität von der des Sicherheitsoffiziers verdrängt.

Die Positionen der Wachoffiziere, zuständig für Navigation, Waffen, U-Boot-Krieg, Torpedos und Kommunikation, waren auf den U-Booten meist auf sechs erfahrene Offiziere beschränkt. Sie hatten die anspruchvollsten Posten, nämlich das U-Boot für den Kommandanten zu führen. Diese Männer hatten die Pflichten als Wachoffiziere zusätzlich zu ihren normalen Aufgaben.

Auf den russischen U-Booten gibt es mehr Offiziere als auf ihren amerikanischen Gegenstücken. Das liegt vor allem daran, dass es bei den Russen nicht das System der Petty Officers gibt, wie bei der amerikanischen Marine. (Die amerikanischen Petty Officers entsprechen je nach Klasse – es gibt third bis first class – dem Maat, Bootsmann und Oberbootsmann der Bundesmarine.) Posten, die in amerikanischen U-Booten normalerweise von dienstälteren Petty Officers übernommen werden, wie Sonartechniker, Funker, zweiter Elektriker und Steuermannsmaat, wurden in der Sowjetmarine von Offizieren übernommen. So konnten an Bord eines russischen U-Bootes mit insgesamt 100 Mann Besatzung bis zu 30 Offiziere sein, während auf einem gleich großen amerikanischen U-Boot eher 15 Offiziere zu finden wären.

In der bekannten Geschichte der Sowjetmarine gibt es immer noch riesige Lücken. Diese betreffen besonders die U-Boote. In diesen Lücken verbergen sich nicht nur Planungs- und Kommandofehler, sondern auch unzählige Berichte über Mut und außergewöhnliches Heldentum der Matrosen. Sie zeigten es in explodierenden, brennenden und zusammenbrechenden Schiffen. Bis hin zur neuen Offenheit der Gorbatschow-Ära in den späten 80er Jahren wurden alle schweren Marine-Unfälle vom Obersten Sowjet mit Geheimhaltung belegt. In der heutigen russischen Flotte ist sich die jüngere Generation der Seeleute noch immer nicht des vollen Ausmaßes an Unfällen in der Vergangenheit bewusst.

★★★

AM ABEND DES 21. NOVEMBER 1956, ein Jahr nach dem Verlust des Kriegsschiffes *Noworossysk*, versetzte das Schicksal in den rauen Wassern der Ostsee der sowjetischen Marine erneut einen Schlag. Um 19.40 Uhr meldete der wachhabende Offizier an Bord des Zerstörers *Statnji*, der zur Ostseeflotte gehörte, dem 1. wachhabenden Offizier Y. S. Samtschuk ein Objekt an der Oberfläche, das in der früh einbrechenden Dunkelheit kaum zu sehen war. Das Objekt lag genau voraus in der engen Zufahrt nach Paldiski in der Nähe von Tallinn, der estnischen Hauptstadt. Nachdem er das periodisch auftauchende Objekt auf dem Radar aufgespürt hatte, wurde der wachhabende Offizier unruhig und forderte schließlich die Anwesenheit des Kapitäns auf der Brücke. Er meldete, dass er sich über den Kurs des Objekts unsicher sei, weil es zu klein wäre, doch es schien in der Mitte der Fahrrinne auf den Zerstörer zuzukommen. Die Meldung war die richtige Reaktion eines wachhabenden Offiziers, der sich über eine entstehende Situation nicht im Klaren ist.

Das stürmische Wetter war in der Ostsee normal, mit einer Windgeschwindigkeit von 30 Knoten und schlechter Sicht aufgrund von auftretenden Regenböen. Die Ostsee hat seit langem den Ruf, für jeden Seemann schwierig zu sein. Kapitän Samtschuk stand auf der Brücke des Zerstörers und blickte angestrengt in den Regen hinaus.

„Wandert Ihre Peilung aus?"

„Peilung stabil, abnehmende Reichweite, Genosse Kommandant."

„Halten Sie sich ganz nach Steuerbord in der Fahrrinne, um das Objekt Backbord passieren zu lassen. Und versuchen Sie, nicht auf Grund zu laufen."

„Jawoll, Genosse Kommandant." Der wachhabende Offizier spähte durch das Fernglas und wandte sich dann an den Rudergänger. „Neuer Kurs 045 rechts, die Geschwindigkeit auf zehn Knoten drosseln."

„Jawoll. Kurs 45 Grad, Geschwindigkeit auf zehn Knoten. Maschinenraum antwortet, 52 U/min für zehn Knoten."

Während die beiden Offiziere nebeneinander standen, mischte sich der leichte Geruch der sumpfigen Küste mit dem des

Salzwassers in der herbstlichen Ostsee. Der kalte Wind biss durch ihre Marine-Standard-Jacken für schlechtes Wetter, denen es nie zu gelingen schien, die Kälte abzuhalten.

„Es kommt genau auf uns zu, rote und grüne Lichter sind gemeinsam zu sehen, genau am Engpass."

„Werden Sie noch langsamer und geben Sie Signale", knurrte der junge Kommandant und hoffte, dass man ihm die Panik nicht anhörte. Es war das erste Mal, dass er das Schiff nachts durch die schwierige Engstelle brachte.

Samtschuk stammte aus Kiew und bemühte sich sehr, dass sein ukrainischer Akzent nicht zu hören war, wenn er mit seinen Offizieren sprach, vor allem wenn es sich offenkundig um Russen aus dem Norden handelte. Diese schienen wesentlich besser mit den Unbilden der Natur bei der Ostsee- und Nordmeerflotte fertig zu werden als jene aus den südlichen Gebieten der Sowjetunion. Samtschuk, ein Absolvent der Höheren Marineschule in Baku, war sich bewusst, wie arrogant die in Leningrad ausgebildeten Offiziere waren.

200 m vor ihnen, an Bord des kleinen Diesel-U-Bootes *M-200 Maljutka*, beobachtete der II. wachhabende Offizier A. S. Shumanin von der offenen Brücke auf den Aufbauten. Zwei Beobachtungsposten und ein Wachoffizier standen gedrängt bei dem jungen Kapitän auf der Brücke, alle strengten sich an, um durch den vom Wind getriebenen Regen etwas zu sehen. Dies war der schlimmste Teil der engen Fahrrinne, keine angenehme Situation für einen Kapitän, der sein U-Boot von der ersten Patrouillenfahrt zurückbringt. Er hatte dessen Kommando erst drei lange Tage zuvor, am 18. November übernommen. Er hatte noch keine Zeit gehabt, sich beim Divisionskommandeur zu melden, bevor er mit dem U-Boot zu einer festgesetzten Übung in das Gebiet westlich von Tallinn aufgebrochen war. Er musste dieses rollende alte Boot sicher in den Hafen bringen, bevor er das tun konnte.

Das U-Boot, eines der kleinen *Maljutka*-Serie mit 27 Mann Besatzung, während des Zweiten Weltkriegs gebaut, war während der Kriegsjahre im Norden eingesetzt worden, von

Poljarnij aus, einem kleinen Fischerhafen auf der Halbinsel Kola nördlich von Murmansk, der zur U-Boot-Basis wurde. Damit diese Diesel-U-Boote in größeren Bereichen kreuzen konnten, wurde als Notbehelf, bevor das erste atomgetriebene U-Boot einsatzbereit war, flüssiger Sauerstoff eingeführt. So liefen die Dieselmotoren auch, wenn das Schiff untergetaucht war. Diese neue Konstruktion barg eine schwere Explosions- und Brandgefahr, deshalb bekamen diese U-Boote den Beinamen „Zigarettenanzünder". Man hatte *M-200*, nachdem es mit den neuen experimentellen Dieselmotoren ausgerüstet war, in die Ostsee verlegt. Nun war Paldiski, außerhalb von Tallinn, sein Heimathafen, einer der gefragtesten Stützpunkte in der sowjetischen Marine. In dem estnischen Hafen lebten die Seeleute besser, sie aßen besser und es ging ihnen in jeder Hinsicht besser als in den eisigen Häfen, die sich auf der Halbinsel Kola im fernen Norden aufreihten. Auch mussten sie auf See nur mit Regen und kurzen Wellen fertig werden anstatt mit Schneestürmen, starkem Schneetreiben und schrecklichem Eis.

Das U-Boot erwartete, einen auslaufenden Zerstörer in der Mitte der Fahrrinne zu passieren. Kapitän Schumanin, der Ausschau nach dem Zerstörer hielt, strengte sich an, um durch das nutzlose Fernglas etwas zu sehen, setzte es ab und wischte die Gläser zum hundertsten Mal ab. Dabei verfluchte er den Regen.

„Kontakt genau voraus, kommt schnell näher!", schrie der Beobachtungsposten plötzlich. Er hob den Arm in einer vergeblichen Geste, als ob er den hoch aufragenden Vordersteven des Zerstörers abwehren wollte, der auf Kollisionskurs weiterfuhr. Schumanin sah sofort hoch und erstarrte. Seine Eingeweide spielten verrückt, als er den schwarzen Umriss des Zerstörerbugs einen Meter vor der Brücke drohen sah. Einen Augenblick war er unfähig, einen Befehl zu geben – welcher Befehl konnte jetzt auch eine Rolle spielen? Er schloss seine Augen vor der herannahenden Katastrophe.

„Volle Kraft zurück!", konnte er gerade noch zum Steuermann sagen, bevor der Vordersteven des Zerstörers hinter der Brücke durch den Rumpf des U-Boots schnitt. Der heftige

Aufprall warf alle sechs Männer, einschließlich dem Kapitän, von der Brücke. Sechs Minuten zuvor hatte der Stabschef der Brigade die Brücke verlassen, um zum Essen nach unten zu gehen; er kam nie wieder nach oben.

Der Vordersteven schnitt direkt in die Sektion Sechs des U-Boots, wo sechs Männer sofort getötet wurden. Der Bug des U-Bootes wurde rasch überflutet, und es hing kurz senkrecht, bevor es unterging. Alle, die sich auf der Brücke befanden, sprangen in die Freiheit. Innerhalb von 20 Minuten wurden sechs Männer, darunter der Kapitän, aus dem Wasser gefischt und an Bord des Zerstörers gerettet. Zwei weitere Seeleute, die gesprungen waren, wurden nicht gefunden.

Sofort nach dem Aufprall ertönte auf dem Zerstörer *Statnij* der Kollisionsalarm und Mitglieder der Besatzung warfen den Männern, die sie von der offenen Brücke des U-Boots hatten stürzen sehen, Rettungsringe zu. Der Zerstörer ging sofort vor Anker. Während Retter die Schwimmer der U-Boot-Mannschaft an Bord brachten, machte sich ein Reparaturteam daran, den Bug des Zerstörers notdürftig zu reparieren. Sie stellten aus Matratzen, mit hölzernen Streben verstärkt, einen vorläufigen Flicken her, der das Eindringen des Wassers weitgehend verhinderte. Der Kommandant des Zerstörers übernahm und organisierte die Suche nach dem gesunkenen U-Boot. Minuten nach dem Zusammenstoß trafen 33 verschiedene Marineschiffe vor Ort ein, darunter der Kreuzer *Schdanow*, zwei U-Boote, ein großes U-Boot-Abwehrschiff, fünf Trawler und Rettungsschiffe. Das U-Boot-Abwehrschiff, *SO-185*, schaffte es, den gesunkenen Schiffsrumpf zu orten und stellte Unterwasserverbindungen mit der eingeschlossenen Besatzung her, indem es die eigenen und die hydro-akustischen Unterwassertelefone des Zerstörers verwendete. Die Retter konnten mit dem stellvertretenden Kommandanten, Leutnant V. Kolpakowa sprechen, der meldete, dass noch sechs Leute am Leben waren, gefangen in der Bugsektion des U-Bootes.

Nach einiger Zeit gelang es Kolpakowa, Kontakt zu Sektion Drei, der Kommandozentrale, aufzunehmen. Auch dort waren noch einige Seeleute am Leben. Doch schon bald füllte Chlorgas, das bei der Überflutung der Batterien mit Meerwasser entstanden war, diesen Teil des Bootes und tötete alle, die übrig geblieben waren.

Das U-Boot lag in 55 m Tiefe, doch der Tiefenmesser im Bug, wo sich die sechs Überlebenden befanden, zeigte 35 m an. Der erste Offizier meldete, dass die sechs Überlebenden individuelle Rettungsvorrichtungen gefunden hätten, sodass sie in der Lage sein sollten, sich aus dem Rumpf zu befreien. Unglücklicherweise weigerte sich der Kommandant der Rettungskräfte, Vizeadmiral V. S. Tscherkow, zunächst, den Männern das Verlassen des U-Bootes zu gestatten. Er fürchtete seine Erlaubnis würde ihm die Verantwortung an ihrem sicheren Tod durch die Taucherkrankheit (das Risiko für Taucher, die zu schnell zur Oberfläche aufsteigen) aufbürden. Stattdessen beschloss er, das U-Boot in flacheres Wasser zu schleppen. Doch die Rettungsschiffe schafften es nicht, eine Schleppvorrichtung anzubringen.

Am 22. November um 7.00 Uhr gab der Admiral den Befehl, Luft in das U-Boot zu pumpen, um die Seeleute zu retten. Die Männer, die an Bord festsaßen, warteten seit dem vorhergehenden Tag um 17.00 Uhr auf die Erlaubnis, das Schiff zu verlassen. Bevor der Kommandant den Befehl zur Evakuierung gab, beschloss er, einige der Rettungsschiffe neu zu platzieren. Dabei verlor er den Unterwasserkontakt zum U-Boot. Die Luft im Inneren würde bis zum nächsten Morgen um 5.00 Uhr reichen. Schließlich um 3.47 Uhr am 23. November beschlossen die Männer im gesunkenen U-Boot, auf eigene Initiative das Boot zu verlassen. Dabei blieb der erste im Ausstieg stecken. Daraufhin erstickten alle sechs.

Die *Maljutka* wurde Anfang Dezember gehoben. Von 27 Mannschaftsmitgliedern waren nur die sechs, die auf der Brücke Wache gehabt hatten, gerettet worden. Die Seeleute sind im örtlichen Mausoleum in Paldiski in Estland begraben.

Die Tragödie wurde geheim gehalten. Die Männer, die starben, wurden als „spurlos verschwunden“ geführt und man gab nicht zu, dass sie bei einem Unfall ums Leben gekommen waren. In der Benachrichtigung ihrer nächsten Angehörigen stand nur, dass sie „ihr Leben fürs Vaterland gegeben hatten", aber nicht „im Kampf". Der Kommandant wurde wegen Fahrlässigkeit verurteilt, gezwungen, den Dienst zu quittieren, und musste sich verpflichten, den Unfall geheim zu halten.

★★★

SCHLÜSSELFAKTOREN, DIE DER SOWJETISCHEN U-BOOT-FLOTTE auch in den folgenden Jahren wiederholt zusetzten, zeigten sich auch bei einem Unfall nur knapp ein Jahr später. Am 22. August 1957 hatte ein anderes dieselgetriebenes Angriffs-U-Boot einen Unfall im Schwarzmeer-Trainingsgebiet südwestlich von Sewastopol. (Der Unfall geschah eine Woche, bevor ein II. wachhabender Ofizier namens Nikolai Satejew, der damals im gleichen Gebiet auf einem ähnlichen U-Boot diente, neue geheime Befehle erhielt. Er sollte nach Norden fahren und dort das Kommando des ersten atomgetriebenen, mit Raketengeschossen ausgestatteten U-Bootes, der *K-19*, übernehmen). Das unglückliche Diesel-U-Boot hatte den größten Teil des Tages untergetaucht verbracht und sollte um 17 Uhr in den Hafen zurückkehren. Doch es kam nicht.

Zuvor hatte der kommandierende Offizier, R. Beloserow, ein erfahrener und hoch geachteter Kommandant, den Befehl zu einem Schnelltauchmanöver erteilt, da die Mannschaft die Flucht vor einem näher kommenden feindlichen Flugzeug durchspielte. Beloserow ließ die Übung mehrfach wiederholen, um die von der Mannschaft für das Schnelltauchmanöver benötigte Zeit zu verkürzen. Für dieses Manöver müssen die Brücke geräumt, die Brückenluken geschlossen und die Hauptballasttanks geflutet werden, während gleichzeitig der Bug mithilfe der Bugtiefenruder nach unten geführt wird. Nach der fünften Übung in zwei Stunden wollte die Besatzung möglichst schnell fertig werden und in den Hafen zurückkehren. Sie wurde nachlässig.

„Berichte von allen Sektionen“, knarrte die Stimme des Kommandanten, der auf den Chronometer in der Operationszentrale sah, bevor er seinen Blick zum Manometer wandte, das als Tiefe erst 10, dann 12, dann 20 m anzeigte. Die Bodenplatten unter seinen Füßen bebten, als der Bug in einem spitzen Winkel nach unten stieß. Der Kommandant wollte den Rekord von dreieinhalb Minuten brechen, den sie 30 Minuten zuvor erreicht hatten.

Die Berichte kamen und wurden vom Wachoffizier, der rechts neben dem Kommandanten stand, abgehakt.

„Sektion Eins, besetzt und fertig.“

„Sektion Zwei, alles gesichert.“

„Sektion Drei …“

Plötzlich ertönte außer der Reihe ein Schrei: „Kontrolle, schwerer Wassereinbruch in Sektion sechs.“ Sechs war die Sektion mit den neuen, mit Sauerstoff angereicherten Dieselmotoren und das Reich der Ingenieure. In Sektion Sechs war auch das Einlassventil, das den Schnorchel mit dem Rumpf verbindet und das wegen seiner Störanfälligkeit berüchtigt war – wenn etwa eilige Mitglieder der Besatzung das Kontrollventil etwas zu schnell drehten und das Tor sich nicht ganz schloss oder es offen blieb, weil ein wenig Treibgut zwischen dem Ventil und dem Ventilsitz klemmte. Obwohl die Anzeige am zentralen Kontrollbord angab, dass das Ventil der Hauptluftleitung geschlossen war, strömte Wasser in die Sektion Sechs. Die Ingenieure kämpften, um das manuell rasch zu schließende Sicherungsventil dicht zu machen, doch das Wasser floss bereits mit solcher Gewalt, dass es nicht zu stoppen war. Der Maschinenraum war in Dunkelheit gehüllt, die nur von Funken und Dampf unterbrochen wurde, als der riesige Strom kalten Meerwassers mit dem Gehäuse des heißen Dieselmotors reagierte und einen Kurzschluss der elektrischen Anschlüsse verursachte. Das U-Boot kam völlig aus dem Gleichgewicht. Das Heck senkte sich ab, bis es etwa einen 60 Grad-Winkel erreichte. Es krachte in 40 m Tiefe in harten Sand.

Das Unterseeboot traf mit einer gewaltigen Erschütterung auf dem Boden auf, sodass Männer, Ausrüstung und Maschinen in alle Richtungen gewirbelt wurden. Sektion Sechs war schon halb überflutet, und das Wasser bahnte sich seinen Weg zu Sektion Sieben, durch ein Schott, das beim Aufprall zerbrochen war. Als das Wasser die elektrischen Schalttafeln in Sieben erreichte, flogen noch mehr Funken. Mit einem plötzlichen blauen Blitz sauste ein vom Strom ausgelöstes Feuer durch die Sektion. Die Ingenieure in Sektion Sechs stellten schließlich den Strom achtern ab und brachten so das Feuer unter Kontrolle.

Es herrschte Stille. Benommene Mannschaftsangehörige versuchten, wieder zu Sinnen zu kommen. Nachdem die Notbeleuchtung eingeschaltet war, konnten sie anfangen, Bilanz zu ziehen. Der Maschinenraum war nun schon zu mehr als zwei Dritteln überflutet und weiterhin strömte Meerwasser durch das teilweise geöffnete Haupteinlassventil.

Kapitän Beloserow hörte seinem Chefmechaniker ruhig zu und stellte fest, dass nur die Sektionen Vier und Fünf relativ wasserdicht waren. Selbst die zentrale Kommandostelle in Sektion Drei nahm Wasser auf. Er befahl sofort alle Männer aus den Endsektionen in die Sektion Fünf.

Das war keine einfache Sache. Die acht Männer aus dem vorderen Torpedoraum sammelten sich mit großen Augen an der wasserfesten Haupttür, die nach achtern in die Sektion zwei führte. Wasser aus den stark leckenden Torpedorohren drang bereits durch die Sülle um jede Tür. Die Männer meldeten, dass sie fertig waren, öffneten dann unter Anstrengung auf Kommando die schwere Tür und kämpften sich so schnell wie möglich nach achtern. Doch auch Sektion Zwei war nicht sicher. Als das Meerwasser die langen Reihen von 200 Batterien auf der mittleren Ebene erreichte, entstand durch eine Reaktion tödliches Chlorgas. Die Männer mussten diese Sektion möglichst rasch verlassen. Schon begann ein dünner Dunst des tödlichen Gases, sich von den Batterien nach oben zu ringeln. Die gesamte Besatzung aus Sektion Eins und Zwei drängte sich zur wasserdichten Tür nach hinten und wartete auf den Befehl. Sobald er ertönte, öffneten sie die Tür und stolperten in die Kommandozentrale. Zu ihrem Erstaunen stand dort schon Wasser auf den Bodenplatten, und nur der Kommandant und der Chefmechaniker befanden sich dort, wo normalerweise das lebhafte Zentrum des U-Boots war.

Das schwache Licht von batteriebetriebenen Kampflaternen warf seltsame Schatten, als die Männer durch die bereits offene Tür nach achtern in die Sektion Vier gingen. Diese Sektion lag in völliger Dunkelheit und die Männer, mit den tragbaren Lampen ausgerüstet, tasteten sich weiter nach achtern, durch die Mannschaftsmesse, den Krankenraum, den Sanitätsraum, die Mannschaftskojen und hin zur letzten Tür, die in die Sektion Fünf führte. Diese Tür war unbeschädigt und die Mitglieder der Besatzung, jetzt 35 an der Zahl, stolperten in die trockene Sektion. Der Kommandant und der Chefmechaniker folgten und achteten darauf, dass die vordere Luke von Sektion Fünf fest geschlossen war.

Zwei Stunden waren vergangen, seit das Unterseeboot auf den Boden aufgeschlagen war, und der Kommandant analysierte nun die Lage. Mehr als 40 Tonnen Meerwasser waren ins U-Boot eingedrungen, das noch immer mit dem Heck in einem 60 Grad-Winkel nach unten festsaß. Es war genug Sauerstoff für 70 Stunden an Bord und ausreichend Nahrung und Wasser für zwei Tage. Die Kommunikationsoffiziere hatten die Notfallsignalboje aufsteigen lassen, doch die Mannschaft war nicht sicher, ob sie sich richtig platziert hatte.

Der Einsatz der Notfallbojen war dem Kapitän ein Hauptanliegen. Er erinnerte sich an ein anderes U-Boot in ihrer Brigade, das die teuren und empfindlichen Notfallbojen provisorisch an den Rumpf geschweißt hatte, damit sie nicht verloren gingen. Normalerweise sind diese Bojen mit druckempfindlichen Kopplungen befestigt. Doch einige waren früher bei schwerer See verloren gegangen, hatten ihre Antennen aufgestellt und Notsignale gesendet. Dadurch war es unnötig zu Aufruhr und zum Einsatz von Rettungskräften gekommen.

Anstatt das als Unfall zu betrachten und einen Versuch zur Verbesserung der Verwendung und Platzierung der Bojen zu unternehmen, hatte das Hauptquartier die Kommunikationsoffiziere und den Kommandanten zur Strafe unehrenhaft entlassen. Das führte dazu, dass andere Einheiten Maßnahmen ergriffen, um ihre Bojen festzuhalten – und diese dadurch im Ernstfall nicht einsatzfähig waren.

Kapitän Beloserow beschloss, das Gewicht im Heck zu verringern, und richtete eine Menschenkette mit Eimern ein. Die Männer gaben von Hand Behälter mit Seewasser aus den teilweise überfluteten Sektionen achtern nach vorne weiter. Die anstrengende Arbeit führte zu erhöhter Atemfrequenz, sodass der Sauerstoffvorrat rasch weniger wurde. Einer nach dem anderen von den Männern verlor das Bewusstsein. Schließlich hörten sie mit der Arbeit auf, um den kritischen Luftvorrat zu erhalten.

Während die Männer an Bord des getauchten U-Bootes versuchten, die Gleichgewichtslage zu verändern und das Heck aus dem Schlamm zu bekommen, erschienen U-Boot-Rettungskräfte vor Ort. Die Notfallboje hatte gearbeitet, und die Retter waren in der Lage, eine klare Verbindung zu den eingeschlossenen Männern zu bekommen. Unmittelbare Gefahr für die Mannschaft bedeuteten die extreme Kälte und die schlechte Luftversorgung. Der Kommandant der Rettungskräfte, II. Wachoffizier Nikolai Tschiker, befahl sofort, dass Taucher eine Trosse unter dem Bug des U-Bootes durchführen sollten, damit man versuchen konnte, es mithilfe von Schleppern aus dem Boden zu ziehen. Das Rettungsschiff ließ Ansaugschläuche ab, damit die überfluteten Sektionen besser leergepumpt werden konnten. Taucher mit warmer Kleidung und Notfallrationen kamen zum U-Boot und schoben diese durch die Schleusen der Torpedorohre zu den Männern im Inneren. Zu dieser Zeit war bereits die Hälfte des verfügbaren Sauerstoffs verbraucht.

Taucher platzierten die Trosse unter dem Rumpf, doch die ersten Schleppversuche scheiterten, weil die Schlepptrosse riss.

Der Rettungsversuch wurde durch schweren Seegang verschoben, und als eine neue Schlepptrosse angebracht wurde, riss auch sie. Der Luftvorrat war inzwischen gefährlich gering. Doch in den frühen Morgenstunden des 26. August, fast 79 Stunden nachdem das U-Boot auf Grund gelaufen war, wurde es mit Erfolg in flaches Wasser geschleppt. Den Männern im Innern war es gelungen, den restlichen Ballast herauszupumpen, und das U-Boot stieg langsam an die Oberfläche. Dank dem außerordentlichen Mut aller Beteiligten wurden die Eingeschlossenen gerettet. Nicht ein einziger Matrose starb – sieben Stunden, nachdem ihr Luftvorrat eigentlich zu Ende sein sollte.

★ ★ ★

Ein weiterer bestürzender Unfall ereignete sich Anfang 1961. Man kennt kaum Details, da es keine Überlebenden gab. Die Bergungsarbeiten, nachdem das U-Boot entdeckt worden war, liefern ein Beispiel für die großen Anstrengungen der sowjetischen Führer, um jeden Preis die Geheimhaltung zu wahren.

Das U-Boot *S-80*, ein dieselgetriebenes Versuchsboot für Tests von Marschflugkörpern, verschwand am 27. Januar 1961 mit der kompletten Besatzung. Man fand es fünf Jahre später in 183 m tiefem Wasser vor der Halbinsel Kola. Während die Bergungskräfte sich sammelten, um den Rumpf zu heben, kamen eine ganze Reihe Aufklärungsflugzeuge und Überwachungsschiffe der NATO. Das sowjetische Bergungsteam hob den Rumpf, hängte ihn unter ein großes Bergungsschiff und schleppte es unter Wasser Hunderte von Kilometern bis in einen Fjord der Halbinsel Kola. Dort konnte man die *S-80* heben, ohne von neugierigen Augen beobachtet zu werden. Man stellte fest, dass das U-Boot gesunken war, weil durch ein fehlerhaftes Sicherheitsventil in der Schnorchelausrüstung plötzlich Wasser eingedrungen war. Das Tauchen in nördlichen Meeren war generell gefährlich, weil hohe Wahrscheinlichkeit bestand, dass sich Eis am Schnorchelventil bildete und es so funktionsunfähig machte.

Die sterblichen Überreste von 68 Besatzungsmitgliedern wurden im Inneren des glücklosen U-Bootes gefunden. Alle Nahrungsmittel, die sich an Bord befunden hatten, waren verzehrt worden, und es gab Anzeichen, dass die Mannschaft mehrere Tage überlebt hatte, bevor sie an einer Kohlendioxidvergiftung gestorben war. Man fand Sauerstoff in unangebrochenen Kanistern.

KAPITEL 3

ALS KAPITÄN NIKOLAI SATEJEW im Oktober 1959 das Kommando über das neueste atomgetriebene U-Boot für Raketengeschosse in Sewerodwinsk – dem großen Hafen mit Werften bei Archangelsk am Weißen Meer – übernahm, näherte sich die sowjetische Marine mit vollem Tempo dem Ziel einer großen Flotte von Atom-U-Booten. Damals besaßen die Amerikaner schon ihre ersten einsatzfähigen Atom-U-Boote. Die U.S.S. *Nautilus*, die 1954 vom Stapel gelaufen war, hatte bereits das Eis des Nordpolarmeeres bis zum Nordpol unterquert, und auch das zweite atomgetriebene U-Boot, die U.S.S. *Seawolf*, war schon vom Stapel gelaufen. Vier Atom-U-Boote der Skate-Klasse waren im Bau, in Groton, Connecticut, Portsmouth, New Hampshire, und in der Mare Island Marine-Werft bei San Francisco. Die sowjetische Schiffbauindustrie stand vor der Aufgabe, die Amerikaner daran zu hindern, ihren Vorsprung im Bereich der atomgetriebenen Kriegsschiffe zu weit auszubauen. Werften in Sewerodwinsk am Weißen Meer, Leningrad an der Ostsee,

Nikolajew am Schwarzen Meer und Wladiwostok am Pazifik bauten Atom-U-Boote. Atomgetriebene Schiffe wurden auch in Gorki, westlich des Ural an der Wolga, gebaut. Dort wurden sie auf schwimmende Plattformen geladen und über die ausgedehnten Binnenwasserwege zum Weißen Meer oder der Ostsee gebracht, in Häfen, wo sie ausgerüstet und auf See getestet wurden.

Ein Mangel an qualifizierten Offizieren und erfahrenen Mannschaften wurde zu einem der größten Hindernisse bei der raschen Erweiterung der Atom-U-Boot-Flotte. Offiziere zu finden, die sowohl ausreichende Kommando-Erfahrung als auch genug Köpfchen hatten, um die Grundausbildung in punkto Atomkraft zu absolvieren, war eine echte Herausforderung. Die Schwierigkeit lernfähige und erfahrene U-Boot-Ingenieure anzuwerben, war noch größer. Die meisten erfahrenen U-Boot-Ingenieure waren bereits älter, weil sie sich in vielen Jahren den Weg zu ihrer Position erarbeitet hatten. Nur wenige hatten noch genug Dienstjahre vor sich, um auf die atomgetriebenen U-Boote umgeschult zu werden. Dies führte zur Beschleunigung des Trainingsprogramms für junge Marine-Ingenieure, die das Atom-U-Boot-Programm mit äußerst geringer praktischer Erfahrung auf U-Booten absolvierten. Atomgetriebene U-Boote besaßen dampfgetriebene, turboelektrische Triebwerksanlagen und viele U-Boot-Ingenieure wurden von Schiffen mit Dampfturbinen abgeworben. In diesem Fall war der einzige Unterschied, das ein Reaktor anstelle eines fossilen Brennstoffs, etwa statt Erdöl, verwendet wurde.

Die Marine wählte Nikolai Satejew als Kommandanten des ersten atomgetriebenen U-Boots mit taktischen Raketen aus, der *K-19*. Eine der vielen Herausforderungen für den neuen Kapitän war es, die Schlüsselpositionen mit qualifizierten Offizieren und mittleren Dienstgraden zu besetzen.

Der II. Wachoffizier Nikolai Satejew wurde 1926 geboren und, wie viele andere, litt auch seine Familie unter den Zerstörungen im Zweiten Weltkrieg. Der junge Nikolai, Sohn eines Fabrikarbeiters, war entschlossen in die Marine einzutreten und wurde von der Kaspischen Höheren Marineschule S. M. Kirow in Baku aufgenommen, einer der Eliteakademien der Marine. Er war ein ausgezeichneter Schüler und wurde bald für die U-Boot-Ausbildung ausgewählt. Seine ersten Marinejahre verbrachte er als junger Offizier in der rauen Nordmeerflotte auf der Halbinsel Kola. Er diente dort als Offizier auf Diesel-U-Booten. Er hatte sich für die Navigation als Fachgebiet entschieden, obwohl er sich später auch als Torpedo- und Minenoffizier qualifizierte. Seine ausgezeichneten Leistungen an Bord zweier Diesel-U-Boote im Nordmeer und bei der Fortbildung an der Leningrader Marineakademie (ein Kurs, der in etwa dem Command and Staff Course am amerikanischen Kriegsmarine-College entspricht) führten rasch dazu, dass er im jugendlichen Alter von 26 Jahren mit dem Kommando eines Diesel-U-Bootes betraut wurde. Dieses erste Kommando war bei der Schwarzmeerflotte; er lebte mit seiner Frau, Antonina, und seiner Tochter im schönen Hafen Sewastopol auf der Krim.

In der Sowjetunion galt die allgemeine Wehrpflicht, das heißt jeder junge Mann musste eine bestimmte Anzahl von Jahren in der Armee dienen, bei den U-Booten waren es sechs Jahre, doch die Dauer unterschied sich je nach Truppenteil. Die meisten Rekruten bei der Marine waren Freiwillige, die sich zum attraktiveren Dienst auf See hingezogen fühlten, wo auch für die materiellen Belange besser gesorgt wurde als bei den Bodentruppen. (Auch in der amerikanischen Armee dienten, als es noch die Wehrpflicht gab, bei der Marine meist Freiwillige.) Im Sowjetsystem war der Sold sehr niedrig bemessen, doch die Matrosen erhielten freie Kost, die nötigste Kleidung und wurden in den Grundbedürfnissen medizinisch versorgt. Obwohl die Verfügbarkeit von Luxusgütern in speziellen Marineläden vom Dienstgrad und der Dienstdauer abhing, gab es eine lange Warteliste für die Marine, vor allem für den Dienst auf U-Booten. So wurden nur Bewerber mit außergewöhnlicher Intelligenz oder anderen Qualifikationen akzeptiert. Deshalb war der Standard unter den jungen Seeleuten hoch, von denen viele aus entlegenen Dörfern stammten, wo es für einen klugen jungen Mann wenig andere Chancen gab, seiner primitiven Umgebung zu entkommen.

Die Ausbildung der Rekruten in der Sowjetmarine war ähnlich wie im Westen. Die militärische Grundausbildung fand in einem allgemeinen Trainingscamp statt, daran schloss sich eine spezielle Ausbildung je nach Wahl an: Ingenieurswesen, Navigation, Kommunikation oder Waffen. Ein großer Unterschied zur Marineausbildung im Westen war, dass sehr viel Zeit für die Indoktrination der russischen Matrosen verwendet wurde. Dabei legte man weitaus mehr Wert auf politische Loyalität als auf Korpsgeist. Russische U-Boot-Matrosen wurden meist nur in ihren Spezialgebieten ausgebildet. In der westlichen Marineausbildung hatte man es immer für wichtig erachtet, dass jeder Matrose auch die Arbeit eines anderen Besatzungsmitglieds übernehmen könnte. Doch sowjetische Ingenieure waren nur Ingenieure, Waffen- und Raketentechniker blieben ihre ganze Berufslaufbahn lang bei ihrem Spezialgebiet und erfuhren nur wenig von anderen Bereichen.

Das Offizierskorps der sowjetischen Marine stammte vorwiegend aus drei Quellen. Da gab es zunächst hart arbeitende Studenten, die hoch motiviert und sehr gut ausgebildet waren. Sie schnitten in Prüfungen deutlich besser ab. Eine zweite Gruppe waren die jungen Männer, deren Väter mit Auszeichnung in der Armee gedient hatten. Die dritte Gruppe hatte Väter, die hohe Ämter in der Partei einnahmen, und konnte sich daher aussuchen, was sie tun wollte.

Es gab in der Sowjetmarine zwei Arten von Offizieren. Die erste wusste, wie man mit Schiffen umgeht und war in technischen Spezialbereichen wie Ingenieurswesen, Waffen, Kommunikation oder Elektronik ausgebildet. Die zweite waren die politischen und Sicherheitsdienst-Offiziere. Nur die Offiziere der ersten Kategorie konnten sich für ein Kommando qualifizieren. Diejenigen im politischen Bereich wurden Schiffen und Kommandos an der Küste zugeteilt, und zwar als *zampolit* genannte Offiziere, die für politische Indoktrination, Moral und

Wohlergehen der Seeleute zuständig waren. Sicherheitsoffiziere wurden häufig unter dem Deckmantel einer normalen Position auf ein Schiff beordert und waren für Spionageabwehr, Personal- und Atomwaffensicherheit zuständig. Die politischen und die Sicherheitsoffiziere konnten kein Kommando übernehmen. Sie erstatteten ihre Meldungen auf einem speziellen Weg an ihre politischen und Sicherheitsdienst-Vorgesetzten innerhalb der Marine.

Während des Zweiten Weltkriegs hatte die Marine die Ausbildungszentren für Offiziere weit verstreut. Es gab zehn höhere Marineschulen, darunter Gorki an der Wolga, Baku am Kaspischen Meer und Sewastopol am Schwarzen Meer. Der Oberbefehlshaber der sowjetischen Marine, Admiral Kusnetzow, war so vorgegangen, damit nicht all seine jungen Marineoffiziere im Kampf gegen die Deutschen fallen sollten. Obwohl die höhere Marineschule in Leningrad nie geschlossen wurde, waren die Marinekadetten in den Jahren der Belagerung von 1942 bis 1944 die meiste Zeit mit der Verteidigung der Stadt, dem Überleben und dem Versuch, den Hunger zu stillen, beschäftigt.

Führungsoffiziere, von den niedrigsten Fähnrichen über rangniedrigere bis zu ranghöheren Offizieren wurden entmutigt, selbstständig zu denken. Stattdessen wurden sie angewiesen, ihre Befugnisse nie zu überschreiten und sich strikt ans Regelwerk zu halten. Diese übertriebene Furcht vor der Autorität der höheren Dienstgrade, die in der gesamten Sowjetarmee herrschte, war verantwortlich dafür, dass oft Mängel und Fehler verdeckt wurden. Wenn sich diese Furcht dann noch mit einer unbekümmerten Einstellung zur Sicherheit paarte, war sie Ursache für viele Unfälle, mit denen die russische Marine sich herumschlug. Die Unfallrate stieg mit zunehmender Kompliziertheit der Schiffe und U-Boote an.

Nikolai Satejew war ein starker Kommandant, doch obwohl er der Partei so treu war, wie von einem Offizier gefordert wurde, hielt er sich von politischen Angelegenheiten fern. Auch machte seine stete Sorge um das Wohlergehen seiner Männer ihn bei der Marineführung nicht beliebter. Sie führte oft zu offenen Konflikten mit den politischen Offizieren an Bord seiner Schiffe. Trotzdem wurde Satejew als sehr erfolgreicher Kommandant bekannt, der bei seinen Männern äußerst beliebt war. Seine ausgezeichnete Bilanz als Kommandant zweier Diesel-U-Boote in der Schwarzmeerflotte machte ihn zu einem der ersten Kandidaten für das begehrte Kommando des neuen Atom-U-Bootes.

Während seiner ganzen Karriere führte Satejew aufs Genaueste Tagebuch. Später nutzte er diese Aufzeichnungen, um seine Memoiren zu schreiben. Er zeichnete regelmäßig seine Gedanken und Gefühle über die Marine, das System und seine Erfahrungen auf. Die Einblicke, die er in das Leben der Marine-Offiziere gibt, sind einmalig. Die bedeutendsten Teile betreffen seine Erfahrungen in den entscheidenden Jahren, als die sowjetische Atom-U-Boot-Flotte entstand. Satejews Kritik an der Sicherheit der Atomkraft in den sowjetischen U-Booten und Atomkraftwerken verdeutlicht, wie gefährlich die frühen Atomreaktoren waren. Es ist auch interessant, zu sehen, wie die U-Boot-Planer und -konstrukteure heftig mit den Seeleuten zusammenstießen. Letztere mussten schließlich mit den neuen und ungenügend getesteten Schiffen in See stechen und in der Tiefe der Meere patrouillieren, mit tödlichen Waffen direkt neben ihren Aufenthaltsräumen. Satejews Memoiren enthalten nicht nur den außergewöhnlichen Bericht über seine Erfahrungen an Bord der *K-19* und die schweren Probleme seines ersten Kommandos auf einem Atom-U-Boot, sondern auch die schonungslose Anklage gegen das Atom-Programm der Marine und gegen die Werften. Satejews Kritik erwies sich nicht nur als richtig in Bezug auf die Fehler in der Zeit des Waffenwettlaufs während des Kalten Krieges, sondern auch in den neun Jahren ab 1991, nach dem Fall der Sowjetunion, die im August 2000 zur Katastrophe an Bord des Super-U-Bootes *Kursk* führten.

Die Bedenken von Kapitän Satejew nennen deutlich die Gründe für viele der Unglücksfälle und Fehlschläge bei der sowjetischen Flotte. Die Auszüge aus seinen Memoiren, die hier wiedergegeben sind, verdeutlichen die drückende Bürde, die auf den Kommandanten der sowjetischen Atom-U-Boote in jener Zeit und danach lastete.

★★★

AM 2. SEPTEMBER 1957 wurde ich in die Personalabteilung des Marineministeriums bestellt. Nach einem ausführlichen Gespräch mit dem Leiter der Abteilung wurde mir angeboten, als Kommandant eines U-Bootes mit Raketengeschossen zur Flotte der Atom-U-Boote zu wechseln. Wir wussten, dass unser Land begonnen hatte, Atom-U-Boote zu bauen, doch unsere Kenntnisse waren nur Stückwerk, basierten nur auf Gerüchten. Das Angebot, das Kommando eines Atom-U-Bootes zu übernehmen, kam für mich völlig überraschend, und natürlich schmeichelte es meinem Ego sehr. Doch vor allem bedeutete es eine Veränderung in der Lebensweise, die mehr oder minder beständig geworden war. Vor knapp einem Jahr hatten wir die erste von der Regierung zur Verfügung gestellte Wohnung bezogen; meine Tochter war gerade in die Schule gekommen. Und dann gab es noch viele weitere Überlegungen. Es bedeutete auch, dass ich die Flotte wechseln musste. Ich würde die Wärme des Schwarzen Meers gegen die eisige Kälte des Nordmeers eintauschen. Ich erbat mir Zeit, um das Angebot zu überdenken und mit meiner Frau zu besprechen.

Es bedurfte jedoch keiner langen Bedenkzeit. Meine Frau, Antonina Alexandrowa, war bereit mitzugehen, wo immer ich hinging, selbst wenn das bedeutete, die schöne südliche Stadt Sewastopol gegen das raue Klima des Hohen Nordens oder des Fernen Ostens einzutauschen. Ich kehrte in die Personalanteilung zurück und gab meine Zustimmung bekannt. Ich wurde gebeten, nicht das Geringste gegenüber meinen Vorgesetzten verlauten zu lassen und auch meinen engsten Freunden nichts davon zu erzählen.

Meine ganze Familie musste sich eine Woche lang einer Untersuchung durch eine medizinische Kommission unterziehen, die bestimmte Werte prüfte. Sie mussten attestieren, dass ich für den Dienst auf einem Atom-U-Boot tauglich war (dazu gehören einige besondere körperliche Qualifikationen), und dass meine Frau und meine Tochter im Norden leben könnten. Eine ganze Woche mit Tests, Röntgenaufnahmen und Proben von allem, wovon der Mensch Proben geben kann. Sie sahen sich alles gründlich an, suchten nach jeder möglichen Gesundheitsstörung. Zu meiner großen Erleichterung erklärte man uns alle für gesund. Was kann ein Mann mehr verlangen? Wenn man selbst gesund ist und der Familie nichts fehlt, kann man leben und arbeiten so viel man will!

Ich erzählte Antonina allerdings nicht, dass ich zur Atomflotte versetzt würde. Ich wollte ihr meinen neuen Auftrag erst mitteilen, wenn ich meine Befehle erhalten hatte. In der Zwischenzeit sagte ich ihr, dass die gründlichen medizinischen Tests von der Kommission durchgeführt worden waren, weil das U-Boot *S-98* in den Norden verlegt wurde. Wie bereits erwähnt, hatte ich strengen Auftrag meine Verlegung zur Atomflotte völlig geheim zu halten. Nicht einmal der Kommandant meiner Brigade wurde unterrichtet.

Nachdem wir die medizinischen Tests hinter uns gebracht hatten und die Kommission mir bestätigte, dass ich tauglich für die Arbeit mit radioaktiven Substanzen sei und meine Familie dem Leben im Norden gewachsen sein würde, meldete ich dies der Personalabteilung. Dort übergab man mir lange Fragebögen, Fragen zum Lebenslauf von mir und meiner Frau und weitere Dokumente, die ausgefüllt werden mussten, dazu Anleitungen, wie sie ausgefüllt werden sollten und was als Antworten erwartet wurde. Es gelang mir, Leonid Lysenko, den II. Wachoffizier in der Personalabteilung, ganz beiläufig nach meinen Referenzen zu fragen. Er grinste und sagte, ich solle mir keine Sorgen machen. Offiziere für die Atomflotte wurden nach erwiesener beruflicher Qualifikation ausgewählt, nicht nach der Meinung irgendwelcher Vorgesetzter. „In Ihrem speziellen Fall", fuhr Lysenko fort, „gibt es in der Marine niemand anderen für diesen Job. Ihren befehlshabenden Offizieren wurde die Anweisung gegeben, einen Bericht über Ihre Vorgehensweise und über Ihre Parteitreue anzufertigen. Das taten sie, obwohl sie nicht wussten wofür. Und beide beurteilten Sie positiv, ja sogar sehr gut." Lysenko riet mir geduldig zu sein und zu warten. Das tat ich.

★★★

Die Auswahl für die Kommandos auf Atom-U-Booten in der sowjetischen Flotte wurde sorgfältig von den höheren Dienstgraden der technischen und politischen Führung der Flotte und dem Zentralkomitee der Partei kontrolliert. Obwohl die Vereinigten Staaten keine politische Untersuchung durchführten, kontrollierte in der frühen nuklearen Periode der U.S. Marine Admiral Hyman Rickover die endgültige Auswahl der Offiziere. Rickover war Leiter der Reaktor-Abteilung im Stab des Chief of Naval Operations, und er gilt als Vater des Atom-U-Boot-Programms, der alle entsprechenden sowjetischen Abteilungen in einer Person verkörperte. Hyman Rickover war Absolvent der U.S. Marineakademie, der sich hinaufgearbeitet hatte und nun persönlich die Auswahl und die Ausbildung des gesamten Petsonals im Atomprogramm der U.S.-Marine leitete. Er nahm es sehr genau mit der Ausbildung und dem Arbeitseifer, seine Popularität beim amerikanischen Kongress hielt ihn länger auf seinem Posten, als die Marine meinte, ihn zu brauchen. Unter Rickovers früher Führung mussten sich alle Offiziere für zwei Studienjahre in Ingenieurswesen, Mathematik und Physik am Union College in Schenectady, New York, einschreiben. Danach folgte das praktische Reaktortraining am Prototyp des Reaktors der U.S.S. Nautilus, der an Land in Idaho Falls, Idaho, stand, und am Prototyp des Reaktors der U.S.S. *Seawolf* in Ballston Spa, West Milton, New York. Anschließend besuchten die Anwärter die offizielle U-Boot-Schule der Marine in New London, Connecticut. Das Training war für alle Offiziersanwärter und das technische Personal in allen Dienstgraden besonders gründlich. Es besteht kein Zweifel, dass das sorgfältige Training, das Rickover zusammenstellte, wesentlich dafür verantwortlich ist, dass die U.S. Marine kaum Unfälle im Atombereich zu verzeichnen hatte. Ein ähnliches, aber deutlich kürzeres Training war in der Frühzeit der Atomkraft in der Sowjetunion üblich.

★★★

Es dauerte nicht lange, das Schiff dem Ersten Offizier zu übergeben. Doch aus irgendeinem Grund hatten es meine Vorgesetzten nicht eilig damit, mich gehen zu lassen. Deshalb dauerte es endlos, diverse Formulare auszufüllen, verschiedenen Büros Meldung zu erstatten, eine Wohnung zu beantragen und so weiter. Und ich selbst hatte es nicht besonders eilig. Um ehrlich zu sein, ich zögerte, mich von meinem Schiff und vor allem von meinen Leuten zu trennen. Ich hatte mir eine Mannschaft aufgebaut, mit der ich ohne Zögern durch die Hölle oder jede noch so raue See gehen konnte. Wie auch immer, ich versuchte immer gute Leute aus meinen Untergebenen zu machen, kompetente Fachleute, geschickte und unabhängige Mentoren ihrer eigenen Untergebenen, die meist junge Matrosen oder Offiziere waren wie sie selbst. Es steht mir nicht zu, meine eigenen Verdienste als Kommandant und Mentor zu beurteilen. Aber ich weiß, dass ich etwas Positives an die Männer, die mir unterstanden, weitergab, etwas, das in ihrem Charakter und ihren Handlungen Wurzeln schlug. Eine Reihe von ihnen wurden später U-Boot-Kommandanten. Zum Beispiel mein stellvertretender Kommandant für politische Angelegenheiten (obwohl ich gegen politische Offiziere Vorurteile habe), Arnold Tscherniawski, promovierte an der Moskauer Akademie für Politik. Er versuchte dann, an der Marineakademie in Kiew etwas Neues in den Unterricht zum Marxismus-Leninismus einzuführen und wurde kurzerhand in die Reserve entlassen. Am 12. Februar 1958 organisierten meine früheren Untergebenen ein bescheidenes Abschiedsfest für mich. Zunächst verabschiedete ich mich von den Wehrpflichtigen und den niederen Dienstgraden. Was wünschten Sie mir zum Abschied? »Bleiben Sie, wie Sie sind.« Ich war kein sanftes Lamm, bei Vergehen griff ich hart durch, doch das kam selten vor. Ich dankte ihnen für diesen Wunsch, ich dankte ihnen für ihre Dienste und dann köpften wir zu Ehren des Tages ein gutes Dutzend Weinflaschen. (Das war selbstverständlich gegen die Vorschriften, aber ich ließ mich dadurch nicht aufhalten. Meine Vorgesetzten wussten, das ich mich von meinem Team trennte.) Meine Männer hatten dieses Abschiedsfest in den Kasernen, in denen sie lebten, arrangiert; sie hatten keine Angst. Am 12. Februar verabschiedete ich mich von den Offizieren. Dies war eine herzliche Verabschiedung, bei der sie mir ein Geschenk überreichten: ein schlichtes Silber-Service (drei kleine Gläser und ein kleines Tablett) und ein Besteck (Löffel, Gabeln, Messer) in Schachteln, auf denen stand »Auf unseren Erfolg und unsere Gesundheit. Von der Besatzung des U-Bootes S-98«. Dieses Silberservice ist mein kostbarster Besitz, eine Erinnerung an Kameradschaft und Freundschaft.

Doch die Zeit schritt fort. Von den vorgesetzten Offizieren, die mich bei vielen Gelegenheiten völlig von oben herab behandelt hatten, verabschiedete ich mich in ganz offizieller Form. Ich muss betonen, dass für sie meine neue Aufgabe eine Riesenüberraschung war, vor allem weil man damals nicht jedem das Kommando eines Atomschiffes anvertraute. Deshalb machte es mir großen Spaß, diesen ungebildeten und undankbaren Brigadekommandanten Auf Wiedersehen zu sagen. Ich würde sie nie vermissen. Ich hatte jetzt eine Zukunft vor mir, eine Zukunft, die ich erst entdecken und meistern musste. Ich glaubte an diese Zukunft und verschrieb mich und meine Familie mit Haut und Haaren an das

Neue. Ich bedauerte nichts. Und wie schon zuvor, begann die Zukunft mit harter Arbeit. Und mit dem Unbekannten.

★★★

SATEJEW WÜRDE BEACHTLICHEN HINDERNISSEN gegenüberstehen, von denen viele aus den Unwägbarkeiten im neuen Feld der Atomkraft resultierten. Bei allen zukünftigen Herausforderungen zeigte er seine Fähigkeit, sich auf die wichtigste Aufgabe eines Kommandos zu konzentrieren, nämlich ein kampfbereites Schiff mit einer tüchtigen Besatzung zu schaffen. Oft standen ihm dabei unüberwindliche Hindernisse im Weg, die auf schlecht konstruierte Ausrüstung und das Fehlen moralischer Führungsqualitäten bei seinen Vorgesetzten zurückzuführen waren. Doch seine eigene Kompetenz, Loyalität und Führungsqualitäten wurden nie in Zweifel gezogen.

OBEN: Nikolai Satejew als Kadett an der Höheren Marineschule in Baku, 1943. *Foto mit freundlicher Genehmigung des Historischen Museums der Nordmeerflotte, Murmansk.*

LINKS: Nikolai Satejew 1961 als Kommandant. Die Witwe von Kapitän Satejew, Antonina, schenkte diese Fotografie der Filmregisseurin Kathryn Bigelow. Diese trug sie während der ganzen Produktion als Talisman bei sich. *Foto mit freundlicher Genehmigung von Kathryn Bigelow/Antonina Satejewa.*

OBEN: Die *K-19* am Dock in Polyarny. Über den akustischen Antennen am Bug trägt sie eine Verstärkung, um durch dünnes Eis aufzutauchen. Die Besatzung ist vor dem Einsatz am Pier angetreten. *Foto mit freundlicher Genehmigung von Peter Huchthausen/Arkadi Michailowski.*

LINKS: Erster Wachoffizier Wladimir Jenin, Erster Offizier an Bord der *K-19*, bei der verhängnisvollen Patrouille im Juli 1961.
RECHTS: Maat Jewgenj Kaschenkow, einer der Ingenieure, die halfen ein provisorisches Kühlsystem auf der *K-19* einzurichten. Am 10. Juli 1961 starb er wegen der starken Verstrahlung.
GEGENÜBERLIEGENDE SEITE: Boris Korchilow als Seekadett in Leningrad, 1955. Er war eines der ersten Strahlungsopfer.
Fotos mit freundlicher Genehmigung des Historischen Museums der Nordmeerflotte, Murmansk.

ИНЖ. УЧИЛИЩЕ

Überlebende Besatzungsmitglieder, darunter Jenin und Kulakow, im Marinekrankenhaus Nummer eins in Leningrad nach dem Unfall vom 4. Juli 1961. Eine der Nebenwirkungen der intensiven Strahlung, unter der die Seeleute litten, war der Haarausfall.

Fotos mit freundlicher Genehmigung des Historischen Museums der Nordmeerflotte, Murmansk.

OBEN: Ein U.S. Marineflugzeug P-3 entdeckte die beschädigte *K-19* nach ihrem zweiten schweren Unfall im Februar 1972. Das Flugzeug gehörte zur Patrouillenstaffel 56 des Atlantikkommandos und war in Keflavik in Island gestartet, etwa 900 Seemeilen nordöstlich von Neufundland.
UNTEN: Eine weitere P-3 aus der Patrouillenstaffel 56 entdeckte als Erste das U-Boot am 29. Februar 1972. Ein sowjetischer Schlepper versuchte die *K-19* in der rauen See ins Schlepp zu nehmen. *Fotos der U.S. Marine.*

OBEN: Eine andere Ansicht der beschädigten *K-19* vor der Küste von Neufundland im März 1972. Das Foto wurde von einem Nimrod-Flugzeug der 42. Staffel der britischen Luftwaffe aufgenommen.
Copyright, Verteidigungsministerium, Foto britische Luftwaffe.

Übernahme des Kommandos

Kapitel 4

Die Sowjetunion lieferte sich mit den Vereinigten Staaten einen erbitterten Wettlauf um die Vorherrschaft auf dem Atomsektor: zu Land, in der Luft und auf dem Wasser. Mit einer wirtschaftlichen Kapazität, die um ein Vielfaches größer war als jene der Sowjetunion, stießen die Vereinigten Staaten zu immer neuen Technologien vor und trieben das Wettrennen um die Waffen in immer heißere Phasen. Während des Kalten Krieges versuchte die Sowjetunion ständig nur aufzuholen. In verrücktem Eifer mit denen gleichzuziehen, die einen Angriff auf das Sowjetreich führen könnten, war es sehr wahrscheinlich, dass schwer wiegende Fehler passierten. Kapitän Satejew erlebte viele der Probleme auf sowjetischen U-Booten hautnah mit.

Das erste atomgetriebene U-Boot der Welt, die U.S.S. *Nautilus* der Vereinigten Staaten, wurde von einem einzelnen 70 Megawatt Druckwasserreaktor mit thermischen Neutronen angetrieben, der über zwei Propeller 15 000 PS lieferte. Spätere Reaktoren erhöhten die Energie auf 220 Megawatt und lieferten 60 000 PS. In Bezug auf Reichweite und Zeitdauer waren die Atom-U-Boote nur durch die Möglichkeit, die Besatzung mit Nahrungsmitteln zu versorgen, eingeschränkt.

Amerikas erstes Atom-U-Boot, das mit Raketen ausgestattet wurde, war die U.S.S. *George Washington*. Sie schoss im Juli 1960 die ersten Polaris-Raketen in einem Test ab. Die Polaris-Rakete hatte eine Reichweite von 2400 km. Sie wurde bald durch die Polaris A3 und die Poseidon C3 mit 4500 km Reichweite ersetzt. Später kamen die Trident C4 Raketen, die eine Reichweite von mehr als 4900 km besaßen.

Die Sowjetunion begann ihr Atomprogramm 1956. Sie machte sich rasch an die Produktion der ersten Generation von U-Booten, die im Westen nach ihren Antriebssystemen als November-, Echo- und Hotel-Klasse benannt wurden. Jedes dieser U-Boote war mit zwei Druckwasserreaktoren ausgestattet, mit 70 Megawatt 17 500 PS in der November- und 19 500 PS in anderen Klassen. Das frühe sowjetische Marineprogramm zur Entwicklung von Reaktoren verwendete atomgetriebene Eisbrecher als Prototypen für die U-Boot-Reaktoren. Durch Tests der Reaktoren in Schiffen an der Wasseroberfläche erhofften sich die Forscher gründlichere und schnellere Testergebnisse.

In den sowjetischen Marinereaktoren wurde Uranoxid als Brennstoff verwendet, dass um 30 bis 60 Prozent angereichertes Uran 235 enthielt. Der Brennstoff wurde sorgfältig in Stäbe eingeführt, die dann in einer Verkleidung versiegelt und in Bündeln angeordnet wurden, ähnlich wie bei Druckwasserreaktoren an Land. Jeder Reaktor hatte acht solche Bündel in seinem Kern, die auf zwei deutlich abgesetzte Hälften mit vier Zonen verteilt wurden. Die Sowjets verwendeten Material, das mit 30 bis 60 Prozent angereichert war – in den meisten Reaktoren der U.S. Marine wurde bis zu 97,5 Prozent mit Uran angereichertes Material verwendet. Das sowjetische Material brauchte einen etwas größeren und tieferen Reaktordruckkessel; ein Wechsel der Brennstäbe musste alle zwei bis vier Jahre erfolgen. Die meisten sowjetischen Atom-U-Boote waren mit zwei Reaktoren ausgestattet, einerseits wegen der größeren Zuverlässigkeit und andererseits für stärkere Energie.

Die Wärme, die in einem Atomreaktor durch die Kernspaltung entsteht, wird von einem flüssigen Kühlmittel aufgenommen. Man nennt es primäres Kühlmittel. Dieses Kühlmittel, das im primären Kühlsystem kreist, kann flüssiges Metall oder sehr reines Wasser sein. Wenn Wasser verwendet wird, muss es von einem Druckerzeugungssystem auf beträchtlichem Druck gehalten werden (daher der Name Druckwasserreaktor), damit die Kühlung der Brennelemente nicht unterbrochen wird. In einem ununterbrochenen Kreislauf fließt das primäre Kühlmittel durch Leitungen in einen Dampfgenerator, in dem die Wärme an das sekundäre Kühlmittel weitergegeben wird. Das abgekühlte primäre Kühlmittel wird erneut durch den Reaktorkessel gepumpt, um dort die Wärme aufzunehmen. Das sekundäre Kühlmittel im Dampfgenerator nimmt die Wärme des primären Kühlmittels auf, wodurch es kochend heiß wird. Dampf, der unter Druck steht, bildet sich. Dieser Dampf treibt die beiden Hauptturbinen an, die wiederum die zwei Propellerwellen antreiben. Der Dampf setzt auch die elektrischen Turbinendynamos in Bewegung. Der Dampf aus den Turbinenabgasen wird durch kaltes Meerwasser, das durch Kondensatoren fließt, kondensiert. Und das Kondensat wird durch die Schraubenwellen wieder dem Dampf zugeführt – ein System, das den konventionellen Dampfkraftanlagen auf Schiffen ähnelt. Der stete Fluss des Primärkühlmittels durch den aktiven Reaktor ist wegen der Wärme, die an das sekundäre System abgegeben wird, von großer Bedeutung. Seine wichtigste Aufgabe besteht aber im zuverlässigen Kühlen des Reaktors, um Schäden durch ein Überhitzen des Kerns zu vermeiden. Deshalb kann jede Unterbrechung im primären Kühlkreislauf katastrophale Folgen haben. Die erste Generation der sowjetischen Atom-U-Boote verfügte weder über ein Reserve- noch ein Notfallkühlsystem. Deshalb war das einwandfreie Funktionieren der Pumpen, die das Kühlmittel in Fluss hielten, genauso wichtig, wie das reibungslose Arbeiten der gesamten

Reaktoreinheit. In einem Atomreaktor kann kaum etwas Schlimmeres passieren, als eine Unterbrechung im Kühlsystem oder der Verlust des Kühlmittels. Dabei hört nicht nur der Reaktor auf, Energie zu liefern, sondern er kann durch das Überhitzen schwer beschädigt werden – und das in den Brennstäben versiegelte Uran kann schmelzen. Aufgrund der schlechten Konstruktion und der inkompetenten Bedienung der sowjetischen Reaktoren schmolz in mehreren Fällen nuklearer Brennstoff. Das führte zu zahlreichen Opfern und schwerer radioaktiver Verseuchung. Der jüngste dieser Unfälle war die Dampfexplosion in Block 4 in Tschernobyl im April 1986. Die Details all dieser Zwischenfälle wurden von den sowjetischen Behörden geheim gehalten.

Das Funktionieren eines sowjetischen Atomreaktors wird von Satejew sehr gut beschrieben. Er wurde später in seiner Karriere Experte für Nuklearsicherheit bei der Flotte. Seine Beobachtungen sind eine einmalige Bestätigung dessen, was westliche Marinegeheimdienste längst vermutet hatten: Die Atomantriebsanlagen und die Waffensysteme der sowjetischen Marine waren nur bedingt zuverlässig.

* * *

EIN KERNREAKTOR ist eindeutig gefährlich und muss gegen Unfälle und Katastrophen geschützt werden. Einen Reaktor gegen Missgeschicke zu sichern, ist eine genauso schwierige Aufgabe, wie ihn zu konstruieren. Die Wahrscheinlichkeit verschiedener Arten von Unfällen muss bei der Entwicklung von jedem Teil neuer Technologie in Betracht gezogen werden. Um solche Unfälle auszuschließen, braucht man zuverlässige Überwachungsgeräte, dazu sollten jede Menge automatische und manuell zu bedienende Sicherheitssysteme und -methoden vorliegen. Der primäre Kühlkreislauf eines Reaktors besteht aus Hochdruckleitungen mit großem Durchmesser, die den Reaktor mit den Dampfgeneratoren, Pumpen und Wärmeaustauschern – einfach großen Kondensatoren –

verbindet. Zum primären Kühlkreislauf gehören auch Steuerstäbe, die den Vorgang der Kernspaltung kontrollieren – bei dem Energie für die Hauptmotoren und andere Geräte freigesetzt wird. Aufgrund der Komplexität dieses primären Kühlkreislaufs ist es schwierig, Vorgehensweisen für den Notfall zu entwickeln, etwa um ein Leck in einer Dichtung oder einen Riss in einem der zahlreichen Rohre zu reparieren. Überwachungsanzeigen kontrollieren die Bedingungen in den Kreisläufen, die ständig in Betrieb sind. Die schlimmsten Reaktorunfälle sind jene, bei denen Kühlflüssigkeit durch einen plötzlich auftretenden Riss in einer Leitung des primären Kreislaufs ausläuft. Und zwar weil das primäre Kühlmittel hochradioaktiv ist. Ein Leck oder einen Riss in diesem primären Kühlkreislauf zu reparieren erfordert eine Reihe von wichtigen Entscheidungen, um den gesicherten Bereich der Reaktorabteilung intakt zu halten. Dieser gesicherte Bereich muss während der gesamten Dauer des Unfalls intakt bleiben, damit die Ausbreitung der möglichen Abfallprodukte der Kernspaltung im Schiff möglichst gering ist. Die Notfall-Kontrollmaßnahmen müssen auch sicherstellen, dass die Hitze stark genug verringert wird, damit die Atombrennstäbe nicht schmelzen. Innerhalb der Antriebsanlage muss während der gesamten Unfalldauer eine gekühlte Sicherheitszone bestehen. Dies geschieht mit einem Sprühsystem, das Wasser aus speziellen Tanks mittels einer Hochdruckpumpe im Strahl auf den Reaktor richtet. Solche Sicherheitssysteme gibt es nur in modernen Reaktoren. Unsere Atom-U-Boote der ersten Generation besaßen sie nicht.

Die Bedienungshandbücher jener Zeit enthielten strenge Anweisungen, dass der isolierte Bereich des Reaktors unter keinen Umständen überhitzt werden dürfe, ansonsten käme es zu einer Wärmeexplosion. Was eine Wärmeexplosion in einem Reaktor für Folgen nach sich ziehen würde, konnten wir uns nicht vorstellen und hatten wir nie erlebt. Wir wussten nichts von dem Tank mit hochradioaktivem Abfall, der bei Tscheljabinsk im Ural am 29. September 1957 explodiert war (Kyschtim-Unfall). Und offiziell wissen wir immer noch nichts davon.

★★★

DETAILS DES UNFALLS IN TSCHELJABINSK werden noch immer von der Regierung der GUS zurückgehalten, obwohl viele Fakten des schrecklichen Vorfalls an die Öffentlichkeit gedrungen sind. Die genauen Zahlen der Todesopfer bei diesem Unfall werden noch immer geheim gehalten, doch man vermutet allgemein, dass sie sehr hoch liegen.

Zu Beginn seines Trainings wusste Satejew jedoch noch nichts über Kernkraft. Es war eine völlig neue Welt, die er betrat und in ihr galt Kernspaltung als segensreiche Verheißung. In diesen frühen Tagen seines Trainings konzentrierte er alle Kraft auf sein neues Kommando. Und wie alle zukünftigen Kommandanten in jeder Marine war es ihm wichtig, die besten Offiziere und die beste Mannschaft für sein Schiff auszuwählen.

★★★

ÜBER WAS FÜR EINE ART VON SCHIFF bekam ich das Kommando? Es war das erste sowjetische Atom-U-Boot mit Raketengeschossen. Chefkonstrukteur bei diesem Projekt war Sergej Nikitowitsch Kowaljow, den ich von einem anderen Prototyp-Schiff kannte, dem dieselbetriebenen U-Boot *S-61*. Damals war er Stellvertreter des Chefkonstrukteurs Zosima Derbin gewesen. Das Schiff war 1950 bis 1952 in der Stadt Nikolajew (nahe Odessa am Schwarzen Meer) gebaut worden. Der Kiel für die *K-19* wurde am 17. Oktober 1958 auf der N402 Werft gelegt, die heute Nördliches Maschinenbau-Unternehmen heißt, und zwar in der Stadt Sewerodwinsk (am Weißen Meer bei Archangelsk). Das Schiff lief am 8. April 1959 vom Stapel.

Die grundlegenden Fakten und Charakteristika des U-Boots sind wie folgt:

- Oberflächenverdrängung: 4100 Tonnen
- Verdrängung untergetaucht: 5600 Tonnen (Reserveauftrieb: 30 %)
- Länge: 114,1 m
- Bewaffnung (Raketen): 3 R-13 (SS-N-4) Raketengeschosse (ausgestattet mit 1,4-Megatonnen-Sprengköpfen)
- Bewaffnung (Torpedos): 4 Torpedosysteme vorn, 533 m (gesamter Vorrat in Rohren); 2 Torpedosysteme vorn, 400 m (gesamter Vorrat: 2 in Rohren, 4 Reservetorpedos auf Regalen); 2 Torpedosysteme hinten (gesamter Vorrat: 2 in Rohren, 4 auf Regalen)
- Geschwindigkeit an der Oberfläche: 15 Knoten
- Geschwindigkeit beim Tauchgang: 26 Knoten

Hauptbewaffnung waren die Raketengeschosse; acht Torpedorohre mit Reservetorpedos – die 533-mm-Torpedos waren mit nuklearen Sprengköpfen bestückt – machten das U-Boot zu einem durchaus beachtenswerten Gegner für die U-Boot-Abwehrkräfte unseres potenziellen Feindes, der NATO, wenn diese an unserer U-Boot-Abwehr vorbei in sowjetische Hoheitsgewässer eingedrungen wären. Die Reichweite der Raketengeschosse war so berechnet, dass das Schiff sie vom Atlantik aus auf NATO-Ziele abfeuern konnte und selbst nicht in die Reichweite der NATO-U-Boot-Abwehr kommen musste. Seine nukleare Antriebsanlage gab dem U-Boot ein praktisch unbegrenztes Einsatzgebiet und uneingeschränkte Dauer, der nur die physische Belastbarkeit der Besatzung Grenzen setzte – ärztliche Stellen hatten die Verweildauer unter Wasser auf 60 Tage festgelegt – und durch die Nahrungsvorräte an Bord. Welcher Kommandant wäre auf so ein Schiff nicht stolz! Wie bei allem Neuen musste ich auch das Schiff erst kennen lernen und erfahren, wie man damit umgeht. Bevor ich das Kommando übernehmen konnte, musste ich mich einem speziellen Training unterziehen.

Die Amerikaner perfektionierten bereits ihr erstes Atom-U-Boot mit Raketen, die *George Washington*. In der Zwischenzeit wurde, unter dem Druck der politischen Führer unseres Landes, ein beschleunigtes Konstruktionsprogramm für Atom-U-Boote auf den Weg gebracht.

Meine Ankunft in Moskau fiel in Festvorbereitungen: Der 40. Jahrestag der Roten Armee kam näher. Der stellvertretende Leiter der U-Boot-Personalabteilung der Marine, II. Wachoffizier Alexander Alexandrowitsch Saweljew, lud mich ein, die Feiertage bei ihm zu verbringen – er lebte in der Nähe der Metrostation Kropotkinskaja in Moskau. Ich nahm die Einladung an und nach dem Feiertag am 24. Februar startete ich zum Trainingscenter. Dieses Zentrum für Militärspezialisten war im ersten sowjetischen Kernkraftwerk in Obninsk bei Moskau eingerichtet worden. Natürlich besaß das Zentrum zu der Zeit, als die Atom-U-Boot-Besatzungen dort zu trainieren begannen, bereits einen voll funktionsfähigen Schiffsatomreaktor. Dieser Reaktor diente dazu, mit uns die Bedienung der Antriebsanlage eines Atom-U-Bootes zu trainieren. Zu den Fächern, die im Stundenplan neu für uns waren, gehörten Kernphysik, Reaktortheorie, die Grundlagen der Quantenmechanik, Dosimetrie, die Konstruktion von Reaktoren und ihre Kontroll- und Sicherheitssysteme, Instrumente, die Konstruktion des Hauptturbinenvorgeleges und die anderen Systeme und Bauteile der Dampfantriebsanlage. Ich sollte noch anmerken, dass die Kommandooffiziere und die Ingenieure in diesem Zentrum eine spezielles Training bekamen, während die anderen Offiziere einen Standardstundenplan hatten.

Als ich ins Zentrum nach Obninsk kam, war das Training bereits im Gang. Die Offiziere betrachteten die Klasse als akademische Ausbildung mit einem besonderen Stundenplan. Der erste Eindruck, den ich von meinen Offizieren hatte, war entmutigend. Zum größten Teil waren es Leutnants, die ihren Abschluss an der Dserschinsky-Ingenieurakademie in Leningrad gemacht hatten und dann sofort der

Besatzung der *K-19* zugeteilt worden waren. Vor dem Trainingsbeginn in diesem Zentrum waren sie vorübergehend auf verschiedenen Schiffen gefahren – einige in Kronstadt (dem Stützpunkt außerhalb Leningrads), einige in Leningrad, andere sogar in Tallinn und Liepaja (in der Sowjetrepublik Estland). Anders gesagt, sie waren herumgeschubst worden und hatten keinerlei Verantwortung gehabt. Die Schlampigkeit und Drückebergerei in der Besatzung war so extrem, dass ich nach einem Monat gezwungen war, zu überlegen, ob ich nicht eine Reihe von Männern aus disziplinarischen Gründen entfernen sollte. K. Klych, Kasakow und drei weitere unverbesserliche Offiziere mussten tatsächlich gehen. Meine Aufgabe war es, aus dieser Gruppe eine gut funktionierende, eng verschworene Besatzung zu formen.

Die Tatsache, dass das Trainingszentrum von einem Haufen völlig inkompetenter Leute geführt wurde, verstärkte das Problem noch. Direktor war der Kommandant Sokolow, der langweilig, stark übergewichtig und unverschämt war. Sein Stellvertreter war der Leitende Ingenieur Jakubow, der ebenfalls mittelmäßig und als überwachender Techniker auch keine große Leuchte war. Das Personal des Trainingszentrums setzte sich selbstgefällig in seinen Positionen zurecht und machte, was es wollte. Sie bauten sich tatsächlich Datschas (Landhäuser) und ließen dabei die Besatzungen arbeiten, die zum Training im Zentrum waren. Sie beuteten die Matrosen und niedrigen Dienstgrade aus, ohne sich mit deren Kommandanten abzusprechen.

Ich sollte den offensichtlichen Grund für dieses Verhalten betonen. 1954 war die *K-5*-Besatzung als Reservebesatzung für die *K-3* trainiert worden, doch später beschloss man, das man keine Reservebesatzungen wollte. So wurde die *K-3*-Reservebesatzung zur Besatzung für die *K-5*, das zweite Atom-U-Boot des Projekts *627A*. Ihr ursprüngliches Training fand in Leningrad statt. Als sie am Kernkraftwerk in Obninsk ankamen, gab es dort noch kein richtiggehendes Trainingszentrum, und sie erkannten Sokolows Autorität nicht an. Gut, sie erhielten unter Sokolow und Jakubow praktisches Training am vorhandenen Reaktor, der zwar arbeitete, aber noch nicht perfekt strukturiert war; doch sie blieben auf Distanz. Als die Besatzungen der I. Wachoffiziere Wassili Schumakow von der *K-8* und Boris Marik von der *K-14* ankamen, beschlossen diese glänzenden Führungspersönlichkeiten offensichtlich, bei allen ihren Wert als Kommandanten unter Beweis zu stellen (ich spreche hier natürlich von Solokow und Jakubow). Gebt einem Narren auch nur ein bisschen Autorität und Gnade euch Gott! Vor allem weil die Kommandanten dieser U-Boote von Schiffen, die wegen Reparatur festlagen, auf diese Posten versetzt worden waren. Das heißt, dass sie bei ihren vorherigen Kommandos auf Diesel-U-Booten keine Gelegenheit gehabt hatten, sich mit voll funktionsfähigen Schiffen der Flotte anzuschließen. Deshalb plagte sie ein gewisser Minderwertigkeitskomplex und deshalb ließen diese beiden Kommandanten es zu, dass Sokolow und Jakubow sie schikanierten und leisteten keinen Widerstand gegen deren Tyrannei und Unverschämtheit.

Ich denke, Ihnen fehlte es an Selbstvertrauen als Kommandanten. Mit mir hatten es die Trainingsoffiziere da schon wesentlich schwerer. Ich ließ es nicht zu, dass irgendjemand mir gegenüber laut wurde. Und später, als Kommandanten wie Valentin Rykow, Wladimir Tschernawin und Viktor Belaschow kamen – alle erfahren in Operationen auf Kriegsschiffen –, mussten Sokolow und Jakubow sich zusammenreißen. Schon bald wurden sie, auf Drängen der Kommandanten hin, beide ihrer Posten enthoben und aus dem Dienst entlassen.

Ein paar Bemerkungen zum Training. Theoretisch sollte unser Ausbildungsprogramm neun Monate dauern – mit acht Stunden Arbeit am Tag –, und am Ende sollten Prüfungen zu allen Bereichen stehen. Der Theorie sollte die Praxis an einem funktionierenden Reaktor folgen. Dieser Reaktor war ein Versuchsmodell für Schiffe, das dem Ministerium für Maschinenbau gehörte, und das Trainingszentrum war einfach „daran angebunden". Das heißt, während die Fehler in den Reaktorsystemen behoben wurden, bekamen unsere U-Boot-Besatzungen gleichzeitig ihr Reaktortraining. In der Praxis bedeutete das, dass wir uns immer nach dem Zeitplan der Planer und Konstrukteure in punkto Aktivierung und Deaktivierung der Antriebsanlage richten mussten. Anders ausgedrückt, unser Training war zweitrangig gegenüber ihren Anforderungen, und so brauchten wir natürlich länger dafür. Doch es gab für meine Besatzung keinen Grund, sich zu beeilen, denn Anfang 1959 wurde die U-Boot-Konstruktion zeitweilig ausgesetzt, weil die Oberen erst beschließen mussten, was für einen Typ Schiff man bauen wollte, U-Boote mit Raketengeschossen oder U-Boote mit Marschflugkörpern. Die Zeit des Zögerns gab meiner Besatzung die Möglichkeit, das vollständige praktische Trainingsprogramm am funktionierenden Reaktor zu absolvieren. Alle meine Offiziere bekamen von einer Kommission aus zivilen Fachleuten die Genehmigung, eine nukleare Antriebsanlage unabhängig zu bedienen.

Damit war die Trainingszeit abgeschlossen – in meinen Augen sehr erfolgreich. Ich besuchte jeden Test und jede Prüfung persönlich und erfuhr so genau, wie gut jeder meiner Untergebenen seine Sache beherrschte. Am 7. März 1959 brach die Besatzung der *K-19* unter dem Ersten Offizier, II. Wachoffizier Wladimir Welanow nach Sewerodwinsk auf. Dort schlossen sich der Besatzung Fachleute anderer Abteilungen an. Jetzt nahmen die Männer tatsächlich an der Konstruktion des Schiffes teil und lernten dabei gleichzeitig die speziellen Aufgaben und die Ausrüstung kennen. Sie lernten auch die Organisation ihrer Pflichten nach den verschiedenen Zeitplänen.

★ ★ ★

Bis weit in die 80er-Jahre wurden die sowjetischen U-Boot-Raketengeschosse von Motoren mit flüssigem Treibstoff angetrieben. Flüssiger Raketentreibstoff hat gewisse Vorteile. Die Motoren können leichter gedrosselt, gestoppt und wieder angefahren werden als mit festem Treibstoff. Doch Raketenmotoren mit flüssigem Treibstoff sind größer und komplizierter, der Treibstoff ist wesentlich instabiler und flüchtiger und deshalb beim Transport extrem gefährlich. Tanks und Zuleitungen für flüssigen Treibstoff müssen häufig auf Feuchtigkeit kontrolliert werden. Die frühen sowjetischen Raketen wurden kurz vor dem Start mit flüssigem Treibstoff versehen. In den SS-N-6, von 1967 bis 1986 das wichtigste Raketensystem, lagerte der flüssige Treibstoff in den Raketen selbst und musste regelmäßig ausgetauscht werden, als Schutz gegen Korrosion des Tanks und gegen Verdampfung. Weil Raketen mit Flüssigtreibstoff so viel schwerer und so viel sperriger sind, hatten die SS-N-6 35 Prozent mehr Gewicht und waren 50 Prozent größer als die amerikanischen Polaris A-1 Raketen. Im sowjetischen Flüssigtreibstoff war Stickstoff, Tetroxid und Hydrazin, die beim Vermischen explodieren und die Rakete aus dem Rohr schießen. Die amerikanischen Raketen mit festem Brennstoff wurden durch Druckluft aus dem Rohr getrieben und in der Luft über Wasser gezündet. Unfälle mit Raketen und Torpedos mit Flüssigtreibstoff kamen die Sowjetmarine teuer zu stehen. Im Januar 1962 explodierte ein Torpedo an Bord des dieselgetriebenen U-Boots *B-37* im Hafen von Polyarny und zerstörte es total. Ein weiteres Diesel-U-Boot, das daneben vertäut war, sank ebenfalls. Im Atlantik führte im Oktober 1986 auslaufender Treibstoff an Bord eines atomgetriebenen *K-219* zu einer Explosion, der das Schiff zum Opfer fiel, zusammen mit vier Seeleuten, 44 atomaren Sprengköpfen und zwei Reaktoren. Im August 2000 führte instabiler Flüssigtreibstoff zum Untergang der *Kursk* in der Barentssee.

★ ★ ★

Wir kehrten Mitte August nach Sewerodwinsk zurück, und die Tests auf See begannen für unser Schiff Mitte Oktober. Da das Weiße Meer im Winter durch Eis große Schwierigkeiten bereitete und es umständlich war, die Tests auf See in der Barentssee durchzuführen, während wir in der Region der Kolsky-Bucht stationiert waren, beschloss die Regierung, dass die *K-19* den Winter in Sewerodwinsk verbringen sollte, bis das Eis im Weißen Meer schmolz. Bis dieser Beschluss uns erreichte, bereiteten wir uns darauf vor, unseren Standort nach Zapadnaja Litsa (einem Hafen auf der Halbinsel Kola) zu verlegen. Der Eisbrecher *Kapitan Melechow* war aus dem Hafen Archangelsk angekommen, um uns Geleit zu geben. Der Kapitän des Eisbrechers und ich hatten unser Vorgehen genau geplant, die nötigen Signale noch zusätzlich zu den üblichen Manöversignalen ausgearbeitet und alles besprochen, was zum Geleitplan des Eisbrechers gehörte. Der Kapitän hatte mich liebenswürdigerweise auf seinem Schiff herumgeführt, das mir sehr gut gefiel, vor allem die komfortable Unterbringung der Matrosen. Doch zu meiner großen Enttäuschung wurde die Fahrt abgesagt. Es war gerade so, als ob ich spürte, dass es sich um ein schlechtes Omen handelte – und so war es ja schließlich auch.

Zur selben Zeit als wir uns dort aufhielten, versuchte die Werft in größter Eile fertig gestellte atomgetriebene Angriffs-U-Boote des Projekts *627A* (Typ *Kit*, Klasse November) an die Marine zu liefern. Davon gab es drei: *K-5*, *K-8* und *K-14*. Die Testprogramme der Werft und der Regierung waren kombiniert und verkürzt worden, sodass die Tests auf See nur noch sechs oder sieben Tage in Anspruch nahmen. Dann wurden die Schiffe ohne weitere Inspektion in den Norden geschickt, obwohl die Messen und Quartiere noch unfertig und ungestrichen waren. Kein einziges dieser U-Boote durchlief das gesamte Testprogramm. Ihre Antriebsanlagen und Waffensysteme wurden nicht umfassend überprüft, obwohl es noch lange dauerte, bis die Reaktoren und die zugehörigen Systeme installiert und deren Tests beendet sein würden. Alle drei U-Boote verließen die Werft mit Mängeln und unvollständiger Montage und mussten erst an den

Stützpunkten repariert und fertig montiert werden. Im Sommer 1960 war nur eines davon, die *K-14*, in der Lage, in See zu stechen. Sie musste in aller Eile an den Seeübungen „Meteor" teilnehmen, damit man unserer politischen Führung sagen konnte, dass die Milliarden von Rubeln, die man für den Bau eines Atom-U-Bootes ausgegeben hatte, nicht verschwendet waren.

Das führende Angriffs-U-Boot, die *K-3*, später in *Leninsky Komsomol* umbenannt, blieb vertäut in der Werft, für so genannte „Versuchsläufe"; doch eigentlich bedeutete das, sie war nicht seetüchtig. (Was ein solcher „Versuchslauf" eigentlich sein soll, ist mir bis heute nicht klar; es gibt in unserer Marinesprache keine feste Definition dafür.) Ihre mechanischen Teile, ihre Instrumente, ihre Systeme, alles wurde total überholt. Die Turbinen wurden auseinander genommen usw. Diese Arbeiten führte man langsam und bedächtig aus. Im Wesentlichen wurde dieses U-Boot von einem Team der Werft und von Vertretern der Zulieferfirmen gewartet. Alle Instrumente und mechanischen Teile waren versiegelt, und das Militärpersonal durfte sie nicht warten oder irgendetwas öffnen. Kurz bevor unser eigenes Schiff die Tests auf See durchführen sollte, unternahm die *K-3* ihre zweite Seereise. Diese war relativ lang, um Nowaja Semlja herum in die Karasee und auf dem gleichen Weg wieder zurück. Diese Fahrten wurden nur unternommen, um zu beweisen, dass die Antriebsanlage funktionierte. Einen anderen Zweck gab es nicht. Ich erkenne den Wert dieser Fahrten und bedauere, nicht selbst daran teilgenommen zu haben. Doch die Tatsache bleibt bestehen, dass alle mechanischen Teile des Schiffs von Werftpersonal gewartet wurden. Unsere Marinespezialisten waren nur Beobachter, die dem Team der Werftarbeiter zugeordnet waren.

Während die *K-3* für ihren „Versuchslauf" vertäut war, passierten die unglaublichsten, lächerlichsten Dinge. Irgendein Instrument oder Mechanismus versagte und der Techniker nannte es sofort „eine Störung" – sie hatten keine Erfahrung in der praktischen Wartung dieser Geräte –, dann telefonierte er voller Panik nach einem Spezialisten des Herstellers. Der Spezialist packte ganz schnell seine Siebensachen zusammen und kam mit dem Flugzeug, aus dem Ural oder Sibirien. Nach seiner Ankunft sah er sich das „defekte" Teil an, verfluchte die Bosse, die ihn geschickt hatten, tauschte auf der Stelle irgendeine durchgebrannte Sicherung aus und flog noch am gleichen Tag zurück in den Ural. So etwas kam häufig vor. So bekam das Marinepersonal keine Chance, Fertigkeiten in der Bedienung und Wartung seiner Ausrüstung zu erwerben. Es dauerte lange, bis die *K-3* für einsatzbereit erklärt wurde.

Doch jetzt zurück zu meinem eigenen Schiff, der *K-19*: Der Winter in Sewerodwinsk war für die Besatzung und das Schiff hart. Während eines Tests am Steuerbordreaktor des U-Boots im April 1960 kam es aufgrund eines Fehlers des Werfttechnikers, der am Kontroll- und Sicherungssystem arbeitete, zu einem schweren Unfall. Eine Drosselungsvorrichtung klemmte in ihrer unteren Position und setzte den Reaktor außer Betrieb. Die Direktoren der Werft gaben meinen Untergebenen die Schuld, die Führung der Marine schlug sich auf die Seite der Industrie.

Ich hatte zum Unfallzeitpunkt dienstfrei. Als ich zurückkam und mit meiner Besatzung, die noch unter Schock stand, objektiv zu klären versuchte, was passiert war, war es zu spät. Die Schuldigen, d. h. meine Ingenieure, wurden bestraft, ich bekam einen Verweis. Drei Jahre später wurde der wahre Schuldige, der Techniker der Werft, Kortschagin, wegen dieser Geschichte zu sieben Jahren Gefängnis verurteilt.

Während der Reparaturen nach dem Unfall wurde der Kern des Reaktors Nummer Eins ersetzt. Dabei beobachteten wir alles sorgfältig und nahmen am Wiedereinsetzen der Reaktorbrennstäbe teil.

★ ★ ★

Eine einzigartige Eigenheit der russischen Reaktoren ist der Einbau einer beweglichen Struktur aus rostfreiem Stahl im Druckgefäß des Reaktors. Es ist eine Drosselungsvorrichtung, die dem sofortigen Abschalten dient. Wenn der Reaktor normal arbeitet, ist diese gitterähnliche Vorrichtung im oberen Teil des Druckgefäßes, weit entfernt vom aktiven Reaktorkern. Wenn die Brennelemente des Reaktors gewechselt werden, wird sie eingesetzt und war schon die Ursache für einige schwere Unfälle. Diese passierten auf sowjetischen U-Booten, wenn die Reaktorabdeckungen vor dem Brennelementwechsel abgenommen oder danach wieder aufgesetzt wurden. Vor dem Beginn der Arbeiten wird die Drosselungsvorrichtung aus ihrer normalen Stellung nah an den Kern gebracht, dadurch wird der Prozess der Kernspaltung gestoppt. Dann können die Reaktorabdeckung abgehoben und die Steuerstäbe völlig herausgezogen werden. Zu diesem Zeitpunkt führen Besatzungsmitglieder eine zeitweilige Abdeckung ein, die sieben der acht Brennelemente abdeckt. Wenn alle acht abgebrannten Brennelemente entnommen wurden, untersuchen Ingenieure den Kessel und führen dann von Hand die neuen Brennelemente ein. Wenn diese alle an Ort und Stelle sind, wird die zeitweilige Abdeckung entfernt und die Reaktorabdeckung in die richtige Position zum Absenken gebracht. Bis diese wieder sicher am richtigen Platz ist, kann nur die Drosselungsvorrichtung einen Neustart des Spaltprozesses verhindern. Wenn sie aus irgendeinem Grund entfernt wird oder in ihre normale Stellung zurückrutscht, beginnt der Spaltprozess, und es kann zu einer Explosion kommen. Solche Unfälle passierten auf sowjetischen U-Booten mehrfach beim Brennelementewechsel. Der schwerste Zwischenfall dieser Art geschah in der Chazma-Bucht 1985, als bei einer gewaltigen Explosion zehn Seeleute ums Leben kamen.

Das Unglück geschah am 10. August 1985 an Bord eines Atom-U-Boots mit Marschflugkörpern, dass im Pazifikhafen Schkotowo-22, 48 Kilometer nördlich von Wladiwostok vertäut war und dessen Brennelemente ausgetauscht wurden.

Während der Vorbereitungen hatte man unter der Abdeckung des Reaktors ein Leck entdeckt, ein Defekt, der normalerweise eine Reparatur im Trockendock erfordert. Um Zeit zu sparen, versuchten die Besatzung und die Werftarbeiter Reparaturarbeiten auszuführen, während das U-Boot noch im Wasser lag. Beim Anheben der Reaktorabdeckung, um den verbrauchten Brennstoff zu entfernen, wurden versehentlich zwei Steuerstäbe herausgezogen, die eine unkontrollierte Kettenreaktion auslösten. Die tonnenschwere Reaktorabdeckung wurde mehr als 90 m in die Luft geschleudert und fiel dann zurück auf das U-Boot. Radioaktiver Treibstoff und die Überreste von zehn Seeleuten und Werftarbeitern wurden in der Bucht verstreut. Die Explosion schleuderte radioaktives Material und die Drosselungsvorrichtung in einer riesigen hochgiftigen Masse heraus. Man schätzt, dass vier Kubikmeter hochradioaktives Material über ein ebenso großes Gebiet wie bei der Katastrophe von Tschernobyl verteilt wurden und langsam die sechs Kilometer in Richtung Wladiwostok trieben. Kurz nach dem Zwischenfall wurde Dockarbeitern und Marineleuten befohlen, aufzuräumen und den Unfall geheim zu halten. Augenzeugen berichten, dass sofort nach den Aufräumungsarbeiten die Tore der Werft geschlossen wurden. Alle Arbeiter, die an der Aufräumung beteiligt waren, wurden angewiesen, ihre Haare abzurasieren, ihre Kleider abzugeben und sich wiederholt zu duschen. Die Arbeiter begruben das, was von den zehn Toten noch übrig war, zusammen mit verseuchtem Schutt, in speziell ausgehobenen Gruben. Das U-Boot wurde zu einem entlegenen Pier geschleppt und aufgegeben, die Reaktoren wurden ausgebaut.

Die komplexe Technologie und Ausbildung, die nötig sind, um mit Kernenergie zu arbeiten, zeigte schreckliche Mängel, die das sowjetische U-Boot-Programm schwer belasteten. Die Atomkraft wurde als Heilsbringerin gelobt, während die Gefahren der Strahlung heruntergespielt wurden. Wenn man diese Gefahren mit den Risiken kombiniert, denen jedes Unterseeboot ausgesetzt ist, kommt man zu potenziell unheilvollen

Ergebnissen. Doch die Sowjetunion wollte vorankommen und ignorierte alle Warnsignale. Die seit langem etablierten Hierarchien von Marine und Werften waren nun mit einer neuen und noch mächtigeren Organisation konfrontiert, dem Ministerium für Atomenergie, das von exzentrischen Physikern und Intellektuellen beherrscht wurde, die man nicht so leicht einschüchtern konnte. Sie, nicht die Seeleute hatten das Sagen. Der Leuchtturm der Atomkraft würde nicht verdunkelt werden.

SCHWIERIGE TESTFAHRTEN

KAPITEL 5

WENN EIN SCHIFF die aufwändige Arbeit nach der Konstruktion, die so genannte Ausrüstung, durchlaufen hat, folgen als Nächstes eine Reihe von Tests. Dabei unterscheiden sich Tests im Dock, die im Hafen am Pier vorgenommen werden, und Tests auf offener See in Umfang und Schwierigkeit. Jedes System, vom Hauptantrieb über die Navigation, die Waffen und die Rettungsausrüstung, wird gründlichen Tests unterzogen. Während bei diesen Tests meist Werftarbeiter und Personal der Planungs- und Konstruktionsfirmen an Bord sind, beginnen die kommandierenden Offiziere in dieser Zeit ihre Mannschaften für das reibungslose Funktionieren der Wachen an Bord zu trainieren.

Der Erste Offizier, Kapitänleutnant Wladimir Jenin, kam während der Vorbereitungsphase als Minen- und Torpedo-Offizier an Bord. Er war einer der ursprünglichen Besatzung und wurde „Starpom", stellvertretender Kommandant, kurz bevor die *K-19* auslief. Er hatte sich ursprünglich gegen viele der strengen Disziplinarmaßnahmen Satejews gestellt, doch war er dem Kapitän gegenüber loyal.

Der Chefingenieur, II. Wachoffizier Anatolji Kosirew, der hart arbeitende Chef der Ingenieure, ersetzte den ersten Ingenieur, den Satejew wegen mangelnder Befähigung in der Testphase entlassen hatte. Der Assistent für den Hauptantrieb, Kapitänleutnant Jurij Powstjew, war der 28-jährige Stellvertreter des Chefingenieurs und verantwortlich für die Reaktoren und die Hauptdampfmaschinen. Er war bekannt als hart arbeitender und engagierter Offizier und würde sich als sehr wertvoll für das Überleben des Schiffes erweisen. Der Kommandant der Sektion Sechs, Leutnant Boris Kortschilow, war innovativ und mutig. Der Kommandant einer Reservemannschaft, I. Wachoffizier Wladimir Perschin besaß Erfahrung als Kommandant eines früheren atomgetriebenen U-Bootes. Er kam in letzter Minute als einer der Verbindungsoffiziere des Brigadekommandanten an Bord der *K-19*, bevor sie in See stach.

Tests auf See sind wichtig, um die Sicherheit und das effektive Funktionieren der ganzen Ausrüstung des Schiffes, vor allem des Hauptschubtriebwerkes sicherzustellen. Und zwar sind sie nicht nur für das jeweilige U-Boot, sondern für alle folgenden Schiffes des gleichen Typs von Bedeutung. Die Tests für das erste Unterseeboot einer Klasse sind strenger und gründlicher, um Konstruktionsfehler aufzuspüren und über den Bedarf für Verbesserungen zu entscheiden. Wenn beispielsweise eine Dampfleitung verlegt werden muss, ist eine neue Ablaufanalyse erforderlich.

Wenn die Tests für den Prototyp einer Klasse beendet sind, und die Werft mit der Produktion einer Serie nach diesem Modell beginnt, werden die Versuchsläufe rationalisiert. Da man jedoch so rasch wie möglich eine bedeutende Unterseeflotte einrichten wollte, wurden die Tests für die nachfolgenden sowjetischen Schiffe einer speziellen Klasse so weit abgekürzt, dass der Sicherheitsrahmen für die Besatzungen minimal war.

Im Juli 1960 begannen im Weißen Meer die Tests für die *K-19*. Sie verließ den Hafen von Sewerodwinsk mit einer vollen Besatzung und einer Anzahl Beobachtungspersonal der Werft. Die Testfahrten dauerten meist zwei bis drei Tage und wurden über einen Zeitraum von vier Monaten durchgeführt.

In einem wichtigen Test, über den Satejew schreibt, werden neu konstruierte U-Boote in Tiefen getestet, die an ihr Sicherheitslimit gehen, um sich zu vergewissern, dass die Installationen fest sitzen und dicht sind. Die sowjetischen Unterseeboote sind, wie man das von den Deutschen gelernt hat, als Zweihüllenboote gebaut: mit einem inneren Druckkörper, der von einem äußeren Rumpf aus weicherem Material umgeben ist. Eine Reihe von Versteifungsringen umgeben den Druckkörper und festigen ihn, damit er dem vollen Wasserdruck beim Tauchen standhält. Der Raum zwischen dem inneren und dem äußeren Rumpf wird für die Hauptballasttanks, die Brennstoffballasttanks und andere Tanks genützt, die dem Druck des Meerwassers angeglichen sind. Der äußere Rumpf kann aus schwächerem Material sein. Das ist ein Unterschied zur Konstruktion amerikanischer U-Boote, die weitgehend nur einen Rumpf besitzen. In einem U-Boot mit einem Rumpf müssen die Versteifungsspanten in den Druckkörper eingebaut sein. Die Hauptballasttanks in amerikanischen Schiffen sind an beiden Enden des U-Boots angebracht, bei manchen Klassen sind sie um einen Teil des Druckkörpers angeordnet, sodass in dem Bereich ein innerer und ein äußerer Rumpf entsteht. Beide Systeme liefern die gleichen Ergebnisse, doch mit Abstrichen. Bei zwei U-Booten mit gleicher Verdrängung bietet die Konstruktion mit doppeltem Rumpf einen größeren Innenraum und größeren Schutz vor Beschädigungen. Doch das bringt den Nachteil, dass das U-Boot größer ist und deshalb auch der Widerstand bei der Bewegung im Wasser größer ist. Das heißt, es ist mehr Antriebskraft nötig, um die gleiche Geschwindigkeit zu erreichen. Konstruktionen mit einem Rumpf bieten bei gleicher Verdrängung ein kleineres U-Boot, doch der Innenraum ist etwas enger und der Druckkörper ist bei Kämpfen einem größeren Risiko von Beschädigungen ausgesetzt. Deshalb waren amerikanische U-Boot-Konstrukteure lange geschickter in der Ausnutzung des Innenraums. Russische U-Boote besitzen mehr Innenraum und gleichen den verstärkten Strömungswiderstand durch den Einsatz von zwei Reaktoren aus.

Genau wie bei der Marine in westlichen Ländern wurde auch von den sowjetischen Konstrukteuren und den Testbesatzungen gefordert, vollständige Testläufe der Technik auf See durchzuführen. Am schwierigsten war die Fahrt mit voller Geschwindigkeit, bei der das Schiff eine gewisse Zeit mit voller Kraft fahren musste, während alle Bereiche des Antriebs sorgfältig auf Lecks und Defekte untersucht wurden. Bei Atom-U-Booten war eine der Hauptsorgen das einwandfreie Funktionieren der Reaktoren. Außerdem war es wichtig, dass die Antriebsanlage den kritischen Vorrat an Trinkwasser aus dem Dampf, der die Turbinen antrieb, sammelte und wiederverwendete. Dieses Wasser, das aus Meerwasser aufbereitet wurde, war chemisch rein. Der Erfolg oder das Misslingen eines solchen Tests bei voller Fahrt hing oft davon ab, wie dieses Trinkwasser erhalten blieb. Für sowjetische U-Boote, genau wie für westliche Schiffe der gleichen Baujahre, war die Fahrt mit voller Kraft eine wichtige Hürde bei den Tests.

Die westlichen Marinegeheimdienste stellten anhand von 1974 im Pazifik geborgenen Wrackteilen sowjetischer U-Boote fest, dass die Struktur des Druckkörpers in den frühen U-Booten grob und offensichtlich eilig montiert war. Ein wichtiger Punkt, der in den Techniktests der frühen U-Boote erreicht werden musste, war das allgemeine Gleichgewicht des Schiffs. Der ursprüngliche Ballast in Form von Bleigewichten beruht auf komplizierten Gewichts- und Momentberechnungen, die durchgeführt werden, solange das Schiff im Trockendock ist. Sie können erst auf See wirklich überprüft werden. Es ist nicht ungewöhnlich, dass diese Berechnungen ein wenig daneben liegen, doch das war wahrscheinlich nicht die Ursache für das merkwürdige Verhalten der *K-19*, wie es Satejew erlebte und in seinen Memoiren beschrieb. Vor allem nicht für den Vorfall, als das U-Boot sich beim Auftauchen stark zur Seite legte.

★★★

Wir nahmen die Vorbereitungen für die Tests auf See sehr ernst. Obwohl die Hersteller das Testprogramm kürzen wollten, bestanden die hohen Tiere der Marine, in der Person von Konteradmiral Andrei Tschabanenko, darauf, das gesamte Testprogramm auf See, das von der Werft und der Regierung für einen Prototyp vorgesehen ist, durchzuführen und nicht einen einzigen Punkt auszulassen. Uns kam dabei zugute, dass man mit den abgekürzten Testläufen auf See bei den vier nicht fertig gestellten U-Booten des Projekts *627A* schlechte Erfahrungen gemacht hatte.

Am 11. Juli 1960 wurde die Marinefahne auf dem U-Boot *K-19* gehisst. In dieser Nacht bei Flut fuhr das Schiff zum ersten Mal für Tests ins offene Meer. Ich kann nicht behaupten, dass alles glatt verlaufen wäre. Deshalb waren die folgenden von der Regierung vorgeschriebenen Tests auf See, die andere Standards verlangen, sehr gründlich. Die Testprogramme für die beginnende Serienproduktion einer ganzen Klasse von U-Booten war weniger ausgefeilt als das Testprogramm für Prototypen. Es dauerte mehr als vier Monate bis die Prototypentests der Werft und der Regierung durchlaufen waren. Es gab Pannen, Defekte, Neueinstellungen, Änderungen in der Struktur und so weiter. Erst nach drei Versuchen klappte es mit einem Tauchgang bis zur maximalen Tauchtiefe. Ich sollte ein paar Worte zu einem dieser Tauchversuche, dem zweiten, sagen. Dabei passierte etwas, was keiner von uns vorhergesehen hatte und was fast zur Katastrophe führte.

Diese speziellen Tests konzentrierten sich vor allem auf die Kompression des Druckkörpers und das Funktionieren der Ballastsysteme in verschiedenen Tiefen. Die Dichtungen der Öffnungen im äußeren Rumpf leckten nicht und die Vakuumpumpen funktionierten perfekt. Dann kam in einer Tiefe von 290 Metern eine Meldung aus Sektion Sechs, der Reaktorsektion: „Kleines Leck im hinteren Bereich der abnehmbaren Platte." (Abnehmbare Platten oder Zugangsplatten zum Rumpf werden in den Rumpf geschnitten, damit man im Hafen sperrige Apparaturen be- und entladen kann, etwa Umwälzpumpen für den primären Kühlkreislauf des Reaktors.)

Zu diesem Zeitpunkt waren in Sektion Sechs zwei Männer: der II. Wachoffizier Nikolai Segatschew und ein Konstrukteur, der dort Messungen zur Kompression des Rumpfs und zu Verformungen verschiedener Elemente in der Sektion durchführen sollte. Unter normalen Bedingungen ist der Reaktorraum unbemannt und wird nur gelegentlich zu Inspektionen betreten.

Ich fragte Segatschew: „Können wir weiter tauchen?" Er antwortete, dass das Leck unbedeutend sei und dass wir unseren Tauchgang fortsetzen könnten. Bei mir in der Kommandozentrale war der Chefkonstrukteur, der Vorsitzende der Abnahmekommission. Wir tauchten langsam bis zu unserer maximalen Tauchtiefe von 300 m. Ich verlangsamte das Schiff stark und gab Befehl, mit der Inspektion des Rumpfs und der Prüfung der Messwerte zu beginnen. Plötzlich durchbrach eine aufgeregte Meldung die Ruhe: „Sektion Sechs läuft voll Wasser!"

Ich stand an der Bordsprechanlage und wies Sektion Sechs an: „Melden Sie Ihre Lage, ruhig und sofort!" Doch die Sektion war still.

Ich vertrage keine Ungewissheit. Ich musste etwas tun. Die Situation war unklar und konnte leicht kritisch werden, wenn die Sektion wirklich von Meerwasser überflutet wurde, während wir auf maximaler Tauchtiefe waren. An den Tiefenrudern war der dafür zuständige Offizier Kisenko, der erfahrene Bootsmann des Schiffes. An der Tauch-Kontrollstation war der für den Druckkörper zuständige Cheftechniker Iwan Kulakow.

Instinktiv sprach ich den Befehl aus: „Bootsmann, auftauchen!“ und befahl über die Bordsprechanlage: „Turbinen, langsame Fahrt voraus!“

Ich begann die Sekunden zu zählen. Unsere Tiefe blieb bei 300 m. Mein nächster Befehl lautete: „Halbe Kraft voraus!“

Die Tiefe veränderte sich nicht. Das Heck des Schiffs begann zu hängen. Die Sekunden rasten vorbei. Noch immer kein Wort aus Sektion Sechs. Wir konnten nur das Geräusch des eindringenden Meerwassers hören. Was geschah dort? In meinem Kopf lief ein Kaleidoskop verschiedener Bilder ab. Wenn die Sektion überflutet würde, verlöre das Schiff an Auftrieb. Wir mussten rasch auftauchen. Ich gab den Befehl: „Leert die Mittschiffs!“ (das heißt, die Ballasttanks, die mittschiffs angebracht sind). Ich erinnerte mich, dass ich vor dem Abtauchen meinen Kommandantensatz Druckluftzylinder – meine persönliche Reserve – nicht an das System des Schiffs angeschlossen hatte. Jetzt schloss ich sie, um Kulakow zu helfen, an die Druckluftleitung an. Weitere Sekunden vergingen. Das Heck sank tiefer ab, doch noch immer änderte sich unsere Tiefe nicht.

Schließlich gab ich den Befehl: „Allen Ballast aus den Hauptballasttanks abstoßen!“ Die Hochdruckluft, die in die Tanks strömte, gab ein Röhren von sich. Die Sekunden wurden zu Minuten und schließlich begann das U-Boot zu steigen. Ich beobachtete unsere Tiefe und unsere Geschwindigkeit. In 100 Meter Tiefe bei einer Geschwindigkeit von 12 Knoten bekam das Schiff Schlagseite nach Backbord. Ich schaltete die Turbinen ein.

Das Schiff stieg rasch und bekam mehr und mehr Schlagseite. Als wir an die Oberfläche kamen, betrug der Neigungswinkel verhängnisvolle 60 Grad. Zu diesem Zeitpunkt konnte ich nichts tun. Ich hatte bereits alles getan, was in einer solchen Situation zu tun ist. Nach einem Moment wurde die Neigung geringer, das Schiff verlagerte sich schnell nach Steuerbord, vielleicht auf 40 Grad. Wir rollten noch einige Male hin und zurück, bis das Schiff sich gerade legte. In der

Kommandozentrale herrschte völlige Stille. Ich sah auf die Männer, die dort bei mir waren. Sergej Kowaljow war weiß wie die Wand. Der Vorsitzende der Abnahmekommission, I. Wachoffizier Mazin, stand unter Schock; er zitterte. Auch die anderen waren in keiner guten Verfassung.

Ich nahm meine fünf Sinne zusammen, kletterte in die Aufbauten, öffnete die obere Luke und stieg auf die Brücke. Ein Funker begleitete mich. Etwa 220 Meter von unserem Bug auf der Steuerbordseite entfernt war der U-Boot-Tender, der uns bei unserem Test auf See begleitete. Ich wartete, bevor ich Entwarnung gab. Ich wollte der Mannschaft eine Chance geben, sich nach einem so ungewöhnlichen Auftauchen zu sammeln. Ich kletterte von der Brücke und ging einige Minuten auf dem Achterdeck am Heck auf und ab, dabei beruhigte ich mich wieder. Erst dann kehrte ich auf die Brücke zurück.

Was war in Sektion Sechs passiert? Es gab dort tatsächlich ein ernstes Leck. Haben Sie jemals gesehen, was ein Wasserstrahl bei 30 Atmosphären Druck anrichten kann? Vor langer Zeit, als ich noch bei der Schwarzmeerflotte war, ging eine Stopfbuchse an einer Tiefenmesserleitung unter dem Schott kaputt – etwa einen Meter von der Stelle, wo ich stand. Ich hatte den Eindruck, dass ein mächtiger Schwall Wasser von oben auf mich stürzte, der sich in Gischt und Regen verwandelte, dazu hörte ich ein Röhren, wie man es nirgends sonst hört.

Dieses Mal war der Wasserschwall in einer Tiefe von 300 Metern gekommen und hatte die Sektion augenblicklich mit Gischt gefüllt und dadurch die Orientierung natürlich schwierig gemacht. Schwierig war es deshalb auch, zu entscheiden, wo das „Leck im Schiff“ sich befand – so nennen U-Boot-Leute alle Stellen, an denen Meerwasser ins Boot dringt. Darüber hinaus hatte die erschütternde Plötzlichkeit des Unfalls dazu geführt, dass beide Männer in der Sektion den Kopf verloren hatten. Doch was geschehen war, war ganz einfach.

Kurz bevor wir zu unserem tiefen Tauchgang ausgefahren waren, hatte man eine der Umwälzpumpen des primären Kühlkreislaufs ersetzt. Wegen der großen Ausmaße der Pumpe hatte man eine der abnehmbaren Platten über Sektion Sechs entfernen müssen. Das Standardvorgehen verlangt, dass die spezielle Gummidichtung um die Kanten der Platte ersetzt wird; die Platte selbst wird mit Kanten am Druckkörper verschraubt. Dieses Mal hatten die Arbeiter beim Entfernen der Platte beschlossen, sich den Weg zum Lager zu ersparen, um eine neue Dichtung zu holen, und hatten einfach die alte noch einmal verwendet. Sie hätten wissen müssen, dass diese nicht mehr brauchbar war. Sie brachten sie an, zogen die Schrauben an, pressten sie mit so viel Druck zusammen, wie sie für nötig hielten, und meldeten dem Ingenieur, der die Arbeit abnehmen musste, dass alles in Ordnung sei. Der gab die Meldung an den Vorsitzenden der Abnahmekommission weiter, der mir dann mitteilte, dass der Druckkörper fertig zum Tauchen sei. Dann, als wir tauchten, wellte der starke Druck des Wassers die verbogene „alte" Dichtung etwa 20 bis 25 cm weit am Rand der Platte. Mehr war nicht nötig: ein ganz einfaches Rezept für ein Leck im Schiff.

Die Mannschaft unseres U-Boot-Tenders beobachtete, wie wir auftauchten. Der II. Wachoffizier Viktor Juschkow, der auf der Brücke des Schiffes stand, sagte mir später, dass das Erste, was er sah, ein riesige Welle war, der unser U-Boot folgte. Das Schiff lag buchstäblich auf seiner Backbordseite, während der Rumpf fast ganz aus dem Wasser stieg, zurückfiel und nach einigem Hin- und Herrollen in der richtigen Lage zur Ruhe kam.

30 Jahre später, als der 30. Jahrestag des Flaggenaufziehens auf der *K-19* gefeiert wurde, sagte mir der Chefkonstrukteur unserer strategischen Atom-U-Boote, Sergej Kowaljow, der bei dieser Geschichte an Bord gewesen war, dass wir nur um Haaresbreite dem Tod entkommen waren. Dass wir eigentlich nur durch ein Wunder über-

lebt hatten. Ich kann mich erinnern, dass es gute drei Stunden dauerte, bis Kowaljow ein Wort herausbrachte. Der Vorsitzende der Abnahmekommission blieb stumm, bis er wieder an Land war. Das war eine Episode unserer Tests auf See.

Es gab auch Vorfälle von mangelnder Disziplin bei meiner Mannschaft. Zum Glück fanden sie statt, während wir an der Oberfläche fuhren. Der Kommandant der dritten Abteilung, der Lecksicherungsabteilung der Ingenieure, Ingenieur Kapitänleutnant J. P. Balabanow, versuchte leere Lebensmittelverpackungen durch das DUK zu werfen, eine Vorrichtung in Sektion Acht, durch die bei Tauchgängen Abfallcontainer ins Wasser geworfen werden sollen. (Das DUK ist eine kleine Luftschleuse, in der ein Hochdruckkolben eingesetzt wird, um Behälter mit dem täglichen Abfall hinauszuwerfen.) Dabei blieb ein Teil einer Verpackung im DUK stecken. Deshalb beschloss Balabanow die vordere und die hintere Abdeckung des DUK von Hand zu öffnen und den Karton hinauszuschieben. Es war ein Glück, dass wir an der Oberfläche waren, denn sobald die hintere Abdeckung offen war, strömte Wasser ein und die Sektion war rasch überflutet. Als die Männer merkten, was passierte, verriegelten sie die Sektion und schufen durch einströmende Hochdruckluft einen Gegendruck. Der Schaden durch Balabanows völlig unbewusste Handlung war beträchtlich: Einige Elektromotoren waren vom salzigen Meerwasser überflutet worden, darunter die Hauptentfeuchtungsanlage und die Klimaanlage. Wie sollte ich darauf reagieren? Der Schuldige konnte nicht auf meinem Schiff bleiben. Obwohl es mich große Anstrengungen kostete – Balabanow war der Sohn eines Regierungsmitglieds –, gelang es mir, diesen so genannten Chef der Lecksicherung loszuwerden.

Ein besonders riskanter Versuch war der 24-Stunden-Test der Hauptmotoren bei der vollen Geschwindigkeit von 26 Knoten, wobei beide Reaktoren auf 100 Prozent arbeiten, gefolgt von einem zweistündigen Lauf auf 110 Prozent.

Diese Tests fanden in 60 Meter Tiefe in einem Sperrgebiet bei Kandalakscha im Weißen Meer statt. Diese Tests sind so gefährlich, weil das Meer das Meer bleibt, auch wenn es sich um einen Golf im eigenen Land handelt. Die Wirkungen dieser Fahrt mit voller Kraft waren noch nicht gründlich genug untersucht worden, denn bis wir die Tests durchführten, war eine solche gründliche Untersuchung nicht nötig gewesen. Und doch, was konnte nicht alles passieren, während wir 26 Stunden unter Wasser bei voller Geschwindigkeit unterwegs waren? Wie würde die Lage des Schiffes durch Strömungen und andere Faktoren beeinflusst werden?

Die Schifffahrtsanweisungen für das Weiße Meer geben an, dass über den Grund sowohl eigenartige stetige als auch Gezeitenströmungen verlaufen. Kleine Sandhügel, die wir „Katzen" nennen, scheinen über den Grund zu „kriechen" und verändern dabei ihre Position und ihre Höhe. Wie sich Jahre später gezeigt hat, berührten eine ganze Reihe von U-Booten diese „Katzen" bei den Tests auf See. Ein U-Boot, auf dem sich der Vorsitzende der Annahmekommission, Vizeadmiral A. I. Sorokin, und der frühere Navigator einer Flotille von U-Booten, Kapitan Leo Antokin, befanden, schob sich mit 24 Knoten in ein Unterwasserriff. Das Riff war in den Seekarten eingezeichnet, doch der Kapitän hatte die herrschenden Bedingungen nicht mit einberechnet und die Regeln über den Bewegungsspielraum bei Tests verletzt. Das Schiff wurde nur durch ein Wunder gerettet. Der äußere Rumpf auf der Steuerbordseite war bis zum Ausgleichstank (drei Viertel der Länge des Rumpfes) völlig zerstört, dazu die dort befestigten Hydrophone der Sonaranlage. Wenn das U-Boot nur einen Bruchteil eines Grades weiter nach Steuerbord geraten wäre – ein Unterschied von etwa zwei Metern –, wäre es mit der Spitze voran aufgelaufen, und es hätte keine Überlebenden gegeben.

★ ★ ★

Ein wesentlicher Faktor, der amerikanische von den frühen sowjetischen Atom-U-Booten unterschied, war der Lärm, der von den Motoren nach außen drang. Als man entdeckt hatte, dass die U.S.S. *Nautilus* so laut war wie ein Güterzug, ging die Schalldämpfung bei den amerikanischen Unterseebooten sprunghaft voran, bis sie deutlich leiser waren als ihre sowjetischen Gegenstücke. Die erste Generation der sowjetischen U-Boote war berüchtigt für ihre Lautstärke. Dieser große Unterschied im Stealth-Bereich bestand viele Jahre, bis von John Walker, Ronald Pelton und Aldrich Ames amerikanische Geheimnisse verraten wurden. Darüber hinaus verletzten einige alliierte Länder die Exportbeschränkungen für vertrauliche Technologien, und so konnten die sowjetischen Konstrukteure rasch die Lautstärke verringern. Die zweite Generation von U-Booten, als Charlie-, Victor und Yankee-Klassen bezeichnet, die 1962 und 1963 vom Stapel liefen, waren immer noch laut. Erst mit ihrer dritten Generation Atom-U-Boote, die in den 80er-Jahren gebaut wurde, begannen die sowjetischen Motoren die amerikanischen in punkto Stealth herauszufordern. Bis in die späten 80er-Jahre war die amerikanische Marine in der Lage, ihre ganze Überlegenheit in der U-Boot-Abwehr daraus zu gewinnen, dass sie bei jedem sowjetischen U-Boot nicht nur die Klasse, sondern sogar das individuelle Schiff erkennen konnte. Sie legte eine akustische Datenbank an, die extrem genau war. Wie es auch bei Kapitän Satejew anklingt, waren sich die sowjetischen U-Boot-Kommandanten jener frühen Zeit ihrer Verletzbarkeit sehr bewusst.

★★★

Die Unterzeichnung des Abnahme-Protokolls für das U-Boot war noch nicht erfolgt. Hier muss ich bei meiner Erzählung ein wenig ausholen. Einer der Hauptfaktoren, der bei einem U-Boot getestet wird, ist seine Schalldämpfung, damit es unentdeckt operieren kann. Mir war bewusst, dass alle vier Torpedo-Angriffs-(Mehrzweck-)U-Boote, die von der

Marine in Auftrag gegeben wurden, diese Geräuscharmut nicht besaßen. In dieser Hinsicht war auch die *K-19* um keinen Deut besser. Während der Tests auf See verbrachten wir einige Tage mit Geräuschmessungen ihrer Hilfsmechanismen. Wir testeten sie sowohl in voller Fahrt als auch in Ruhe. Als ich das Formular bekam, in dem die Geräuschmessungen verzeichnet waren, langte ich mir vor Verzweiflung an den Kopf. Die Dezibelwerte, die Schwarz auf Weiß vor mir lagen, waren einfach verblüffend. Meine Erfahrung als Kapitän eines Diesel-U-Bootes sagte mir, dass ich unbedingt in dieser Hinsicht etwas tun musste. Ansonsten wäre ich moralisch verantwortlich, weil ich ein Schiff annahm, das nicht für den Kampf geeignet war. Ich beschloss, dass Abnahmeprotokoll nicht zu unterzeichnen und das Thema stattdessen der Regierung vorzulegen. Ich teilte dem Werftdirektor vorab meine Entscheidung mit. Damit begann der ganze Ärger. Zweimal bestellte mich der Werftdirektor Jewgenj Jegorow zu sich und setzte mich unter Druck, damit ich die Sache nicht weiter blockierte, sondern das Abnahmeprotokoll unterzeichnete. Das zweite Treffen endete in einem Schwall von Drohungen und Beleidigungen: „Ich werde jetzt sofort den Oberbefehlshaber anrufen und schon morgen sind Sie kein Kommandant mehr, Sie verdammter Idiot", und so weiter. Ich konterte so gut ich konnte, sagte ihm, er könne zur Hölle gehen und verließ sein Büro. Am nächsten Tag wurde ich ins Hauptquartier der Nordmeerflotte gerufen, wo man mir sagte, dass ich den Flottenkommandanten Admiral Andrej Tschabanenko anrufen sollte. Ich sprach direkt mit ihm. Tschabanenko berichtete mir, dass der Oberbefehlshaber der Marine, Flottenadmiral S. Gorschkow, ihn angerufen und befohlen hatte, das U-Boot *K-19* in jedem Fall in Dienst zu stellen. Der Flottenkommandant riet mir den Widerstand und den Kampf aufzugeben. Was konnte ich da noch tun?

Am 12. November wurde das Abnahmeprotokoll für den Prototyp des mit taktischen Raketengeschossen ausgerüsteten Atom-U-Bootes *K-19* unterzeichnet. Der feierlichen Unterzeichnung folgte ein Bankett im Festsaal der Werft, dem so genannten Haus der Ingenieure. Zu einem bestimmten Zeitpunkt während des Banketts lud der Werftdirektor, Jegorow, die anwesenden Spitzenkommandanten ein, sich im Séparée des Restaurants zu versammeln und dort wurde weitergefeiert. Es gab, Gott sei dank, keine Zwischenfälle und Vorwürfe.

Kommandant Anatolj Sorokin von unserer Atom-U-Boot-Brigade, kam aus Zapadnaja Litsa, um die Vorbereitungen zur Verlegung der *K-19* auf ihren festen Stützpunkt zu überwachen. Am 16. November starteten wir in Richtung Norden und kamen am 18. in Zapadnaja Litsa an. Am nächsten Tag bezogen wir unsere Quartiere auf dem Atom-U-Boot-Tender *Mahomed Hatschijew*, der unter dem Kommando des II. Wachoffiziers Molochko stand. Das routinemäßige Kampftraining begann. Oder genauer gesagt, unser U-Boot schloss sich den Vorbereitungen für Einsätze an.

Die Bucht von Zapadnaja Litsa lässt sich am besten als Fjord am Rand der Barentssee am westlichen Ende der Halbinsel Kola beschreiben. Sie liegt nahe der norwegischen Grenze; ein enger Meeresarm führt zu einer Bucht, die in drei kleinere Meeresarme aufgeteilt ist: Malaja Lopatka, Bolschaja Lopatka und Nerpischja. Die Bucht ist auf drei Wegen zugänglich, von See her über die Motovsky Bucht, von Land über eine unbefestigte Straße vom Hafen Ura – 27 Kilometer Entfernung – oder auf einer anderen unbefestigten Straße vom Hafen Ura über die Petschenga-Strecke – ebenfalls 27 Kilometer. In diesen frühen Jahren fanden sich in der amerikanischen Presse Berichte, wie erstaunlich es sei, dass der neue sowjetische Marinestützpunkt Zapadnaja Litsa in einer so abgelegenen Gegend errichtet worden sei. Dass die Sowjets ihre Atom-U-Boote in einer Region unterbrachten, die weder über eine asphaltierte Straße noch eine Bahnstrecke zugänglich sei. Alle benötigten Güter müssten über See angeliefert werden, ein sehr schwieriger und teurer

Weg. So betrachtete unser potenzieller Gegner die Entstehung des neuen Stützpunkts. Die Infrastruktur war noch im Planungsstadium, und unserer Ansicht nach waren wir auf dem richtigen Weg. Nehmen Sie beispielsweise die folgende Episode, sie zeigt die Anstrengungen beim Aufbau in jenen Jahren.

Irgendwann Mitte bis Ende Januar 1961 beendeten wir die erste Phase des Kampftrainings, das unser Schiff absolvieren musste. Ein heftiger Sturm blies seit mehreren Tagen, zum Teil als Schneesturm bei frostigen Temperaturen. Die Seen im Hochland, die das Süßwasser für die Versorgungsschiffe und die Einheiten an der Küste lieferten, waren alle zugefroren. Der Frachtkahn, der uns Wasser aus Seweromorsk brachte, war vom Hauptquartier der Flotte an seinem Stützpunkt zurückgehalten worden – der Wind erreichte Hurrikanstärke. Die Straße zum Hafen Ura lag unter solchen Schneeverwehungen, dass kein Fahrzeug irgendeines Typs sie bis zu uns bewältigen konnte. Der Sturm blies bereits seit zwei Tagen, ließ auch am dritten nicht nach. Und man konnte nicht vorhersagen, wann das Wetter umschlagen würde. Der Brigadekommandant bestellte mich zu sich auf das Versorgungsschiff *Dwina* und fragte mich, ob mein Schiff bereit sei, seinen ersten Einsatzbericht einzureichen. Die Vorbereitungen zu diesem Einsatz gipfelten im Start des Hauptantriebs, das heißt der Reaktoren. Ich antwortete, dass das Schiff bereit sei; es mussten nur noch die Reaktoren gestartet werden. Er antwortete mit einem Befehl, der eigentlich auch eine Art Bitte war: In Ordnung, fahren Sie sie hoch, dann legen Sie mit Ihrem ersten „Kampf"-Einsatz los. Sie werden genügend Wasser „kochen", um uns alle zu versorgen. Denn zu diesem Zeitpunkt hatte die gesamte Brigade, alle Versorgungsschiffe und alle Einheiten an der Küste kein Süßwasser mehr. Wir waren kurz davor, Schnee zu schmelzen! Da die *K-19* zwei Verdampferpumpen (zur Umwandlung von Meerwasser in Süßwasser) besaß, konnte sie leicht den ganzen Stützpunkt mit Süßwasser versorgen. Ich war glücklich: Das hieß, dass wir beim letzten Punkt des Tests sehr gut abschneiden würden.

Ich antwortete: „Zu Befehl“ und machte mich an meine Aufgabe. Als solche betrachteten wir nämlich die „Einarbeitung“ des neuen Stützpunktes.

Im Februar reichten wir unseren ersten Bereitschaftsbericht beim Hauptquartier der U-Boot-Abteilung der Nordmeerflotte ein. Wir hatten uns sehr gründlich darauf vorbereitet. Das ganze Hauptquartier der U-Boot-Flotte unter Konteradmiral Alexander Petelin nahm jeden Einzelnen von uns zu jedem Punkt mit übergroßem Eifer in die Zange, das heißt, sie piesackten uns, weil sie entschlossen waren, wenn irgend möglich einen Fehler zu finden. Doch schließlich nahmen sie unseren Bereitschaftsbericht mit der Bewertung „gut“ an.

Unsere zweite Bereitschaftsaufgabe bestand in den Vorbereitungen für eine einen Monat dauernde Patrouille, bei der wir alle Aspekte des U-Bootes in verschiedenen Situationen kontrollieren sollten – an der Wasseroberfläche und getaucht, in Notfällen und bei anderen Eventualitäten. Ein großer Teil unserer Zeit ging verloren, während bedeutende Fehler, die in Aktion aufgetreten waren, auf der Werft behoben wurden.

Am 2. April stach die *K-19* für ihren zweiten Bereitschaftseinsatz in See. Wir machten eine interessante Erfahrung, als wir zum ersten Mal in das Gefechts-Trainingsgebiet kamen, das für uns oberhalb des 71. Breitengrads in der Barentssee lag. Wir nahmen die empfohlenen Fahrrinnen, um dort hinzugelangen. Nachdem wir die Motowsky-Bucht verlassen hatten, fuhren wir direkt nach Osten; als Teriberka an Steuerbord erschien, wendeten wir uns nach Norden in Richtung 71. Breitengrad und zu unserem Trainingsgebiet. Bevor wir unseren Kurs nach Norden änderten, beschloss ich, soweit aufzutauchen, dass wir das Periskop einsetzen und mit dem Radargerät unsere genaue Position feststellen konnten. Denn dann würden wir den Radarbereich der Küste verlassen. Wir stiegen bis auf Periskophöhe, legten unsere Position zur Küstenlinie fest und drehten nach Norden ab.

Die Leute am Sonar meldeten Geräusche auf unserer Backbordseite. Ich betrachtete den Horizont durch das Periskop: Es war nichts zu sehen. Auch auf unseren Radarschirmen zeigte sich nichts, nur die Küstenlinie und die äußerste Reichweite des Radars. Ich schloss, dass außer uns niemand hier war. Doch die Geräusche setzten sich fort, sie waren klar und laut zu hören. Wir tauchten und setzten unseren Kurs fort. Ich befahl dem wachhabenden Offizier, alle zwei Stunden in unseren Heckbereich hineinzuhören. Jedes Mal, wenn wir die Richtung änderten, hörten wir das gleiche Geräusch: die Schrauben eines unbekannten Schiffes, das uns hartnäckig folgte. Ich analysierte die Lage und schloss, dass wir ein amerikanisches U-Boot ausgemacht hatten. Dies war tatsächlich nicht der erste Hinweis, dass die Amerikaner in unsere Hoheitsgewässer eindrangen und unsere Atom-U-Boote überwachten.

Nachdem wir unsere Position im Trainingsgebiet eingenommen hatten, begannen wir die verschiedenen Phasen unserer Aufgabe zu durchlaufen. Alles ging glatt, bis zum 12. April. Dieser Tag war der Wendepunkt.

Um vier Uhr morgens, gerade nach einem Wachwechsel, war Kapitänleutnant Muchin wachhabender Offzier (d. h. der Offizier, der auf der Brücke Wache schiebt, während das Schiff unterwegs ist). Wachhabender Ingenieur war Kapitänleutnant Powstjew. Tiefe: 60 Meter, Geschwindigkeit: 16 Knoten, Kurs: 270 Grad, alles normal. Ich verließ die Kommandozentrale, um in meine Kabine in Sektion Zwei zu gehen. Nach weniger als fünf Minuten spürte ich, wie das Schiff mit dem Bug nach unten kippte. Normalerweise stört mich eine Schräglage von zwei oder drei Grad nicht. Dieses Mal sackte der Bug jedoch stärker ab. Ich rannte sofort zurück in die Kommandozentrale. Rasche Reaktionen auf Veränderungen in der Lage oder auf Schlagseite waren mir damals zur zweiten Natur geworden. In dem Augenblick, in dem irgendetwas passierte, rannte ich zurück zur Kommandozentrale. Für diesen Auftrag waren keine Notfallübungen vorgesehen. Wir hatten bereits alle Stufen der Übung durchgeführt und planten, in wenigen Tagen zum Stützpunkt zurückzukehren, um Übungstorpedos und -raketen für unseren dritten und vierten Auftrag zu laden. Als ich die Kommandozentrale betrat, hatte ich das Gefühl, dass die Wache die Situation nicht im Griff hatte. Es wurden keine Maßnahmen ergriffen, während unser Bug mit jeder Sekunde weiter nach unten wegsackte. Ich griff die Bordsprechanlage und gab Befehl, die Schubkraft beider Turbinen umzukehren. Dann gab ich dem Offizier, der das Tauchen kontrollierte, den Befehl „Voller Bug-Auftrieb!“ und dann sofort „Mittschiffs Ballast abwerfen!“ Ich sah auf den Tiefenmesser – 260 Meter – und befahl dann „Alle Hauptballasttanks leeren!“ Ich rief die Befehle in ununterbrochener Folge, doch sie wurden genau und sofort ausgeführt. Ich kam ein bisschen spät mit dem Befehl „Beide Turbinen volle Kraft voraus!“, als unsere Schräglage sich zu bessern begann. Wir stellten die Turbinen auf Vortriebsschub, als unsere Schräglage wieder auf 10 bis 12 Grad zurückgegangen war. Das war kein Problem: Das Schiff stieg.

Was war also geschehen? Es war wirklich sehr einfach. Ein junger Matrose – wir hatten bei diesem Auftrag zehn junge Matrosen in der Ausbildung mit an Bord – hatte beschlossen, das Schaltpult der Stromversorgung für den Servomotor des Hecktiefenruders zu reinigen. Und, da er es nicht besser wusste, hatte er eine Sicherung für den Motor der Tiefenruder entfernt. Von ihrem eigenen Gewicht waren die Ruder in die volle Tauchstellung gedrückt worden. Wir verwendeten damals am Heck die kleineren Tiefenruder und das hat uns vielleicht gerettet. Wir stiegen mehr oder weniger ohne Zwischenfälle wieder auf. Ich hatte nicht einmal Zeit ein Notsignal zu senden; so schnell geschah alles. Ich öffnete die Luke zur Brücke.

An der Oberfläche war Nacht, keine Sicht, kein Stern am Himmel. Ich machte einen Schritt auf die Brücke und fühlte, wie mein Fuß in etwas Klebrigem versank. Der Navigator reichte mir eine Taschenlampe. Ich schaltete sie ein und war starr vor Entsetzen. Ich stand fast bis zu meinen Knien in grauem Schlick. Die ganze Brücke war vollständig damit bedeckt. Von der Kommandozentrale kam die Meldung, dass die Heck-Tiefenruder einwandfrei arbeiteten. An der Oberfläche blies ein Sturm, die Wellen waren zwei oder drei Meter hoch, Wind aus dem Norden, dichte Schnee-Nebelbänke. Ich fragte, wie viel von unserer Luft noch übrig war, und die Antwort lautete 50 Prozent. Ich beschloss auf Periskoptiefe zu gehen, um den Schlick von der Brücke und den Aufbauten abzuwaschen. Inzwischen versuchte ich herauszufinden, wie der Schlick auf die Brücke gekommen sein konnte. Selbst wenn wir bis auf den Boden gelangt wären, wären wir sicher nicht bis zur Brücke eingesunken; oder doch? Ich vermutete, dass wir den Boden nur „geküsst" hatten und dass die Schrauben Schlick auf die Brücke befördert hatten, als unsere Maschinen rückwärts liefen und die Neigung sich wieder zum Heck richtete.

Wir tauchten für zehn Minuten auf Periskoptiefe und ließen das Seewasser die Aufbauten und die Brücke reinigen. Dann tauchten wir wieder auf und begannen unsere Druckluft mit den zwei Dieselkompressoren wieder aufzufüllen. Ich ordnete höchste Wachsamkeit an. Ich entschied, dass wir an der Oberfläche bleiben würden, bis unsere Druckluft vollständig aufgefüllt wäre. Dann würden wir wieder tauchen und die Arbeit an gewissen Punkten unseres Auftrags erneut aufnehmen. Doch war eine Kritik am Vorgehen des wachhabenden Offiziers während der Schlagseite, die wir eben erlebt hatten, nicht zu vermeiden.

Nach dem Frühstück um 8 Uhr befahl ich alle Wachoffiziere in die Offiziersmesse. Das Schiff lief mit den Elektromotoren, wir machten etwa sechs Knoten. Das Radargerät zeigte mehrere Zielpunkte an der Oberfläche an, kleine

Fischerboote. Die Sonartechniker hatten regelmäßig Geräuschaufzeichnungen von deren Schiffschrauben. Doch da sie ziemlich weit weg waren, konnten wir uns der Kritik der jüngsten Ereignisse zuvor widmen. Ich übergab die Brücke an den stellvertretenden Kommandanten für politische Angelegenheiten, den II. Wachoffizier A. I. Schipow. Ich plante das Handeln jedes einzelnen Mannes gesondert und so detailliert wie möglich zu kritisieren. Ich wollte aus dem Zwischenfall eine Lektion für die Zukunft machen und die Schritte durchgehen, die solche Situationen erfordern.

Die Luke im Schott zwischen Kommandozentrale und Sektion Zwei (wo die Offiziersmesse sich befand) blieb unverschlossen, falls ich auf die Brücke gerufen werden sollte. Die Uhr zeigte 9.11 Uhr, als ich plötzlich einen Befehl von der Brücke hörte: „Beide Maschinen volle Kraft zurück! Alle Mann!“ Ich eilte in die Kommandozentrale und auf die Brücke. Von dort aus sah ich direkt vor unserem Vordersteven auf der Steuerbordseite den schwarzen Mast eine Periskops, das Glasauge seiner Linse war auf uns gerichtet.

Um etwa drei Meter konnten wir einen Zusammenstoß vermeiden. Zum Glück war unsere Geschwindigkeit gering und die Maschinen waren in der Lage, die Triebkraft des Schiffes abzufangen. Ich fragte Schipow, wann er das Periskop entdeckt hatte. Er meldete, dass alle Ziele auf den Radarschirmen weit entfernt waren, als er die Brücke von mir übernahm. Das Sonar hatte sie auch aufgespürt. Kurz bevor der Alarm ertönte, hatte ein Sonartechniker plötzlich gemeldet, dass das Geräusch von einem Objekt auf der Steuerbordseite viel lauter geworden war. Das Objekt kam eindeutig auf uns zu, und das sehr schnell. Am Radarschirm war nur ein kaum erkennbares Ziel in großer Entfernung zu sehen. Schipow versuchte mit den Augen den Schneenebel über der Steuerbordseite des Bugs zu durchdringen, doch die Sicht war fast gleich Null. Der Radartechniker konnte keine nahe gelegenen Objekte entdecken. Der Schneenebel wechselte auf unsere Backbordseite und in dem Augenblick hatten der Signalgeber und der Wachoffizier das schwarze baumstammähnliche Objekt entdeckt, dass rasch auf uns zukam – das Periskop. Schipows Reaktion war korrekt gewesen. Er musste vermeiden, das Objekt zu rammen und befahl deshalb beide Maschinen mit voller Kraft zurück.

Wenn ich das Periskop nicht mit meinen eigenen Augen gesehen hätte, hätte ich diese Geschichte niemals geglaubt. Gemäß den aktuellen Flottenanweisungen musste ich diese Begegnung mit einem unidentifizierten U-Boot sofort melden. Als ich meine Meldung schrieb, gab mir der Dekodierer, Obermaat Troitzky, eine Funkmitteilung mit dem folgenden Inhalt: „An den Kommandanten: Bleiben Sie an der Oberfläche. – Flottenkommandant." 15 oder 20 Minuten später hörten wir über Funk die Meldung: „Ein Mensch hat den Weltraum erreicht ..."

Zwischenzeitlich blieben die Sonartechniker auf meinen Befehl hin, dem unidentifizierten U-Boot auf der Spur. Es bewegte sich rasch nach Norden auf den Rand des Eises zu. Wir folgten ihm etwa eine Stunde lang bis 10 Uhr, dann verloren wir das Geräusch seiner Schiffsschraube.

Zwei Tage später wurde ich nach Seweromorsk zum Kommandanten der Nordmeerflotte befohlen, der mich genauestens über das Treffen mit dem fremden U-Boot befragte. Ich erfuhr, dass er sofort, als er meine Meldung erhalten hatte, den Oberbefehlshaber der Marine, Flottenadmiral Gorschkow informiert hatte. Der Flottenadmiral hörte seinen Informationen aufmerksam zu, dann sagte er, dass Geheimdienstberichte besagten, dass die U.S.S. *Nautilus* in diesem Teil der Barentssee operierte. Er war unglücklich über mich, als Kommandanten der *K-19*, dass ich das U-Boot nicht gerammt hatte, als sich die Gelegenheit dazu bot. „Dafür hätten wir bestimmt die Reparaturkosten für den Vordersteven übernommen."

Ich sagte, dass ich mich auf See nicht wie ein Pirat aufgeführt hätte, selbst wenn mir jemand befohlen hätte, dass Schiff zu rammen. Admiral Tschabanenko war auf meiner

Seite. Ich war gekränkt, dass man mir vorwarf, die *Nautilus* nicht versenkt zu haben. Ich fragte mich, ob ihr Kapitän wusste, dass er in jener Nacht fast zum letzten Mal auf die Welt oberhalb der Wasseroberfläche geschaut hätte. Mir war klar, dass der Vordersteven der *K-19* aus besonders gehärtetem Stahl war und den Aufprall beim Rammen bestimmt überstanden hätte, dass der Druckkörper der *Nautilus* genauso viel Glück gehabt hätte, halte ich eher für unwahrscheinlich.

★★★

Satejews Bericht über die Konfrontation der *K-19* mit der U.S.S. *Nautilus* wurde durch die Akten der amerikanischen Marine bestätigt. Die meisten Zwischenfälle mit Zusammenstößen und Beinahe-Zusammenstößen, die von sowjetischen Kommandanten behauptet werden, erhärtet die U.S. Marine jedoch nicht. Mehr als 30 Jahre nach den fraglichen Vorfällen weigert sich die amerikanische Marine U-Boot-Operationen zu erörtern, vor allem wenn es um jene Aufklärungsoperationen am Rand der Sowjetunion geht. In allen Berichten über die Zeit der Marinekonfrontation im Kalten Krieg tauchen immer wieder Anklagen der Sowjets und Russen über Zusammenstöße mit westlichen U-Booten auf. Die Sowjetmarine hat immer wieder einmal öffentlich behauptet, dass der Verlust von drei ihrer Unterseeboote durch Zusammenstöße verursacht worden war: die *K-129* im Pazifik im März 1968; die *K-219* im Nordatlantik im Oktober 1986; und *K-141*, die *Kursk* am 12. August 2000. Diese Behauptungen wurden immer sofort anschließend aufgestellt und wurden von höheren Offizieren der russischen Marine auch nie zurückgenommen, außer im jüngsten Fall der Kursk. Russische Untersuchungsbeamte gaben im Februar 2002 zu, dass die *Kursk* nicht mit einem anderen Schiff zusammengestoßen war.

Während des Kalten Krieges ereigneten sich viele U-Boot-Zusammenstöße – laut U.S. Marine mehr als 25. Hochrangige russische Admirale beklagten sich oft bei den amerikanischen Behörden über das Verhalten der amerikanischen U-Boot-Kommandanten, vor allem der Kapitäne der U.S. Angriffs-U-Boote. Oft beschwerten russische Admirale sich in den jährlichen Berichten des Übereinkommens zur Vermeidung gefährlicher Zwischenfälle auf See, das seit 1972 bestand, deutlich darüber, dass amerikanische U-Boot-Kommandanten oft sorglos handelten und ihre U-Boote so steuerten, dass Kollisionsgefahr bestand. Die entscheidende Rolle bei diesen Beinahe-Zusammenstößen spielte wahrscheinlich die langjährige Überlegenheit der U-Boote in punkto Stealth und die größere Handlungsfreiheit, die den amerikanischen Kommandanten zuteil wurde. Obwohl das Verhalten dieser Kommandanten manchmal wirklich als rücksichtslos bezeichnet werden kann, waren die Amerikaner in Ausbildung und Können ihren russischen Kollegen haushoch überlegen. Die Letzteren litten darunter, dass sie verhältnismäßig unerfahren waren und dass die stets anwesenden politischen Offiziere alles unter Kontrolle behielten.

★ ★ ★

Wir blieben an der Oberfläche, füllten unseren Frischluftvorrat auf und luden die Batterien. Kurz nachdem wir unsere Funkmeldung über das Zusammentreffen mit einem anderen U-Boot gesendet hatten, erhielten wir den Befehl, eine neue Stellung in einer nordwestlich gelegenen Region, oberhalb des 73. Breitengrades zu beziehen. Kurz bevor wir an den entsprechenden Koordinaten eintrafen, tauchten wir und begannen die Ereignisse des Tages methodisch zu betrachten.

Am nächsten Tag erhielten wir den Befehl, uns in ein Trainingsgebiet für Torpedoabschüsse zu begeben. Die Übung dort würde Admiral A. Sorokin von einem Zerstörer aus kommandieren. Das Ziel dieser Übungen für atomgetriebene U-Boote mit Raketengeschossen war es, eine möglichst geringe Anzahl an Torpedos abzufeuern sowohl auf ein einzelnes Zielschiff als auch auf ein U-Boot-Abwehrschiff, das einen Gegenangriff vornahm. Der Erste Offizier würde einen zusätzlichen Torpedo abfeuern. Wir führten alle drei Abschüsse an einem einzigen Tag aus. Dies war meine erste Erfahrung mit dem „Leningrad" TAS (Computer zum Torpedoabschuss) in Aktion. Er ist ein gutes Gerät, doch ohne zusätzliche komplizierte Eingaben – die man bei einem schnellen Angriff vielleicht nicht rechtzeitig ausführen kann – ist es wohl nicht möglich, die Daten eines beweglichen Ziels, wie etwa den Zielwinkel, richtig zu bestimmen. In solchen Fällen musste man entweder das Periskop oder Radar einsetzen, wenn auch nur in der ersten Angriffsphase, um wenigstens einen bestimmten Zielbereich zu erhalten. Die weiteren Schritte können vom Sonar durchgeführt werden, das die Geschwindigkeit des Ziels anhand der Unterschiede in den Propellerumdrehungen festlegt. Doch welches Angriffs-U-Boot wird in Wirklichkeit das Risiko auf sich nehmen und bis in Periskoptiefe auftauchen und dazu das aktive Radarsystem verwenden?

Wir erlebten eine bittere Enttäuschung. Als der Erste Offizier seinen Schuss abgab, ging der Torpedo verloren. Eine große Welle stieg auf, und der Torpedo verschwand schließlich aus dem Blickfeld. Einen Monat später fand man ihn in Stücke zerschlagen auf der Halbinsel Rybachy. So wurden wir wenigstens von der Sünde freigesprochen, den Torpedo beim Abschuss versenkt zu haben.

Nach dem Torpedoschießen hatten wir eine Übung zum Raketenabschuss. Das Szenario sah vor, dass wir eine Rakete aus der Mezen Bucht abschießen sollten, nachdem wir eine Linie von U-Boot-Abwehrkräften durchbrochen hatten. Das war das Ende unseres Kampftrainings auf See und das Ende des gesamten Kampftrainingsprogramms unseres mit Raketengeschossen ausgerüsteten U-Boots. Am 29. April 1961 kehrten wir auf den Stützpunkt zurück.

Am nächsten Tag, dem 30. April 1961 wurde das U-Boot *K-19* auf Befehl des Flottenkommandanten für voll kampfbereit erklärt und offiziell in Dienst gestellt. Konteradmiral Andrej Tschabanenkow gratulierte mir zum erfolgreichen Abschluss des Kampftrainings. Er fügte hinzu, dass er wünschte, dass unser U-Boot bereit sei, an den Marinemanövern im Juni teilzunehmen.

An Land ging das Leben natürlich seinen gewohnten Gang. Sobald man von einer Patrouille zurückkommt, wird einem gesagt, dass man sich darauf vorbereiten soll, das nächste Mal in See zu stechen. Unsere Feiern zum 1. Mai waren bescheiden, weil der größte Teil der Besatzung mit dem Antriebssystem des Schiffs, der Wartung und der Kühlung der Reaktoren beschäftigt war. Die Offiziere, die für Minen und Torpedos zuständig waren, machten einen Vorrat an Torpedos zum Laden bereit; die Raketenoffiziere richteten dass Abschusssystem ein, damit Raketen eingelegt werden konnten. Die Funker und Navigatoren stellten sich auf die bevorstehende Patrouille im Atlantik ein. Es blieb keine Minute zur Erholung, doch jedes Besatzungsmitglied war aufgeregt. Wir waren dabei ein sowjetisches Atom-U-Boot zu seiner ersten Patrouille ins offene Meer zu bringen.

Während das Schiff in Zapadnaja Litsa vertäut war, im Rahmen von Vorbereitungen zu einer Patrouille im Rahmen des zweiten Kampftrainingseinsatzes, gab ein defekter Verschluss in der Abdeckung des Reaktors Nummer zwei – ein Fehler, der später auf das Ablassventil zurückgeführt wurde – den Ingenieuren reichlich Gelegenheit für praktisches Training in der Arbeit an jedem Teil der Reaktoren ohne Hilfe oder Anleitung des Herstellers oder der Marine. Fast zwei Monate lang schalteten sie die Reaktoren per Notschalter ab, ließen sie abkühlen und starteten sie dann wieder. Die Reaktoren wurden nämlich des Öfteren plötzlich durchlüftet. (Das passiert, wenn der Reaktor über einen Sicherheitspunkt hinaus erhitzt und durchlüftet wird, um eine Explosion zu verhindern. Ich muss betonen, dass wir während der ganzen

Arbeiten und Tests die nötig waren, um die unbeabsichtigte Durchlüftung auf unserem Schiff zu korrigieren, nie auch nur einen Menschen von außerhalb der Besatzung als Hilfe hatten. Der Chefingenieur, II. Wachoffizier Anatoli Kosyrew, und der Kommandant der Antriebsabteilung, Kapitänleutnant Juri Powstjew, waren rund um die Uhr auf dem Schiff. Die Spezialisten für die Reaktorkontrolle und die Instrumente verließen das Schiff nur, wenn es unbedingt nötig war. Die Trainingsmission auf See, die folgte und die wir streng in Übereinstimmung mit dem Kampftrainingsprogramm durchführten – in Bezug auf die Tage, die wir unterwegs waren, und die Details jeden Auftrags –, gaben allen Ingenieuren noch mehr Erfahrung.

Inzwischen stand die Konstruktion unserer Atom-U-Boote im Mittelpunkt einer wahren Euphorie. Sie erreichte einen Höhepunkt nach der ersten kurzen Fahrt der *K-3* 1960 in der Karasee und nach der Leistung der *K-14* bei den Meteor-Übungen im Dezember 1960. Man präsentierte sie als Rechtfertigung der großen Hoffnungen, die in die Kampfeigenschaften unserer Atom-U-Boote gesetzt wurden. Dies alles zu beenden, kam bereits nicht mehr in Frage. Die vernünftige Kritik und die Vorschläge der klügeren Köpfe in der Führung fanden keine Beachtung; diese Leute wurden ignoriert und schon bald sogar verfolgt. Die Propaganda ritt auf der imperialistischen Bedrohung herum und hämmerte jedem ein, dass die kapitalistischen Mächte planten, Krieg gegen uns zu führen. Deshalb musste das sowjetische Volk gut vorbereitet sein und dem feindlichen Verrat mit erhöhter militärischer Bereitschaft begegnen. Politiker sowie die Führung des Militärs und der Waffenindustrie spielten mit den patriotischen Gefühlen des Volkes, das der Propaganda glaubte. Es reagierte auf die zur Schau gestellten „Sorgen" und erklärte: „Wir geben alles auf, um einen Krieg zu verhindern". Diese Taktik brachte den Politikern und Industriebossen alle materiellen Vorteile, die sie sich nur wünschen konnten und vor allem mussten sie niemandem Rechenschaft für ihr Handeln ablegen – auch nicht für den Bau einer Flotte, die im Kampf nicht einsatzfähig war. Unsere Führer erzählten überall im Land und auf der Welt, was für ein mächtiges Land wir wären, was für eine raffinierte Technologie und was für überlegene Waffen wir besäßen. Vor dem Hintergrund dieser Euphorie wurden wahllos Medaillen, Sterne und Preise aller Arten verliehen, dazu Beförderungen usw. Währenddessen schien niemand die Tatsache zu bemerken, dass unsere Schiffe an den Piers von Zapadnaja Litsa vor sich hin dümpelten, weil sie entweder aufgrund technischer Defekte oder wegen ungenügender Bewaffnung nicht auslaufen konnten. Ich will nicht unfair sein, es gab einige vorsichtige Versuche von seiten der Marine, diesen Überschwang zu dämpfen.

Im März 1961 hatte der U-Boot-Tender *Dwina* unter dem Kommando des II. Wachoffiziers Mrktytschan eine Versammlung von hohen Tieren der Marine und Bossen aus der Werftindustrie zu Gast. Auf dem Tapet war die Frage, wie zuverlässig die Atomreaktoren, ihre Hauptteile und zusätzliches Gerät (die Haupt- und Hilfsumwälzpumpen) des primären Kühlkreislaufs, die Dampfgeneratoren, die Rohrsysteme, die Armatur der elektrischen Pumpe des vierten Kühlkreislaufs usw.) auf den Schiffen waren. Wie war dieses Thema auf die Tagesordnung gelangt?

In der Praxis war fast jedes Mal, wenn wir mit einem unserer U-Boote auf See waren, irgendein Teil der Reaktoren defekt. Normalerweise war es eine Hilfsumwälzpumpe oder ein Leck in einem Dampfgenerator, die für das Freiwerden von Radioaktivität verantwortlich waren, oder ein Leck im vierten Kühlkreislauf. Als die ersten Atom-U-Boote, die *K-5*, die *K-8* und die *K-14*, auf Dauer in Zapadnaja Litsa stationiert wurden, hatte unser Flottenkommandant, Admiral Tschabanenko, die Frage der Zuverlässigkeit der Reaktoren aufgeworfen. Die Mängel machten die Schiffe praktisch unverwendbar. Die Werften gaben der Marine die Schuld und behaupteten, dass alles an den mangelnden Kenntnissen und der Inkompetenz der Besatzung läge. Die Seeleute dagegen hielten die Werften für die Schuldigen, weil sie die Marine mit unbrauchbarem Gerät ausstatteten. Natürlich steckte in den Meinungen beider Seiten ein Körnchen Wahrheit. Der Flottenkommandant erklärte offiziell, dass die gegenwärtige Praxis, der Marine fehlerhafte Ausrüstung zu liefern, untragbar sei. Neu gebaute Schiffe müssten in kampfbereitem Zustand geliefert werden und dürften nicht sofort nach der Lieferung von der Werft wieder wegen Reparaturen ausfallen, wie die *K-3*, die *K-5* und die *K-8*. Die *K-14* war ein Jahr in Dienst, bevor die ersten Reparaturen nötig wurden.

Andererseits gab der stellvertretende Minister für Schiffbau, Juri Derewjanko, wütend der Marine die Schuld. Die Versammlung einigte sich schließlich auf einen Kompromiss, der den Streit um die Schuldfrage schlichten sollte. Repräsentanten sowohl der Marine als auch der Werften würden eines der letzten in Dienst gestellten U-Boote, d.h. die *K-19*, die *K-33* oder die *K-55* für einen „Testlauf" nehmen, der die Zuverlässigkeit oder Unzuverlässigkeit der Ausrüstung und die Fähigkeit der Besatzung, mit dem Reaktor umzugehen, zeigen würde. Da an unserer *K-19* gerade Reparaturen an der fehlerhaften Dichtung der Abdeckung von Reaktor zwei vorgenommen wurden, wählte die hochrangige Kommission unser Schiff nicht für diesen Test. Während einem Meeting verlor ich die Nerven und sprach die Anwesenden sarkastisch als „die Retter der Großen Russischen Marine" an. Deshalb bekam ich Ärger mit Derewjanko und mit dem stellvertretenden Leiter des Kampftrainings bei der Marine, Konteradmiral V. M. Prokofiew.

Für den „Testlauf" wurde die *K-33* unter ihrem Kommandanten, dem II. Wachoffizier Viktor Juschkow, bestimmt. Nach 48 Stunden auf See, kam sie mit Mühe und Not aus der Gegend um die Insel Medweschi zurück, getrieben durch die Dieselgeneratoren, und die Industriebosse an Bord waren blamiert. Doch trotz allem war der einzige Schluss aus diesem missglückten Versuch, die Marine in den Schmutz zu ziehen, dass die Schiffe, die schon in Serie produziert wurden, auch weiterhin gebaut werden sollten. Die Fehler der technischen Systeme zu beheben, wurde auf die Zukunft verschoben. Das wäre noch sinnvoll gewesen, wenn nur der Reaktor betroffen gewesen wäre. Doch es gab auch Mängel im Sonar- und Funksystem und die Schiffe waren laut – der größte Fehler von allen.

Mit dem Folgenden greife ich mir selbst etwas vor. Im Oktober 1961, auf einer hochrangigen Konferenz im Marinehauptquartier in Moskau, hielt ich mit meinen Gefühlen nicht hinter dem Berg und erklärte unerschrocken, dass es einfach eine Schande war, dass Schiffe wegen technischer Probleme von See zurückkehren mussten. Schon zuvor hatte ich deutlich geäußert, dass man zuerst ein oder zwei Test-U-Boote bauen und deren Systeme und Ausrüstung so weit perfektionieren sollte, dass die Zuverlässigkeit garantiert werden konnte. Erst dann sollten die Schiffe in Serie gehen. Doch es half alles nichts. Wir bauten weiter Schiffe, die im Kampf nicht einsatzfähig waren. Ich zahlte natürlich teuer dafür, dass ich bei Meetings, Konferenzen und in verschiedenen internen Kreisen so offen meine Meinung sagte. Bei dieser speziellen Konferenz wurde ich nur von Admiral Tschabanenko unterstützt (er und ich waren die einzigen anwesenden Flottenvertreter). Wir wurden von dem ersten stellvertretenden Kommandanten der Marine, Admiral Kasatonow, der das Meeting leitete, als „Männer von geringem Vertrauen" gebrandmarkt. Mit dieser Bezeichnung belegte er auch weiterhin gern Menschen, als er bald darauf, im Februar 1962 zum Kommandanten der Nordmeerflotte ernannt wurde. Vizeadmiral Anatoli Sorokin zitierte mir gegenüber besonders gern meine Äußerungen von jenem Meeting – dass Schiffe, die nicht kampfbereit waren, von Leuten gebaut wurden, die ganz sicher wussten, dass Krieg nicht im Bereich des Möglichen lag, und die nur der Öffentlichkeit Sand in die Augen streuten. Damit verschafften sie sich selbst Auszeichnungen, Privilegien und unverdiente Anerkennung.

Die militärischen Orden wurden weiter in großem Umfang verteilt. Hunderte von Medaillen wurden vergeben; „Helden des Vaterlandes" erschienen zu Dutzenden. Und die schamlose und dreiste Kampagne zur Verunglimpfung der Leute, die wirklich die Interessen der Marine vertraten, ging weiter. Der Kommandant der Nordmeerflotte, Admiral Tschabanenko, wurde seines Postens enthoben und kurz darauf entfernte man auch die, die ihn unterstützt und mit ihm sympathisiert hatten aus höheren Positionen. Der Weg des geringsten Widerstands bedeutete, eine skrupellose Werftindustrie und ihre Mitläufer im Marinekommando zu unterstützen. Deshalb bauten wir schließlich eine Flotte von Atom-U-Booten, die im Kampf nicht einzusetzen waren. Die ganze erste Generation und die meisten Schiffe der zweiten Generation unserer Atom-U-Boote wären in einem Krieg in den ersten Tagen oder sogar Stunden zum Untergang verurteilt gewesen. Und die dritte Generation der Schiffe, die heutige, hat der ersten nicht viel voraus.

Vielleicht wussten die Führer unseres Landes nicht, oder sie wollten es nicht wissen, dass wir Schiffe bauten, die im Krieg keinerlei Nutzen hatten. Schließlich ließen sich die Führer dank ihrer allgemeinen Inkompetenz leicht an der Nase herumführen. Ein Beispiel ist der berühmte Zwischenfall bei einer Show-Demonstration eines Marschflugkörpers, die von der Pazifikflotte für die Staatsführung, einschließlich Chruschtschow, arrangiert wurde. Als die Rakete Sekunden nach dem Start herunterfiel (ihre Startmotoren hatten versagt), versicherte unser Oberbefehlshaber, Admiral Gorschkow, Nikita Sergejewitsch (Chruschtschow), dass sie jetzt ihren Weg unter Wasser fortsetzen würde. Darauf erklärte unser Staatsoberhaupt mit dröhnender Stimme allen Anwesenden: „Wir bauen sehr gute Waffen, Genossen!"

★★★

WÄHREND DIE *K-19* SICH auf ihre erste größere Übung vorbereitete, sendeten die sowjetischen Politfunktionäre eifrig Propaganda, die zeigte, dass die Marine ein neues atomgetriebenes U-Boot besaß, das vor der amerikanischen Küste patrouillieren konnte, wie die hochgelobte U.S.S. *George Washington* vor der russischen. Es wurde auch berichtet, dass man in der Lage war, mit Nuklearsprengköpfen bestückte Raketen unbemerkt auf Städte abzuschießen. Die U-Boote patrouillierten dabei tief im Nordatlantik. Das russische Fernsehen zeigte sorgfältig zusammengeschnittenes Filmmaterial, in dem zu sehen war, wie Raketen von getauchten U-Booten abgeschossen wurden. Diese U-Boote sollten den amerikanischen überlegen sein. Die Marine und die Streitkräfte, die strategische Raketen besaßen, wurden der Öffentlichkeit mehrfach als die große Stütze der Verteidigung des Vaterlandes präsentiert. In einer Gesellschaft, die neues Militärmaterial meist geheim hielt, wurden erstaunlich oft Bilder von U-Booten und Raketenwerfern gezeigt. Damit sollte vor der Bevölkerung der wirkliche, mangelhafte Zustand der sowjetischen Verteidigung verborgen werden. Satejew und Gleichgesinnte waren noch Rufer in der Wüste.

Der Reaktorunfall

Kapitel 6

Der Atomunfall an Bord der *K-19* am 4. Juli 1961 war einer der schrecklichsten Zwischenfälle in der Geschichte der Seefahrt. Kapitän Satejew und seine Besatzung tauchten vor der Küste Grönlands, 2400 Kilometer entfernt von ihrem Heimathafen. Sie nahmen an einer Übung teil, die der breiten Öffentlichkeit die Überlegenheit von Atom-U-Booten demonstrieren sollte. Ausnahmsweise brach man mit alten Traditionen und machte die militärische Übung in der sowjetischen Öffentlichkeit mit viel Glanz und Gloria publik. Die Marine hatte, so die Propagandisten, nicht nur mit den Vereinigten Staaten gleich gezogen, sondern den Rivalen mit größeren, besseren und weiter reichenden Waffen übertroffen. Dann platzte eine Leitung im primären Kühlkreislauf des Reaktors Nummer eins der *K-19*.

Heldenhafte Taten wurden vollbracht. Tapfere Seeleute setzten sich selbst noch nie da gewesenen Mengen tödlicher Strahlen aus. Und das Leben aller an Bord wurde zutiefst erschüttert.

Aber das eigentliche Problem der *K-19*-Katastrophe umfasste weit mehr als einen defekten Reaktor und die entstellten Körper der Strahlungopfer. Das Scheitern des gefährlichen Waffensystems besiegelte das Schicksal eines sowjetischen Fehlgriffs, der ein Jahr später begann, als Premierminister Nikita Chruschtschow wettete, dass er das Fehlen präzise treffender nuklearer Langstreckenraketen ausgleichen könnte, indem er seine unterlegenen Waffen heimlich auf der modernen Basis in Kuba, dem neuen Verbündeten der Sowjetunion im Rücken Amerikas, stationieren würde.

Die Erfahrung mit der *K-19* im Nordatlantik im Juli 1961 war nicht das erste Reaktorunglück, das die U-Boot-Kräfte erlebten. Verschiedene Zwischenfälle mit dem primären Kühlsystem des Reaktors waren schon aufgetreten, wurden aber vertuscht, um die Beteiligten vor einer Bestrafung zu schützen. Bei der *K-5*, dem zweiten Atom-U-Boot derselben Klasse, wie der gefeierte Protoyp Leninsky Komsomol *K-3*, traten Risse in den Brennelementen auf, die zu einem Austausch des Reaktors führten. Bei der *K-8*, dem dritten Kampfschiff derselben Klasse, platzte eine Leitung im Dampfgenerator im Oktober 1960, wodurch 13 Besatzungsmitglieder stark verstrahlt wurden, von denen einige daraufhin starben. Das U-Boot sank schließlich zehn Jahre später aufgrund eines Feuers im Reaktorraum und kostete 52 Besatzungsmitglieder das Leben. Die Verluste von Satejew im Juli 1961 waren so groß und so bekannt geworden, dass das Flottenkommando alle Reaktoren mit Hilfskühlsystemen ausstattete.

* * *

SATEJEW WAR MIT SEINER BESATZUNG für eine Demonstrationsübung und einen Raketentest ausgelaufen. Die *K-19* nahm an einer monatelangen Übung teil, während der sie von anderen U-Booten, alle mit konventionellem Dieselantrieb, gejagt wurde. Die Manöver erreichten ihren Höhepunkt mit dem Abschuss einer der Raketen in das Ödland der Insel Nowaja Semlja, dem Zielgebiet im Norden. Die *K-19* versuchte unentdeckt durch eine große U-Boot-Barriere zu gelangen, entkam unter dem arktischen Eis, durchstieß die Eisschicht und startete eine der drei Raketen von ihrer Startrampe im hinteren Bereich der Aufbauten. Diese Übung war ein bedeutendes Ereignis für die neuen U-Boot-Kräfte, ein Test für die Besatzung und eine strategische Demonstration für die Sowjetunion.

Zahlreiche Marineoffiziere der Nordmeerflotte und aus Moskau waren im Manövergebiet an Bord eines Kreuzers und beobachteten den Beginn der Übung. In den folgenden Tagen des Manövers fuhr die *K-19* in Schleichfahrt, um in den Schutz des arktischen Packeises zu gelangen. Dann hatte das U-Boot einen neuen Gegner und bahnte sich seinen Weg durch die gefährliche Eisschicht. Es entdeckte eine dünne Stelle im Eis und blieb dort in der Nähe. Zum vereinbarten Zeitpunkt durchstieß es das Eis und feuerte die Rakete ab. Dann machte es sich auf den Heimweg.

★ ★ ★

AM 1. JUNI 1961 wurde ich zum Flottenhauptquartier in Seweromorsk berufen, wo mich der Flottenkommandant Tschabanenko erwartete. Er hatte beschlossen, die kommenden Flottenübungen völlig auf die Kräfte unserer U-Boot-Abwehr zu konzentrieren. Mein eigenes Schiff, die *K-19*, sollte die Rolle des Gegners übernehmen. Ihre Mission lautete wie folgt: Unentdeckt von der NATO-U-Boot-Abwehr sollte sie den Atlantik erreichen, dort eine Warteposition einnehmen und auf Befehl von Moskau weiter in die Dänemarkstraße fahren, sie unter dem Eis passieren, dann dem Nullmeridian Richtung Norden unter dem Eis folgen, Spitzbergen von Norden umrunden, in die Barentssee einfahren und auf Kommando vom Festland einen nuklearen Raketenangriff gegen ein Kampfgebiet in der Mezen-Bucht starten. Geschätzte Zeit auf See: ein Monat. Wir sollten uns während der gesamten Zeit versteckt halten und die Funkstille nur in Ausnahmefällen brechen. Wir würden Standard-Kampfmunition dabei haben und eine funktionsfähige Rakete (zwei von unseren drei Raketen waren echte Kriegsgeschosse).

Das U-Boot musste bis zum 15. Juni bereit sein. Mir wurde befohlen, unsere Bereitschaft in See zu stechen persönlich am 16. Juni zu melden. Ich verließ das Flottenhauptquartier mit einem Gefühl des Stolzes, weil ich diese Verantwortung übertragen bekommen hatte. Fast während der gesamten 100 km langen Fahrt zurück nach Hause dachte ich darüber nach, welche Bürde nun auf mir lastete und wie ich das alles schaffen würde.

Fast alles war neu: die Besatzung, die Mission von nationaler Bedeutung – zu zeigen, wozu unsere Atom-U-Boot-Flotte in der Lage war – und schließlich die unsichtbare Rivalität mit den U-Booten der NATO. Es lastete eine große Verantwortung auf uns – das verstand jeder, vom Matrosen bis zum Kommandanten.

Die Besatzung wurde mit unserer Mission vertraut gemacht, und wir begannen das Boot für den Einsatz vorzubereiten. Wir mussten die geplante Route sorgfältig studieren. Das erste Hindernis, das wir zu überwinden hatten, waren die Lofoten, ein Gebiet, in dem ständig die norwegische U-Boot-Abwehr patrouillierte. Ich wusste, dass die Norweger damals 1956 über unsere Diesel-U-Boote gelacht hatten, und wir mussten auf alles gefasst sein. Wir inspizierten die Aufbauten des Schiffes und machten alles fest, was klappern und rütteln konnte, warfen so viel wie möglich hinaus und so weiter. Wir säuberten die Schiffsschraube von jeglichem Algenbewuchs und polierten sie glatt. Wir tauschten unsere Nahrungsvorräte gegen bessere aus.

Die nächste U-Boot-Abwehr-Barriere, die wir passieren mussten, war die Strecke zwischen den Färöer und Island.

Wir wussten, dass die Luftüberwachung und die Patrouillenboote der NATO in unserem Übungsgebiet zunehmen würden, wenn viele unserer Schiffe heimische Gewässer verließen. Wir entschieden, diese Barriere in der Mitte und bei maximaler Tiefe zu durchqueren.

Die Dänemarkstraße schien schwer passierbar zu sein. Nach unseren aktuellen und hochgerechneten Karten war sie durch Packeis blockiert, das begonnen hatte sich mit der Grönland-Strömung nach Süden zu bewegen und das nun die gesamte Straße bedeckte. Am schlimmsten war es, dass sich in diesem Jahr Eisberge von einem Kilometer Dicke von der Küste Grönlands in großen Mengen angefangen hatten zu sammeln. Dies war besonders gefährlich, weil unser akustisches Sonarsystem *Arktika* nicht weiter als zehn Kabellängen eindringen konnte. Wir beschlossen einige Tests durchzuführen, wenn wir in diesem Gebiet ankamen. Nach dem Verlassen der Dänemarkstraße und dem Erreichen des offenen Meers im Süden der Jan-Mayen-Insel würden wir ohne Gefahr, mit einem mächtigen Eisberg zusammenzustoßen, weiterfahren, bis wir unsere Hauptaufgabe, das Abfeuern der Rakete, ausgeführt hätten. Wir berechneten unseren Kurs und stellten fest, dass wir einen ganzen Monat benötigen würden, bis wir zur „Stunde X" die Abschussposition erreichten.

Als Nächstes konzentrierten wir uns auf die Ausrüstung. Wir führten nach einem regelmäßigen Plan gründliche Wartungsmaßnahmen durch. Besondere Sorgen machte uns der vierte Kühlkreislauf des Reaktors, der neuerdings unzuverlässig arbeitete. Für den Fall, dass ein Leck entstehen würde, besorgten wir uns Ersatzteile und Werkzeug, um die Leitung reparieren zu können. Am 10. Juni starteten wir beide Reaktoren. Wir kontrollierten alle Systeme und Instrumente. Wenn irgendetwas nur im Geringsten verdächtig aussah, ersetzten wir es. Am 12. Juni waren wir für 24 Stunden auf See. Alles funktionierte tadellos. Wir mussten uns um die Ausrüstung keine Sorge machen.

Den 13. und 14. Juni verbrachten wir damit, die Übungsrakete zu verladen, die schon vorbereitet war. Wir testeten, ob sie richtig funktionierte. Alles arbeitete einwandfrei. Wir waren bereit zum Auslaufen.

Am 16. Juni überbrachte ich meinen persönlichen Bericht dem Flottenkommandanten. Er war gut gelaunt. Er warnte mich vor der Situation in der Dänemarkstraße und sagte auch, dass die Aufregung in Polyarny so groß war, dass man meinen könnte, dort wäre vorher überhaupt nichts los gewesen. Er wünschte mir Glück und wir verabschiedeten uns. Unser Auslaufen war für 16 Uhr am 18. Juni 1961 vorgesehen.

Mehrere Verbindungsoffiziere vom Flottenhauptquartier kamen für die Übung an Bord, einschließlich des ersten Wachoffiziers Wassili A. Archipow, sowie ein Vertreter der politischen Führung der Flotte im selben Rang, Nikolai P. Andrejew. Buchstäblich Minuten, bevor wir den Hafen verließen, kamen zwei Offiziere als Vertreter des Brigadekommandanten an Bord. Es handelte sich um den I. Wachoffizier Wladimir F. Perschin, den Kommandanten der Besatzung 184, der Reservebesatzung, und den II. Wachoffizier Georgi A. Kusnetsow, dessen Erster Offizier. Beide Männer nahmen an der Mission auf Sorokins ausdrücklichen Wunsch hin teil, um Erfahrungen zu sammeln. Wir hatten die Anordnung, die Anzahl der Leute an Bord um höchstens zehn Prozent der Besatzungsmitglieder zu erhöhen, aber durch diese beiden Offiziere wurde das Maximum überschritten: Als wir ausliefen, waren 139 Männer an Bord. Genau planmäßig um 16 Uhr am 18. Juni legte unser U-Boot ab.

Um 22 Uhr tauchten wir. Es war beschlossen, in einer Tiefe von 150 bis 160 Metern zu fahren. Wir würden nach einem genauen Plan alle zwölf Stunden auf Periskoptiefe gehen, um Funksprüche aufzufangen. Am ersten Tag auf See versuchten wir uns an den Tagesablauf zu gewöhnen und konzentrierten uns vor allem auf den Wechsel von

Wachen, Mahlzeiten und so weiter. Am zweiten Tag hatten wir uns an die Routine an Bord eines Marineschiffes gewöhnt.

Wir durchquerten die Barriere zwischen Kap Nordkyn und der Bäreninsel in einer Tiefe von 150 Metern. Nach unseren Informationen war diese Barriere noch nicht mit hydroakustischen Detektoren des Amerikanischen Sound Surveillance Systems (SOSUS) ausgestattet, auch patrouillierten dort keine Schiffe oder Flugzeuge der U-Boot-Abwehr. Backbord lagen die Lofoten. Während wir Funksprüche auffingen, entdeckten wir beim visuellen Absuchen der Oberfläche nicht ein einziges Schiff. Im Prinzip tauchten wir unentdeckt in die westliche Hemisphäre ein. Wir kreuzten zwischen den Färöern und Island mit äußerster Vorsicht, da in diesem Gebiet Schiffe und Flugzeuge der U-Boot-Abwehr patrouillierten. Wir sanken auf 250 Meter Tiefe ab, verlangsamten auf sechs Knoten und schalteten regelmäßig die Maschinen aus. Nach Verlassen dieses Gebietes drehten wir nach Südwesten ab.

Am 28. Juni erreichten wir die Gegend südöstlich von Grönland, wo wir warten sollten. Wir hielten uns im Oten dieses Gebietes auf, da die Wetteraufklärung von einer Gruppe großer Eisberge auf der Westseite berichtet hatte. Im Süden befand sich eine viel befahrene Schifffahrtslinie zwischen Europa und Amerika. Bei unseren regelmäßigen Aufstiegen auf Periskoptiefe suchten wir vorsichtig die Meeresoberfläche ab. Einmal war der Himmel vollständig bewölkt, aber die Sicht war ausgezeichnet. Wir sahen die berühmte Ostgrönland-Strömung in Aktion: Eine Kette von Eisbergen zeichnete sich am Horizont ab. Ich entschied eine Weile auf Periskoptiefe zu bleiben.

Das passive Sonar fing kein Signal auf, und der Horizont war klar. Wir konnten durch unser Periskop die Welt beobachten. Wir machten einen Bogen, um einen bestimmten Eisberg genauer betrachten zu können, da ich niemals zuvor eine solch riesige Eismasse gesehen hatte. In sicherer Entfernung von etwa 15 Kabellängen umkreisten wir ihn. Jeder der wollte, durfte durch das Periskop einen Blick auf diesen imposanten Eisberg werfen. Wir brauchten etwa zehn Stunden, um ihn zu umkreisen und fast jeder hatte ihn betrachtet. Wir tauchten wieder ab, als wir ein extrem schwaches Signal von einer anderen Sonarstation auffingen.

Am 30. Juni war mein 35. Geburtstag. Der Koch, Fähnrich Michael Iwantschikow, machte uns abends wunderbare Eiscreme, und ich genehmigte Rationen von 100 ml Wein, das Doppelte der normalen täglichen Ration. Die Offiziere wünschten mir alles Gute zum Geburtstag, und der stellvertretende Kommandant gratulierte mir im Namen der Besatzung über die Bordsprechanlage. Ich bekam eine persönliche Funkmitteilung von Land. Sie enthielt auch einen Bericht über die Strömungsverhältnisse in der Dänemarkstraße. Sie war vollständig von Eis und Eisbergen blockiert.

Vor Angmagsalik, Grönland, suchten Schiffe der NATO-Abwehr nach U-Booten, konnten aber nicht hinter dem Eis operieren. Von patrouillierenden Flugzeugen drohte keine Gefahr. Während wir die Straße durchquerten, wurden wir angewiesen, alle möglichen Vorkehrungen bei Begegnungen mit Eisbergen zu treffen. Ich schickte einen kodierten Funkspruch an Land, der aus zwei Buchstaben bestand. Nur eine Minute später erhielt ich die Empfangsbestätigung für diese Übertragung.

Wir gingen auf 150 Meter Tiefe. Genau um Mitternacht am 1. Juli verließen wir das Gebiet Richtung Dänemarkstraße. Nach meinen Berechnungen würden wir den Rand eines durchgehenden Eisfeldes in etwa 24 Stunden erreichen. Unsere Tiefe war 200 Meter, die Geschwindigkeit betrug zehn Knoten.

Als wir den Rand des Eises passiert hatten, stellten wir unser Sonar so ein, dass es vor unserem Bug einen Bereich von fünf Grad zu jeder Seite abdeckte. Von Zeit zu Zeit schalteten wir auch das Unter-Eis-Sonar ein. Die Arktika-M Sonarstation arbeitete auf kurze Distanz sehr effektiv. Das reflektierte »Echo« war klar; das bedeutete, dass wir ohne Schwierigkeiten jeden Eisberg vor uns ausmachen konnten und genug Platz hatten, um auszuweichen. Ich befand mich selbst in der Sonar-Kuppel, um mit meinen Wachoffizieren und den anderen Kommandanten zu trainieren, wie man Eisbergen ausweicht. Unsere erste Begegnung war bei einer Geschwindigkeit von zehn Knoten, als der Mann am Sonar ein Echo gerade voraus in einem Abstand von 7,5 Kabellängen (1650 m) meldete!

Der Wachoffizier befahl: „Backbordmaschine stopp! Ruder hart backbord! Sonar, auf Ziel richten!"

Ich änderte den Kurs um 90 Grad backbord, mit dem Ziel achtern voraus und hielt diesen Kurs fünf Minuten lang. Dann kehrte ich wieder auf den alten Kurs zurück. (Ruder backbord oder steuerbord ist egal, wichtig ist schnelles Reagieren.) Ich startete die Backbordmaschine wieder. Nicht schlecht, dachte ich. Ich beschloss, zum zentralen Kommandostand zurückzukehren, bis wir unsere erste Begegnung mit einem Eisberg hätten, und dies geschah nach nur etwa 24 Stunden. Alles funktionierte genauso wie bei unserem Training.

Ich übte mit meinen Wachoffizieren und Kommandanten häufig, Eisbergen auszuweichen. Dies verlief etwa wie folgt: Ausgangsgeschwindigkeit zehn Knoten; der Mann am Sonar meldet ein Echo gerade voraus in 7,5 Kabellängen. Der Wachoffizier befiehlt: „Backbordmaschine stopp! Ruder hart backbord! Sonar, auf Ziel richten!"

Sie schafften es die Zeit zu verkürzen. Ich beschloss, im zentralen Kommandostand zu bleiben, bis wir unsere erste Begegnung mit einem echten Eisberg hätten. Dies geschah am zweiten Tag. Wir hatten auch bei der nächsten Begegnung mit unserem „unerbittlichen Feind" kein Problem. Wir konnten ihm leicht ausweichen. Hinter Angmagsalik fingen wir schwache Sonarsignale auf, hatten aber keine Möglichkeit sie auszuwerten. Wenn wir mehr als 30 Sekunden im direkten Abhörmodus verbrachten, liefen wir Gefahr einen sich nähernden Eisberg zu übersehen. Nach fast 48 Stunden hatten meine Wachoffiziere es hervorragend gemeistert, den Eisbergen auszuweichen, und ich zog mich für einige Stunden in meine Kajüte zurück, ohne mir Sorgen um das Schiff zu machen.

Nach einer geringfügigen Kursänderung waren keine Eisberge mehr da. Wir gingen auf eine Tiefe von 100 Metern, als es hieß: kleines Leck mit eintretendem Meerwasser im vierten Kühlkreislauf des Reaktors. Um 3.30 Uhr am 4. Juli entschied ich auf Periskoptiefe aufzusteigen, um Funkmeldungen zu empfangen – es war 72 Stunden her, dass wir das letzte Mal aufgestiegen waren. Ich ließ Posten beziehen. Ich gab den Befehl: Alle Mann. Die Steuermänner waren bereit unsere Position auszumachen. Die Albatros-Radarstation war in Bereitschaft. Als wir auf Periskoptiefe waren, war die Oberfläche fast ruhig mit einer leichten Dünung. Wir erkannten durch das Periskop, dass der Horizont klar war. Wir suchten mit unserem Radar die Gegend ab: nichts.

Ich ging wieder auf Beobachtungsstufe Zwei. Die Navigatoren bestimmten unsere Position und stellten fest, dass wir etwa anderthalb Meilen von unserem Kurs abgekommen waren. Wir kopierten die planmäßigen Funkübertragungen. Es gab keine Nachrichten für uns. Daraufhin sanken wir auf 100 Meter.

Kapitänleutnant Juri Muchin, Kommandant der Raketenabteilung, hatte nun Wache. Kapitänleutnant Wladimir Pogorelow, Leiter der technischen Abteilung, war diensthabender Ingenieur. Der I. Wachoffizier Wassili Archipow, erfahren mit dieselgetriebenen U-Booten, übernahm die Brücke. Das Kontrollpult des zweiten Reaktors wurde von Oberleutnant Alexander Kowaljow, das des ersten Reaktors von Oberleutnant Juri Jerastow übernommen. Zu dieser Zeit war alles normal. Ich zog mich in meine Kajüte in Sektion Zwei zurück.

★ ★ ★

ANHAND VON NIEDERSCHRIFTEN sowie Interviews mit und Aussagen von Überlebenden wurde rekonstruiert, was unmittelbar zu dem Unfall geführt hat.

Leutnant Juri Powstjew, ein 28 Jahre alter Ingenieur an Bord der *K-19*, hatte fast zwei Wochen rund um die Uhr daran gearbeitet, damit dieser Prototyp von U-Boot während seines ersten Tests, bei dem er auf hoher See eine Rakete unter realen Bedingungen abfeuern sollte, zuverlässig funktionierte. Juri war als Ingenieur für den Hauptantrieb verantwortlich, die zwei *VM-A* Druckwasserreaktoren mit 70 Megawatt. Er war auch verantwortlich für die Hauptmaschinen und die außerordentlich wichtigen Dampfgeneratoren, wo die primären Kühlmittel die thermische Energie, die durch die Spaltungsprozesse in den beiden Reaktoren erzeugt wurde, in Dampf umwandelten, mit dem die Schiffsmotoren angetrieben wurden. Für Juri waren die Dampfgeneratoren der geheimnisvolle Teil der Nuklearanlage. Die eindrucksvollen Generatoren waren nur komplexe Wärmeaustauscher, in denen heiße Flüssigkeit Energie auf umlaufendes Wasser übertrug. Dadurch entstand Dampf, der wiederum die Turbinen antrieb. Die entstehenden 39 000 Pferdestärken trieben die beiden entgegengesetzt rotierenden Schiffsschrauben an, die den 4000-Tonnen-Stahlkoloss durch die dunklen Tiefen des Atlantiks bewegten.

Im Grunde genommen entsprach dieser U-Boot-Motor genau einem konventionellen dampfgetriebenen Schiff. Juri wusste, dass innerhalb dieses gigantischen Dampfgenerators die verbotene Grenze verlief zwischen tödlicher radioaktiver Flüssigkeit und dem sauberen, gesättigten Dampf, die er kannte und verstand. Der Vorgang innerhalb des Dampfgenerators wurde durch schweres Material abgeschirmt, das die verwundbare Haut und die Organe der Ingenieure vor dem Eindringen der giftigen Strahlung schützte. Juri konnte sich nur schwer vorstellen, dass etwas, was er nicht sehen noch fühlen konnte, eine tödliche Gefahr für seinen Körper sein könnte.

Früh am Morgen des 4. Juli, während die *K-19* 100 Meter tief im Nordatlantik in Richtung Heimat fuhr, starrte er auf das Hauptkontrollpult der Maschine. Er war die ganze Nacht auf gewesen und hatte versucht den Ersatzdieselgenerator zu reparieren, der aus irgendwelchen Gründen nicht die volle Leistung erbrachte, seit sie den Hafen verlassen hatten. Juri wusste, dass sie den Dieselgenerator bald wieder brauchen würden, und er hatte genug von den wichtigsten Problemen gelöst, um an etwas Schlaf denken zu können.

Juri nahm sich eine Tasse Tee von einem der kommenden wachhabenden Ingenieure. Er hielt die dampfende Tasse in der Hand und blickte noch einmal über das Pult mit den Messinstrumenten und Skalen. Der heiße Tee tat gut; er half ihm sich zu entspannen. Die summenden Vibrationen der Bodenplatten waren wohltuend für seine schmerzenden Füße. Er war müde. Sein Blick verharrte für einen Moment auf dem Diagramm – eine Linie, die den Dampfzyklus aufzeichnete und sich oberhalb des Pultes befand, um schnell kontrolliert werden zu können. Der linke Teil des Diagramms zeigte den Doppelreaktor. Rote Linien, die wie rote Pfeile nach rechts schossen, stellten das heiße primäre Kühlmittel dar. Blaue Linien der Sekundärflüssigkeit erstreckten sich von den Turbinendiagrammen auf der rechten Seite und liefen mit den roten zusammen. Diesen blauen Linien traute Juri und er verstand sie auch. Er hatte vollstes Vertrauen zu allem, was mit den blauen Linien zusammenhing. Gegen die Stelle, wo die roten und blauen Linien im ovalen Behälter zusammenkamen, hatte er aber eine intensive Abneigung entwickelt – gegen die Dampfgeneratoren, die Wärmeaustauscher, wo die Atomkraft auf die konventionelle Maschine traf. Trotz intensiven Studierens der Handbücher konnte sich

Juri nicht vorstellen, wo die Gefahr aufhörte und der saubere Dampf anfing.

Juri war bereit, die Kontrolle dem wachhabenden Offizier zu übergeben und sich einige Stunden hinzulegen, als er erstarrte, sofort aufs Höchste alarmiert. Sein Herz begann zu hämmern. Eine Nadel in einem Messinstrument auf der linken Seite fing an zu vibrieren und drehte sich gegen den Uhrzeigersinn – sie zeigte den Druck des primären Kühlmittels in der Zuleitung des Backbordreaktors an. Der Notfallalarm des zweiten Reaktors sprang mit einem Schrillen an und signalisierte die schlimmstmögliche Störung im Antrieb – einen starken Druckabfall im Kühlkreislauf des Reaktors.

Juri fühlte, wie sich alles in ihm zusammenkrampfte. Er war eiskalt, die Augen auf die Druckanzeige und das Temperaturmessgerät gerichtet. Der plötzliche Druckabfall bedeutete, dass das System Kühlflüssigkeit verlor, und das wiederum hieß, dass Hitze vom Kernspaltungsprozess innerhalb des Reaktors nicht abgeleitet werden konnte und normalerweise in das sekundäre Kühlsystem im Wärmeaustauscher geleitet wurde. Juri wusste, dass der Fluss wieder hergestellt werden musste, ansonsten würde der Spaltungsprozess im Reaktorkern ungekühlt ablaufen, was ohne Kontrolle schließlich zu einem Schmelzen des nuklearen Brennstoffs führen und eine katastrophale Wärmeexplosion auslösen würde. Es ist unglaublich, aber frühe sowjetische nukleare Antriebsanlagen hatten kein Sicherungssystem, um die Kühlung in einem Reaktor unter solchen Umständen wiederherzustellen.

Juri griff nach dem Mikrofon, das von oben am Ende einer schwarzen Schnur herabbaumelte. Er schaltete es ein und gab automatisch den Grund für den Alarm sowohl an die Kommandozentrale im Sektor Drei als auch an den Chefmechaniker weiter, der in seiner Kajüte war. Juri wusste auswendig, welche Maßnahmen erforderlich waren und gab sie deutlich über die Sprechanlage durch. Dann schob er das

Mikrofon weg. Er rannte nach vorne zu der Luke, die zum Reaktorraum führte.

„Iwan, schalte die Ersatzpumpe ein." Der zweite Ingenieur verschwand in dem Bereich zwischen dem Kontrollraum und dem Reaktor. Die primären Pumpen für die Kühlflüssigkeit lagen im schwachen Licht. Eine war schon defekt, ihr hörbares Brummen wurde immer weniger. Die andere Pumpe war theoretisch bereit ihre Aufgabe zu übernehmen. Für den Fall, dass die erste ausfiel, wussten Juri und Iwan, was zu tun war. Sie begannen wild an den Ventilen zu drehen, um Dampf in den Pumpenantrieb zu leiten.

Nichts geschah. Juri fluchte und trat heftig gegen das Rohr.

„Wann haben wir das letzte Mal diese Pumpe getestet? Das sollte während jeder Mittagswache erfolgen", knurrte er. Iwan starrte ihn nur mit geweiteten Augen an und streckte die Hände nach oben. „Lass es uns noch einmal versuchen!"

Die beiden Ingenieure drehten und traten schweißgebadet, dann gaben sie atemlos auf. Juri keuchte: „Versuche es weiter, ich melde es der Hauptkontrolle." Er drehte sich um, hantierte heftig am Kontrollgriff der Tür und verschwand. Die Luke schloss sich mit einem lauten Dröhnen. Iwan wiederholte den Vorgang, drehte und trat gegen die stumme Masse aus Stahl und zischendem Dampf. Nichts.

Iwan sah auf die daneben stehende Pumpe. Sie verlangsamte sich rapide, pfeifend und klirrend. Dampf strömte rund um die Hauptkurbelwelle heraus. Er unternahm alles, was ihm einfiel, um sie zum Laufen zu bringen, aber ohne Erfolg. Er ahnte instinktiv, dass ein Leck in der primären Kühlleitung sein musste, da die Pumpen keinen Druck aufbauen konnten.

Juri wusste im Prinzip, wie er die Kühlung des Reaktors ohne die beiden Pumpen aufrechterhalten konnte, obwohl er es niemals versucht hatte. Die Ingenieure mussten den abgeschirmten Reaktorraum betreten und ein Sicherungssystem herstellen, indem sie Leitungen zusammenschweißten. So könnten sie eine Vorrichtung zusammenflicken, die Wasser von den Reservetanks des Schiffes in den Reaktor leiten würde. Eine Art selbst gebauter Kühlkondensator.

Die Sektion war von der Wache evakuiert worden. Reaktor Nummer zwei erzeugte die gesamte Energie für beide Antriebsmaschinen und die elektrische Energie. Das U-Boot wälzte sich vorwärts, immer noch in 150 Meter Tiefe, und bemühte sich aufzusteigen. Reaktor Nummer eins musste schleunigst gekühlt werden, bevor ernsthafte Schäden am Kern entstehen konnten.

Juri schauderte. Es war unüblich, aber in Ermangelung eines funktionierenden Ersatzsystems war es das Letzte, was er versuchen konnte. Juri wusste, wie man improvisiert, darin war er Experte. Die abgeschirmte Kammer eines aktiven Reaktors auf See zu betreten, war nach westlichem Standard undenkbar, sogar in den frühen Tagen der Atomkraft. Um das verheerende Schmelzen des Brennstoffs und eine mögliche Wasserstoffexplosion zu verhindern, krabbelten Juri und seine Ingenieure freiwillig, immer zwei auf einmal, in den kleinen Raum oberhalb des Reaktors, wo sich die Kontrollstäbe befanden, ein Raum kaum groß genug, um darin stehen zu können, angefüllt mit Strahlung von den Abdeckungen und in Kontakt mit dem erhitzten Reaktorgefäß. Es war Wahnsinn, aber ihre einzige Hoffnung.

* * *

UM 4 UHR 15 BEKAM ICH EINE NACHRICHT über das *Nerpa*-Kommunikationssystem des Schiffes: „Der Druck im Steuerbord-Reaktor ist auf Null gefallen. Druckausgleich ist null. Reaktorenergie auf Null gefallen. Kapitän, bitte informieren Sie den zentralen Kommandoposten."

Der Gedanke schoss mir durch den Kopf, dass, wenn dies alles wahr wäre, die am wenigsten erwartete und gefährlichste Katastrophe, die einem Atomreaktor widerfahren kann, bevorstünde: ein Riss im primären Kühlsystem. Ich machte mich sofort auf den Weg zum zentralen Kommandostand. Pogorelow meldete: „Der Reaktor Nummer Eins ist ausgefallen, weil sein Druck auf Null gefallen ist. Die Kontrollstäbe zeigen auch Null an. Die Ersatzpumpen wurden eingesetzt und die Regelstäbe gelöst. Sowohl die Haupt- als auch die Hilfspumpen des primären Systems in Nummer Eins sind ausgefallen. Sieht nach einem Riss im Kühlsystem aus."

Ich hörte ihm wortlos zu, dann forderte ich Kapitänleutnant Juri Powstjew, den Kommandanten der Maschinenraum- und der Antriebseinheit, auf, Bericht zu erstatten. Nach seinem Bericht ordnete ich einen Strahlungsalarm an: „Notfall in Sektion Sechs!" Dann ging ich zum Kontrollpult, um Beweise für das zu finden, was nicht mehr abzuleugnen war. Jerastow bestätigte die Situation aufgrund seiner eigenen Messungen.

Wir fanden die Ursache heraus: Irgendwo in einer Druckleitung im primären Kühlsystem, die ständig in Gebrauch ist, wenn der Reaktor arbeitet, war ein Riss entstanden. Wo genau, konnten wir nicht sagen. Das bedeutete, dass das Wasser, das von den Pumpen zu dem Reaktor geleitet werden sollte, nicht hindurch kam. Wir bekamen Anzeichen für Radioaktivität in Sektion Sechs. Die Pumpen des primären Systems ließen sich nicht wieder starten. Maschinisten und Besatzung im Reaktorbereich taten alles, um ein Unglück zu vermeiden, und begossen den Reaktorkern mit Wasser. Aber die Instrumente zeigten ständig steigende Temperaturen in den Kühlmittelleitungen des Reaktors. Ich schloss daraus, dass unsere Vermutung von einem Riss im primären Kreislauf völlig korrekt war, und das dies ein schwerer Unfall war.

Wir mussten effektiv und entschlossen handeln: den Reaktorkern mit Wasser begießen, um die Temperatur zu senken und ein Schmelzen zu verhindern. (In den Handbüchern stand die strikte Anweisung, ein Überhitzen des

Reaktors auf alle Fälle zu verhindern, da sonst eine Wärmeexplosion erfolgen würde.) Aber wie konnten wir Wasser direkt zum Reaktorkern leiten?

Zu dieser Zeit fuhren wir nach Norden Richtung Heimathafen in einer Tiefe von 100 Metern mit zehn Knoten nur mit Reaktor Nummer zwei. Der II. Wachoffizier Anatoli Kosirew und Kapitänleutnant Powstjew analysierten unseren Notfall am Kontrollpult. Sie wurden unterstützt von Kowaljow, Gorsow, Filin, Prokofjew, Jerastow und Michailowski. Boris Kortschilow befand sich in Sektion Sechs, da er dort das Kommando hatte. Alle waren sich einig, dass die wahrscheinlichste Stelle für das Leck irgendwo auf der Unterseite des Reaktors war.

Die beste Lösung, für die wir uns dann auch entschieden, wurde von Juri Filin vorgeschlagen. Kosirew hatte die Grundidee. Wenn die Druckleitung von einer T-4A-Pumpe mit einer Leitung der Reaktordurchlüftung verbunden würde – dazu müsste man diese Leitung aus dem Luftreinigungssystem herausschneiden, – könnte man über diese neue Leitung Wasser direkt in den Reaktorkern leiten. (Die Durchlüftung reinigt die Luft vom Reaktorkern, wenn dieser erstmalig mit Kühlmittel wie z.B. bidestilliertem Wasser gefüllt wird.) Ich stimmte dieser Idee zu und forderte Kosirew auf, geeignete Rohre für die neue Leitung zu suchen. Ich befahl Pogorelow, ein Schweißgerät vorzubereiten. Diese Aufgabe wurde von den Bootsmännern und Elektrikern Viktor Strasets, Anatoli Kaliuschni, Fjodor Tokar und Sergej Gusew übernommen. Wir mussten auch auftauchen.

Ich informierte die Besatzung über unsere Situation und die ergriffenen Notfallmaßnahmen. Ein Notsignal war nun obligatorisch. Es enthielt Angaben zu Breiten- und Längengrad sowie das Datum. Um 6.05 Uhr waren wir bis unter die Wasseroberfläche aufgetaucht, und ich befahl das Absetzen unseres Notrufes. Aber wir konnten nicht senden. Die Isolation unserer Iva-Antenne (für weite Strecken und hohe

Frequenzen) war vollständig überflutet und hatte deshalb einen Kurzschluss. Somit war ein weiteres Teil ausgefallen. Und was für ein wichtiges Teil: Das Schiff hatte nun keine Möglichkeit, mit dem Hauptquartier Kontakt aufzunehmen! Wir konnten diesen Ausfall dem zu langen Aufhalt in großen Tiefen zuschreiben.

★★★

JEDES SOWJETISCHE U-BOOT DIESER ZEIT war dazu ausgerüstet, ein verschlüsseltes Notsignal bei Seenot absetzen zu können. Das Signal enthielt bestimmte Grunddaten wie Position und eine kurze Erläuterung der Notsituation, zum Beispiel Feuer oder Wassereinbruch. Die Nachricht wurde elektronisch komprimiert und in einer Salve von Transmissionen gesendet, um die Möglichkeit zu verringern, von den NATO-Kräften entdeckt und geortet zu werden. Satejew war wegen der kurzgeschlossenen Antenne nicht in der Lage den Notruf abzusetzen. Die ungewöhnlichen Bewegungen von sowjetischen Handelsschiffen und anderen Teilnehmern dieser Übung, die an einem bestimmten Punkt zusammenliefen, wurden vom Nachrichtendienst der US-Marine bemerkt. Daraufhin schickte die NATO Aufklärungsflugzeuge dorthin, um die Ursache des Notfalls zu untersuchen.

★★★

DIE STRAHLUNGSSTÄRKE IN DER SEKTION SECHS lag jetzt bei 0,25 Röntgen. Die Werte für die anderen Sektionen waren noch normal. Schließlich wurde ein geeignetes Leitungsstück gefunden. Die Torpedomannschaft hatte eins entdeckt, das die hohe Temperatur und den Druck aushalten würde. Wir tauchten vollständig auf, hielten aber unseren Heimatkurs bei zehn Knoten bei. Ich stellte den Alarm nicht ab. Ich beschloss, einen Rundgang durchs Schiff zu machen und zu versuchen, die Besatzung aufzumuntern.

Wir hatten definitiv ein Strahlungsproblem. Die Temperatur in den Kühlleitungen des Reaktors stieg immer noch an. Die Zeiger des *ASIT-5* (automatisches Kühlmittelfluss-Kontrollsystem) schlugen bis zum Anschlag aus, was bedeutete, dass die Temperatur in den Hauptleitungen 400°C überschritten hatte, mehr als das Doppelte des normalen Wertes. In Sektion Sechs warteten die Männer mit dem Schweißgerät und der Leitung darauf, das Kühlsystem zu reparieren, während ich meinen Rundgang beendete.

Ich war zutiefst beunruhigt. Das schlimmste Problem war nun, dass unsere Kommunikation ausgefallen war. Kapitänleutnant Lermontow, Kommunikationsoffizier und Kommandant von Sektion Vier, unternahm alles Menschenmögliche, und es gibt keinen Grund, ihm für irgendetwas die Schuld zu geben.

Die Situation verschlimmerte sich allmählich. In Sektion Sechs begann man unter Leitung des verantwortlichen Offiziers, Oberleutnant Krasitschkow, ein neues Kühlsystem zu improvisieren. Die Besatzung durchtrennte die Leitung von der Reaktorbelüftung und verlängerte die neue Leitung bis dorthin, wo sie an die Belüftung angeschlossen werden sollte. Ein Versuch wurde unternommen, Kühlflüssigkeit aus dem oberen Behälter der Reaktorkammer mit der Spezialpumpe *2P-2* abzuziehen, aber die Pumpe benötigte Luft und konnte nicht ansaugen, weil die Hitze das Kühlmittel in dem Behälter verdampft hatte.

In Begleitung des II. Wachoffiziers Kosirew wollte ich sehen, wie die Männer vorankamen. (Und seien wir ehrlich: Wenn man Männer in den Tod schickt, muss man sie beruhigen. Man muss ihnen das Gefühl geben, dass sie nicht allein sind, auch wenn es nur durch die Anwesenheit ihres Kommandanten erfolgt.) Ich wurde höflich gebeten, die Sektion zu verlassen, da es durch die Strahlungen zu gefährlich war, sich länger dort aufzuhalten.

Als ich mich davon überzeugt hatte, dass die Maßnahmen gut organisiert waren und schnell voranschritten, beschloss ich, die Männer ihren Job ungestört machen zu lassen und setzte meinen Rundgang durch das U-Boot fort. Mittlerweile trugen die Männer, die in Sektion Sechs arbeiteten, auf Drängen von Kapitänleutnant Nikolai Wachromejew Sauerstoffgeräte. Wachromejew bereitete jedes Gerät einzeln vor, verband die Luftschläuche, testete sie mit einigen Atemzügen und gab sie dann in die Kammer weiter.

Die Stimmung der Männer, die in Sektion Sechs arbeiteten, wurde von Oberleutnant Krasichkow wie folgt beschrieben: »Während einer Schicht fragte mich Ordotschkin, wie heiß der Reaktor nun wäre und ob die Gefahr ene Explosion bestünde. Er schien verlegen zu sein, als würde er sich schämen, sich über solche Dinge Sorgen zu machen. Er hatte nicht im Mindesten Angst. Ich beruhigte ihn so gut es ging, indem ich ihm mitteilte, was ich am Kontrollpult ablesen konnte. So waren diese Männer! Während sie im Innern der Reaktorkammer arbeiteten, waren sie natürlich beunruhigt, aber sie gingen ohne zu zögern hinein, bereit für die harte Arbeit. Ich beobachtete dieselbe Ruhe, dieselbe Selbstbeherrschung bei Rischikow, Kaschenkow, Penkow, Charitonow, Sakwin und Starkow.«

Es scheint, dass das, was wirklich die Entscheidung eines Mannes in einer kritischen, lebensbedrohenden Situation bestimmt, die innere Überzeugung, sein Verantwortungsbewusstsein für die Ereignisse um ihn herum und sein persönliches Gewissen sind. Das gilt sowohl für diejenigen, die andere in den Tod schicken, als auch für diejenigen, die gehen. Leutnant Boris Kortschilow kam zu mir und bat um Erlaubnis in Sektion Sechs helfen zu dürfen. Alles, was ich sagte, war: „Boris, wissen Sie, um was Sie da bitten?“

Er antwortete bestimmt: „Ich weiß, Genosse Kommandant.“

Dem kann ich nichts hinzufügen.

Der erste Versuch, die beiden Leitungen zusammenzuschweißen, schlug fehl. Dann fand man ein Stück Rohr mit einem größeren Durchmesser als die beiden Leitungen hatten, die verbunden werden sollten, und es diente als Kupplung. Die Leitung von der Lüftung wurde in das eine Ende gesteckt, die von der T-4A-Pumpe in das andere. Die Enden des Kupplungsstückes wurden dann mit den beiden Leitungen verschweißt.

Dies gelang – aber um welchen Preis! Während der letzten Phase des Verschweißens in Sektion Sechs meldeten die Männer, die dort arbeiteten, dass ein Feuer ausgebrochen sei mit Flammen von hellblauer bis violetter Farbe über der Reaktorabdeckung. Auf Anordnung des zentralen Kommandostands wurde Sektion Sechs versiegelt. Zweimal brach ein Feuer aus, und es wurde mit Geräten, die für diesen Zweck vorsorglich bereitgestellt worden waren, gelöscht. Aber warum eine *violette* Flamme, wunderte ich mich.

Schließlich waren die Schweißarbeiten beendet, und die Hilfspumpe wurde eingeschaltet. (Sie war mit einem 30-Tonnen-Tank voll Süßwasser verbunden worden.)

Ich ging nach unten zur Sektion Sechs. Am Schott standen Kosirew und Wachromejew und berichteten über die Lage. Währenddessen öffnete sich die Tür, und Kortschilow kam heraus. Er riss seine Gasmaske herunter und begann sofort weißen und gelben Schaum zu erbrechen. Er wurde in die Sektion Eins gebracht, wo eine medizinische Station eingerichtet worden war. Alle Männer aus Sektion Sechs waren massiven Strahlungen ausgesetzt gewesen, die bei weitem den erlaubten Grenzwert überschritten hatten.

Wir mussten versuchen, den oberen Kammerbehälter des vorderen Reaktors leer zu pumpen. Die Hauptpumpe für Sektion Acht funktionierte nicht; sie war kaputt. Wir beschlossen, die Ölwanne mit der Hauptentwässerungspumpe für die Kommandozentrale leer zu pumpen. Sobald wir damit begannen, stieg die Strahlung in den Sektionen Fünf, Vier und Drei. Offensichtlich wurden Produkte der Kernspaltung mit dem Wasser hinausgeschwemmt und von der Pumpe durch die anderen Sektionen geleitet.

Ich fühlte, wir mir Galle hochstieg. Ich ging in meine Kajüte und legte mich auf die Koje. Alle möglichen Gedanken rasten durch meinen Kopf. Aber ich wusste, ich musste etwas unternehmen. Das Problem war nun, wie die Besatzung und das Schiff zu retten waren. Meine Hauptsorge galt den Männern. Jeder, der in Sektion Sechs gewesen war, war dem Tod geweiht. So viel wusste ich schon. Aber was konnte ich tun? Wir waren noch etwa 2400 Kilometer von zu Hause entfernt. Wenn wir eine Geschwindigkeit von zehn Knoten beibehalten würden, kämen wir in sechs oder sieben Tagen an. Wir würden alle während der gesamten Zeit mit mindestens zehn Röntgen pro Stunde verstrahlt werden. Das bedeutete, keiner von uns würde überleben.

Ich erinnerte mich, dass ich während meiner Einweisung durch das Flottenkommando vor der Übung bemerkt hatte, dass die Karte ein Netz von feindlichen dieselgetriebenen U-Booten zwischen den Färöern und Island zeigte. (Eigentlich sollte ich nichts darüber wissen, da unsere *K-19* auf der „blauen" Seite war, während die Diesel-U-Boote zur „roten" Seite gehörten.) Ich dachte, wenn diese Schiffe noch dort wären (und ich kannte ihre exakten Koordinaten nicht), dann hätten wir noch eine Chance. Aber was, wenn sie sich anderswo befanden, oder alle zusammen abgezogen worden waren?

Ich zermarterte mir den Kopf, was als Nächstes zu tun war: Nach Süden abdrehen, wo eine kleine Chance bestand, auf die Diesel-U-Boote zu treffen und die Besatzung zu retten, oder weiterfahren und das Boot mit einer toten Besatzung nach Hause bringen. Ich kletterte auf die Brücke und suchte den Horizont ab. Kein Schiff war in Sicht. Ich befahl: „Ruder steuerbord, Kurs 180°".

Ich hatte meine Entscheidung sorgfältig abgewogen. Ich war fest entschlossen, ein Treffen mit unseren Schiffen zu versuchen. Das Risiko war enorm, aber ich hatte keine andere Wahl.

★ ★ ★

Satejews Entscheidung zu versuchen, die Diesel-U-Boote abzufangen, war wohl überlegt. Er würde mit anderen U-Booten zusammentreffen, deren Radarbilder klein und an der Oberfläche schwer zu entdecken waren. Zu diesem Zeitpunkt regte sich bei einigen Offizieren Widerstand, vor allem bei Kapitän Perschin, der als kommandierender Offizier der Reservebesatzung auf die Übung geschickt worden war, aber dessen Erfahrung und Qualifikation Satejew in Frage gestellt hatte. Perschin und einige andere, die Angst vor der Strahlung hatten, die sich im Boot ausbreitete, wollten das nächste Land ansteuern. Das war die zu Norwegen gehörende Insel Jan Mayen, auf der sich ein Radar-Aufklärungsposten der NATO befand. Dies hätte bedeutet, das U-Boot zu landen und zu verlassen, um sein Leben zu retten, ungeachtet der Tatsache, dass es sich um norwegischen Boden handelte. Tödliche Wolken nuklearer Strahlung hätten die Insel bedeckt, während die Besatzung versucht hätte, der Strahlung zu entkommen. In Interviews berichteten Überlebende über diesen kritischen Zeitpunkt in unterschiedlicher Weise: von Sorge, die von einigen Offizieren geteilt wurde, bis zur sofortigen Bereitschaft zur Meuterei.

★ ★ ★

Ich rief Oberleutnant Lermonow zu mir ins Cockpit und befahl ihm, den kleinen Sender vorzubereiten (ein wenig leistungsstarkes Reservegerät). Ich wies den Decodierer,

Oberbootsmann Alexei Troitski, an, Längen- und Breitengrade in dem Text des Funkspruchs stündlich zu aktualisieren und sendete ihn alle zehn Minuten.

Ich ging nach unten, um meine Entscheidung über die Bordsprechanlage der Besatzung mitzuteilen, und kehrte dann in den Ausguck zurück. Der kleine Hilfssender, den wir gezwungen waren zu benutzen, hatte nur eine Reichweite von etwa 80 Kilometer. Würden wir ein russisches U-Boot finden?

Einige Zeit später kamen Oberleutnant Wladimir Tschersow (der Kommandant der Reaktor-Kontrollgruppe) und Michailowski (der Kommandant der für die Instrumente zuständigen Gruppe) zu mir auf die Brücke. Sie wollten wissen, warum wir nach Süden ins Ungewisse fuhren, statt das nächste Land, die Insel Jan Mayen, anzulaufen. Ich ließ sie ausreden. Dann schickte ich sie zurück auf ihren Posten. Ihre Nerven hatten ihnen offensichtlich übel mitgespielt und sie taten mir Leid. Sie waren die Einzigen, die jemals solch eine Erklärung von mir verlangten.

Die Strahlungsbelastung wurde immer größer. Ich ließ meinen „starpom", Kapitänleutnant Jenin, rufen und wies ihn an, allen Männern jeweils 100 g Schnaps auszuschenken. Ich wusste, dass unter dem Einfluss von Alkohol (der auch betäubt) die Körperzellen weniger anfällig für Strahlung sind. Mit anderen Worten: Die Abwehrkraft gegen äußere Einflüsse steigt. (Säufer, die richtig betrunken sind, halten Minustemperaturen und sogar Schläge und andere Misshandlungen aus.) Aufgrund der Erfahrung, die ich bei einem Unfall in Obninks machte, als ein Techniker zunächst Schnaps getrunken hatte, bevor er an die Arbeit am Reaktorkern ging und dem die Strahlung nichts ausgemacht hatte, ordnete ich diese Maßnahme an. Auf der anderen Seite dachte ich, es kann nicht schaden den Männern dadurch ein bisschen Mut zu machen. Der Obergefreite A. I. Babtschenko übertrieb es jedoch und musste ins Krankenrevier gebracht werden.

Dann rief ich den Kommandanten der Raketenabteilung, Kapitänleutnant Muchin, und befahl ihm in Jenins Gegenwart, alle kleinen Waffen (Sturmgewehre und Pistolen) einzusammeln und über Bord zu werfen. Er sollte nur fünf Pistolen aufbewahren: für den Kommandanten, den „starpom" und die I. Wachoffiziere Andrejew, Archipow und Muchin selbst. Dieser Befehl sollte alle Versuche, meine Autorität zu missachten, verhindern und wurde sofort ausgeführt.

Wir fuhren etwa zehn Stunden lang Richtung Süden an der Oberfläche. Wir konnten weder mit dem Hauptquartier Funkkontakt aufnehmen, noch begegneten wir einem Schiff, noch nicht einmal Fischerbooten. Unter Deck nahm die Angst immer weiter zu. Würde das reparierte Kühlsystem halten? An einer Stelle entwickelte sich ein Leck in der improvisierten Leitung. Mein „starpom" Jenin, Oberbootsmann Iwan Kulakow und Obergefreiter Leonid Berezow reparierten das Leck und bekamen dabei große Mengen an Strahlung ab.

Nach meinen Berechnungen sollten wir jetzt in dem Einsatzgebiet der Diesel-U-Boote sein. Aber niemand hatte auf unseren Funkspruch geantwortet. Hatte ich mich geirrt? Schweren Herzens befahl ich umzukehren und zog mich in meine Kajüte zurück. Keine zwei Minuten später hörte ich: „Silhouette, Peilung auf 270 Grad!"

Ich rannte hoch auf die Brücke und schaute durch einen Feldstecher. Ich konnte klar einen kurzen Pfosten in der Ferne ausmachen. Aus Erfahrung wusste ich, dass dies nur ein U-Boot sein konnte, das sich direkt vor uns befand. Ich gab das Kommando „Leuchtsignal abfeuern!" und befahl dem Steuermann „Ruder backbord, Kurs 270 Grad".

Was ich gesehen hatte, war die *S-270*, ein U-Boot des Projektes 613, unter dem Kommando des II. Wachoffiziers Jan Swerbilow. Die Gefühle, die mich beim Anblick eines unserer U-Boote übermannten, lassen sich nicht beschreiben. Der Plan hatte funktioniert. Die Besatzung war gerettet.

***

Als sich Kapitän Swerbilow an Bord der *S-270* der *K-19* näherte, überwachte er sorgfältig die Strahlung, die von dem U-Boot in Not ausging. Zweihundert Meter entfernt war die Strahlung noch 0,4 bis 0,5 Röntgen pro Stunde und erhöhte sich auf 4 bis 7 Röntgen pro Stunde, als sie längsseits gegangen waren. Ein Transfer zwischen zwei U-Booten auf See ist immer schwierig, da U-Boote an der Oberfläche erheblich rollen und stampfen. Es gelang, eine Gangway zwischen den beiden Schiffen zu vertäuen. Schließlich hatte Kapitän Satejew Bugruder der *K-19* hochgeklappt, während Kapitän Swerbilow den Bug der *S-270* unter die hoch geklappten Tiefenruder schob, um so eine Plattform für den Transfer zu schaffen.

Als die acht am meisten verstrahlten Männer an Bord der *S-270* gebracht worden waren, stieg die Strahlung dort in Sektion Eins auf 9 Röntgen pro Stunde an. Als Kapitän Swerbilow dies Kapitän Satejew mitteilte, erkannte dieser das Problem sofort: Die Kleidung der verletzten Männer war stark kontaminiert. Die Männer wurden ausgezogen und ihre Kleidung wurde über Bord geworfen. Als sie die Strahlung im vorderen Torpedoraum der *S-270* erneut maßen, wurden noch 0,5 Röntgen pro Stunde angezeigt. Die Männer selber waren radioaktiv. Sie hatten enorme Mengen radioaktiver Substanzen eingeatmet und verschluckt. Diese Radioaktivität verstrahlte sie selbst weiterhin wie auch jeden in ihrer Umgebung, sogar nachdem sie die *K-19* verlassen hatten. Der nukleare Dämon war freigelassen.

An Bord der *K-19* waren die Ingenieure damit beschäftigt, den laufenden Reaktor abzuschalten. Um elektrische Energie für das Schiff zu erhalten, starteten sie zwei 400-Kilowatt-Dieselgeneratoren. An Bord der *S-270* verzeichnete Kapitän

Swerbilow immer noch einen Anstieg der Strahlung. Die Dieselmaschine, die kontaminierte Luft aus dem Innern der lahm gelegten *K-19* ansaugte, verteilte Radioaktivität durch die Abgase.

★ ★ ★

Schliesslich erhielten wir einen Funkspruch. „Kommandant des U-Bootes *S-159*: Das U-Boot *S-268* unter dem Kommando von Kapitänleutnant Gennadi Nefedow nähert sich der Unfallstelle. Sie werden angewiesen, die *K-19* seiner Obhut zu überlassen und mit Höchstgeschwindigkeit zur Basis zurückzukehren." Ein paar Stunden später waren wir auf dem Heimweg.

Vor dem Nordkap trafen wir uns mit dem Zerstörer *Biwali*. Er wurde von einem alten Kumpel von mir, den ich von der Marineschule und der Akademie her kannte, kommandiert, dem I. Wachoffizier Wladimir Sacharow. Ich verabschiedete mich herzlich von dem Kommandanten der *S-159*.

Als wir von dem U-Boot an Bord des Zerstörers gegangen waren, wurden wir sofort von Strahlenfachleuten und von Chemikern untersucht. Wir wurden alle gründlich entseucht. Ein Teil von uns musste ein zweites oder ein drittes Mal die Dekontamination durchlaufen, um „die Röntgenstrahlen abzuwaschen". Der Bootsmann, der sich um mich kümmerte, klopfte mir auf die Schulter und sagte: „So, was machst du als Nächstes, Kumpel, du wirst wohl früh aus der Marine entlassen?" (In einer Gruppe nackter Männer kann man einen Offizier nicht von einem Matrosen unterscheiden.) Ich entgegnete „Vermutlich" und lächelte.

Wir bekamen weiße Seemannspullover zum Anziehen. Das Einzige, was mich nun von den Männern unterschied, war die Pistole, die ich immer noch trug.

Wir brauchten drei Tage, um unseren Heimathafen zu erreichen. Als wir anlegten, war gutes Wetter. Die Sonne schien, kein Lüftchen regte sich. Der Sturm hatte sich lange vorher gelegt. Die Wasseroberfläche zeigte nur leichte Dünung aus Norden. Das Schiff näherte sich langsam der Kaimauer von Polyarny. Der Liegeplatz des Zerstörers war von Truppen mit Sturmgewehren umstellt. Neben den Soldaten standen Krankenwagen. Wir wurden vom Flottenkommandanten Admiral Tschabanenko und dem Leiter der medizinischen Sektion der Marine, Generalmajor Tsipitschew, in Empfang genommen. Der Flottenkommandant richtete keine Fragen an mich. Er war sich der tragischen Situation, in der wir uns befanden, sehr wohl bewusst. Die ganze Stadt Polyarny war gekommen und bildete eine ängstliche und stille Menge hinter den Soldaten. Zu Kriegszeiten wurden auf diese Weise Schiffe, die von Schlachten zurückkehrten, von der Bevölkerung empfangen.

Ich brach das Schweigen und fragte Admiral Tschabanenko: „Was geschieht nun mit mir?" Er antwortete: „Direkt hier drüben ist der Leiter der Spezialabteilung, in diesem Fall ein Sicherheitssonderkommando (vermutlich unter der Leitung des Marinenachrichtendienstes des KGB). Gehen Sie und fragen Sie ihn." Der Mann, den er meinte, war der I. Wachoffizier Alexander Naruschenko. Er und ich hatten unsere Kojen nebeneinander auf dem U-Boot-Tender *Mahomed Gadschijew*.

Naruschenko lächelte und sagte: „Nichts wird passieren. Du hast alles richtig gemacht."

Wir wurden schnell in die Krankenwagen verladen und ins Krankenhaus gebracht, das nicht weiter als 50 Meter vom Pier entfernt war. Das Krankenhaus war schon darauf vorbereitet, unsere Verletzungen zu behandeln. Wir bekamen alle Betten auf entsprechenden Stationen (die Verwaltung war gebeten worden, uns nicht zu trennen). Nach einer kurzen Verschnaufpause sah ich nach meinen verletzten Männern. Sie waren alle völlig in sich zurückgezogen. Mir war klar, dass sie nur noch Stunden zu leben hatten.

Ein Spezialist hatte entschieden, sie ins Institut für Biophysik in Moskau zu schicken. Eine junge Ärztin, Angelina Susokowa (heute ein korrespondierendes Mitglied der Akademie für Medizin) versicherte mir, dass das Institut alles Menschenmögliche tun würde, um ihr Leben zu retten. Am nächsten Tag wurden die Männer nach Moskau geflogen. Zwei Hubschrauber landeten in einem Stadion neben dem Krankenhaus. Bevor sie in die Hubschrauber verladen wurden, sagte ich Kortschilow, Ordotschkin, Kaschenkow, Sawkin, Penkow und Charitonow „Auf Wiedersehen".

Ich kam zuerst zu Boris Kortschilow. Mein Gott, was hatte die Strahlung angerichtet! Sein Gesicht war rot, sene Lippen geschwollen, seine Zunge so dick, dass er kaum sprechen konnten, seine Augen waren zugeschwollen. Ich beugte mich zu ihm herunter und erzählte ihm, dass er und seine Kameraden nach Moskau gebracht werden würden, wo die Ärzte ihnen wieder auf die Beine helfen könnten. Flüsternd bat er mich, ihm beim Öffnen eines Auges zu helfen, damit er mich sehen konnte. Er fragte auch nach etwas Saft. Ich tat, worum er mich bat: Ich hielt ihm ein Auge auf und goss ihm aus einer Teetasse etwas Saft in den Mund, den er kaum öffnen konnte. Ich konnte mein Schluchzen kaum unterdrücken, als ich ihm Lebewohl sagte. Dann ging ich zu den anderen, um mich zu verabschieden.

Die Männer wurden auf Tragen in die beiden Hubschrauber gebracht. Der erste hob ohne Zwischenfall ab. Der zweite kappte ein Stromkabel mit seinem Rotor direkt nach dem Start und krachte auf den Boden am Rande der Kaimauer. Das gesamte Krankenhauspersonal war Zeuge! Die Gefühle von uns allen lassen sich nicht ausdrücken. Nach dem ganzen Horror der Strahlenvergiftungen jetzt noch diese Qual!

Zum Glück war die Landung sanft und der Hubschrauber blieb intakt. Ein dritter Hubschrauber kam bald. Die Männer wurden umgeladen und nach Safonowo gebracht, wo ein Transporthubschrauber auf sie wartete. Wir sahen keinen dieser Männer lebend wieder. Sie starben bei vollem Bewusstsein unter schrecklichen Schmerzen.

Am nächsten Tag, als alle unsere Untersuchungen abgeschlossen waren, wurden wir im Hörsaal des Krankenhauses versammelt. An einem Tisch auf der Bühne saßen der Chefarzt und Konteradmiral Babuschkin als Vertreter der politischen Direktion des Marine. Der Chefarzt teilte uns mit, dass wir alle gut davongekommen wären. Unsere Gesundheit sei nicht gefährdet, und wir müssten uns keine Sorgen machen. Die Männer, die nach Moskau gebracht worden waren, seien zwar in kritischem Zustand, aber dennoch seien ihre Aussichten nicht hoffnungslos.

Die folgenden Tage waren äußerst wichtig für mich. Vom ersten Tag an im Krankenhaus von Polyarny wurden wir alle von Konteradmiral Babuschkin terrorisiert. Er wollte nur eins: den Kommandanten in Misskredit bringen und mich anklagen, weil ich meine Autorität überschritten hätte, indem ich das Schiff verließ. Tag ein, Tag aus rief er meine Mannschaften, Unteroffiziere und Offiziere für „Besprechungen" zu sich und fragte jeden einzelnen detailliert über das Verhalten seines Kommandanten während der Notsituation aus. Als sie diese „Befragungen" nicht mehr aushielten, erklärten sie, dass sie Babuschkin die Fresse polieren und ihn dann eigenhändig aus dem Krankenhaus hinauswerfen würden, wenn er nicht verschwinden würde. Ich berichtete das dem Flottenkommandanten bei einem seiner täglichen Besuche im Krankenhaus. Danach sahen wir Babuschkin nie wieder.

Einen Tag nach dem Bericht des Chefarztes erhielten wir aus Moskau die Nachricht, dass Leutnant Kortschilow, Bootsmann Ordotschkin und Obermaat Kaschenkow alle am 10. Juli verstorben waren. Mittlerweile waren in Polyarny die Untersuchungen angelaufen. Einige dubiose Personen begannen uns für Befragungen herzuzitieren. Ich erzählte ihnen allen, wo sie sich hinscheren konnten. Am 12. Juli starb Obergefreiter Sawkin, am 13. Juli Obergefreiter Charitonow und am 15. Juli Obergefreiter Penkow. Jeder begann zu glauben, dass ihn dasselbe Schicksal erwartete, dass es nur eine Frage der Zeit war – wenn nicht heute, dann morgen.

Ich begann fürchterlich unter Schlaflosigkeit zu leiden. Ich wusste schon nicht mehr, wie viele Tage es her war, dass ich dieses Schiff verlassen hatte, und ich konnte die Dinge auch nicht einen Moment aus meinem Kopf verbannen. Man hat keine Vorstellung von den Gedanken, über die man dann nachgrübelt. Ich erinnere mich, wie Oberleutnant Krasitschkow in einer Zigarettenpause fragte: „So, Sie meinen, wir werden am Ende unsere Krankenhauskleidung gegen eine Gefängnisuniform eintauschen?" Was veranlasste ihn dazu, das zu sagen?

In der Zwischenzeit war das Krankenhaus Tag und Nacht mit uns beschäftigt. Sie nahmen Proben von allem, was der menschliche Körper produzieren kann. Wir wurden nach der Schwere unserer Strahlenvergiftung in Gruppen eingeteilt. Zwei Gruppen wurden nach Leningrad geschickt: die erste, mit den schwersten Schäden, wurde per Flugzeug in das Therapiezentrum der militärischen Medizinakademie gebracht. Die zweite Gruppe, mit weniger starken Verstrahlungen, wurde mit dem Zug zur Spezialabteilung Nr. 11 des Ersten Marinehospitals geschickt (zur Behandlung durch Marine- und Krankenhaustherapeuten). Eine dritte Gruppe, mit der geringsten Strahlungsdosis, wurde nach Behandlung und Beobachtung zur Genesung nach Schtschuk-Ozero in ein Erholungsheim der Nordmeerflotte geschickt. Die erste Gruppe startete am 14. Juli, die zweite, in der auch ich war, am nächsten Tag.

Vor unserer Abfahrt nach Leningrad besuchte der Leiter der politischen Direktion der Marine, Admiral Grischanow, das Krankenhaus. Er kam nur kurz in mein Krankenzimmer, buchstäblich nur für Sekunden, gerade lange genug, um mir im Namen der Partei, der Regierung und der Marine für die Stärke und den Mut zu danken, die ich während des Unfalls gezeigt hatte, und wünschte mir eine schnelle Genesung. Ich entnahm daraus, dass die Untersuchungen abgeschlossen waren und dass sich die offizielle Einstellung mir und meiner Besatzung gegenüber geändert hatte. Später befand die Regierungskommission unter dem Vorsitz des Akademiemitglieds Anatoli Alexandrow, dass das Verhalten der Besatzung der *K-19* während des Reaktorunfalls korrekt gewesen war.

Auf Verfügung des Präsidiums des Obersten Sowjet vom 5. August 1961 wurde das Personal, das direkt beim Installieren des Notfallkühlsystems und beim Löschen der Brände in der Reaktorkammer beteiligt gewesen war, mit Medaillen ausgezeichnet, auf denen „Für Mut und Heldentum" zu lesen war. Ich selbst bekam einen Orden. Aber dies geschah alles später.

Zunächst stand der Besatzung ein langer Krankenhausaufenthalt mit Untersuchungen und Behandlungen bevor. Bei allen gab es dieselbe Diagnose: akute Strahlenerkrankung (in allen Schweregraden). Die Strahlenmenge, die wir abbekommen hatten, wurde durch die Untersuchung der Schilddrüse und auch von den getrockneten Resten von Stuhlproben bestimmt. Damit erlaubten wir uns sogar einige Scherze: Wir würden unserem Nachbarn gerne „aushelfen". Zwei von uns würden zum Beispiel eine Spende zu der täglich von Perschin abgegebenen Menge an Urin und Stuhl beitragen. Die Ärzte und Krankenschwestern würden sich dann wundern, wie jemand so viel produzieren konnte. Wir hätten dann gesagt: „Haben Sie gesehen, wie der isst? Ein großer Mann wie Perschin – da haben sie einiges zu erwarten."

Wie äußert sich eine Verstrahlung? Was sind die Symptome? Die ersten Anzeichen sind ständiges Erbrechen, beginnend etwa 15 bis 20 Minuten, nachdem man der Strahlung ausgesetzt war, mit Rötung der ungeschützten Hautbereiche (Strahlenverbrennungen). Nach etwa anderthalb oder zwei Stunden treten heftige Ödeme auf. Der ganze Körper schwillt so stark an, dass die Augen nicht mehr geöffnet werden können. Die Zunge schwillt an und macht ein Verstehen fast unmöglich. Eine strohgelbe Serumausscheidung, eine Art Jauche, beginnt von den behaarten Flächen zu rinnen, besonders am Kopf. Alles wird begleitet von quälenden Schmerzen und Bewegungsunfähigkeit, die bis zum Tod anhalten, ohne dass man bewusstlos wird. Dies sind natürlich die Symptome von schwersten Verstrahlungen. Kleinere Strahlendosen äußern sich in einer latenten frühen Phase der Krankheit, in welcher sich das Opfer noch einige Tage lang völlig normal fühlt, bis die Symptome auftreten.

Unsere Seeleute hatten verschieden starke Strahlenschäden erlitten, von extrem kritisch bis sehr gering. Zu dieser Zeit hatte die Medizin schon Methoden für die Behandlung von Strahlenerkrankungen entwickelt. Das Schicksal der Männer mit den schwersten Verstrahlungen war besiegelt: Kortschilow, Ordotschkin, Kaschenkow, Sawkin, Penkow und Charitonow starben. Aber das Schicksal der anderen lag in den Händen der Ärzte. Sie wurden mit zwei Methoden behandelt, die sich hauptsächlich im zeitlichen Ablauf und in der Art der anfänglichen Behandlung unterschieden. Eine Methode begann mit Knochenmarkstransplantationen und ging mit Bluttransfusionen weiter. Die andere begann mit Bluttransfusionen und Überwachung der Anzahl der weißen Blutkörperchen, und wenn die Transfusionen nicht die Abnahme der weißen Blutkörperchen aufhalten konnten, war der nächste Schritt die Knochenmarkstransplantation. Die erste Methode stellte die Fähigkeit des Körpers wieder her, Blutzellen zu bilden, bevor alle Systeme vollständig geschwächt waren, und stärkte somit auch die allgemeine Vitalität. Die zweite

Methode stellte die Lebensfunktionen des Körpers wieder her, der ernsthaft geschwächt worden war. Die erste Methode rettete das Leben von Iwan Kulakow, Michael Krasitschkow und Wladimir Jenin, die leben und denen es bis heute gut geht. Die zweite Methode kostete das Leben von Juri Powstjew und Boris Rischikow.

Ich muss erwähnen, dass diese Erfahrung eine grundlegende Rolle in der Entwicklung von Behandlungsmethoden bei Strahlenerkrankungen hätte spielen sollen. Und dennoch führte die Tragödie von Tschernobyl überraschenderweise zu einer großen Anzahl von Todesfällen. Der amerikanische Arzt Robert Gale erklärte diese Situation während eines Besuches, als er verkündete, dass wir nach einem falschen Plan behandelt worden wären und schlug vor, die von Professor Wolinski entwickelte Methode zu ersetzen!

An Bord des U-Bootes *K-19* vergingen über drei Tage, bevor unsere Männer qualifizierte medizinische Betreuung in einem Krankenhaus erhielten, aber die Opfer von Tschernobyl wurden sofort nach dem Unfall behandelt. Wird irgendjemand nicht die Schlussfolgerung ziehen, dass das plötzliche Eintreten der Katastrophe und die völlig unzureichende Ausstattung unserer medizinischen Einrichtung für die vielen Opfer verantwortlich waren?

In der militärischen Medizinakademie und im Ersten Marinehospital wurden wir Seeleute mit herzlicher Freundlichkeit und Aufmerksamkeit behandelt.

Unsere Gruppe im Krankenhaus wurde um den 10. August herum im Hörsaal versammelt, um die Medaillen und Orden von der Regierung in Empfang zu nehmen. Viele Mannschaften, Unteroffiziere und Offiziere erhielten verschiedene Auszeichnungen und Orden, und die ganze Besatzung bekam wertvolle Geschenke vom Verteidigungsministerium. Die Auszeichnungen und Orden wurden vom Kommandanten der Leningrader Marinebasis, Admiral Iwan Iwanowitsch Baikow, übergeben. Nicht genug, dass es ihm nicht gelang, einige aufmunternde Worte an die Männer zur richten, er schaffte es auch nicht etwas Intelligentes zu sagen. Stattdessen sagte er fast gleichgültig: „Sie alle denken, dass Sie jetzt eine Art Helden sind, nicht wahr? Hören Sie, hier in Leningrad haben wir auch Unfälle – Verkehrsunfälle…" Beim Annehmen des Ordens fühlte ich mich, als müsste ich ihm den Orden direkt in das selbstgefällige, arrogante und feiste Gesicht schleudern.

Am 22. August verließen alle das Krankenhaus für einen Aufenthalt in einer Erholungseinrichtung in Zelenogorsk außerhalb von Leningrad. Am 14. September kehrten wir alle ins Krankenhaus zurück. Am 27. September wurden wir von einer militärischen medizinischen Kommission untersucht. Uns wurde allen offiziell bestätigt, dass wir unter einem „asthenischen vegetativen Syndrom" litten. Zu dieser Zeit wurde uns erklärt, dass damit die wirkliche Diagnose einer Strahlenerkrankung verschleiert werden sollte, weil die Öffentlichkeit dies nicht erfahren sollte. Später erfuhr ich, dass ein „asthenisches vegetatives Syndrom" eine Art Geisteskrankheit ist und überhaupt nichts mit Strahlenerkrankungen zu tun hat. So machten sie Verrückte aus uns! Das war der Dank für das Dienen in der Marine!

Am 28. September wurde ich aus dem Krankenhaus entlassen und brach nach Zapadnaja Litsa auf, um meinen neuen Posten als stellvertretender Kommandant der 3. Division der 1. Flotille von Atom-U-Booten der Nordmeerflotte anzutreten.

Bootsmann Ordotschkin, Obermaat Kaschenkow und die Gefreiten Penkow, Sawkin und Charitonow wurden auf dem Kuzimin-Friedhof in Moskau begraben. Kapitänleutnant Juri Powstjew und Leutnant Boris Kortschilow fanden ihre letzte Ruhe auf dem Krasnenkoje-Friedhof in Leningrad. Oberbootsmann Rischikow wurde auf dem städtischen Friedhof von Zelenogorsk in der Nähe von Leningrad beerdigt. Eine Straße im Norden der Stadt

Zaoziorni, dem Hauptsitz unser Atomflotte, wurde zu Ehren von Boris Kortschilow in Leutnant-Kortschilow-Straße umbenannt.

★ ★ ★

NOCH WAR DIE GESCHICHTE von der *K-19* oder den Schiffen, welche die Besatzung heimgebracht hatten, nicht zu Ende. Die Rettungsschiffe, einschließlich der *S-270* von Kapitän Jan Swerbilow, mussten alle sorgfältig dekontaminiert werden, als sie den Hafen erreichten. Die *K-19* wurde von der *Aldan*, einem in Schweden gebauten Schiff der Pamir-Klasse, zum Hafen zurückgeschleppt und kam um den 10. Juli an. Als sie den Hafen erreichte, waren drei Sektionen überflutet, aber das Schiff schwamm noch. Die *K-19* lag vertäut im Hafen mit laufendem Ventilationssystem. Radioaktives Material aus dem Innern des U-Bootes kontaminierte alles in einem Radius von 700 m: einen Hang, Gebäude, Maschinen, Pflanzen und Menschen. Die Behörden hatten entschieden, das Schiff in der Nähe von Nowaja Semlja zu versenken, aber einige der Besatzungsmitglieder setzten sich engagiert dafür ein, dass das Schiff dekontaminiert und wieder repariert werden sollte. Am Ende gelang es Freiwilligen, das Wasser aus dem U-Boot herauszupumpen, alle Geräte und Einrichtungsgegenstände herauszuholen und es im Innern vollständig zu dekontaminieren. Der Reaktorbereich wurde als Ganzes ersetzt. Eine weitere heldenhafte Tat von tapferen Männern, die teilweise aus Patriotismus und teilweise aus Naivität gehandelt haben, aber was es diese Freiwilligen letztendlich gekostet hat, wird man nie erfahren.

Hätte das behelfsmäßige Kühlsystem der *K-19* den Reaktor nicht gekühlt und wäre die Temperatur des Urankerns weiterhin angestiegen, wäre eine verheerende Explosion die Folge gewesen. Eine Explosion unter Wasser hätte die *K-19* einfach vernichtet. Eine Explosion, während sie an der Oberfläche gewesen wäre, hätte eine riesige radioaktive Wolke freigesetzt, gegen welche die Strahlung bei der Explosion in Tschernobyl lächerlich gering gewesen wäre. Die Langzeitwirkungen, die ein solches Unglück gehabt hätte, sind eine schreckliche Vorstellung. Während es unkontrollierte Spannungsstöße bei durchgebrannten Reaktoren gegeben hat, kam kein Reaktor der Marine jemals ganz zum Schmelzen.

Die Männer, die diesen Horror miterlebt haben, werden die Erinnerung ihr Leben lang nicht mehr loswerden. Das Gedächtnis der Institutionen war dagegen sehr kurz. Man hatte nur wenig aus dem Unfall gelernt. Die größten Anstrengungen wurden darauf verwendet, die Ereignisse zu vertuschen. Nur ein langer Weg vorsätzlicher Ignoranz führte von der *K-19* in die Zukunft.

Nichts dazugelernt

KAPITEL 7

Kapitän Satejew beschrieb die Aktivitäten, die den Untersuchungen des Unfalls folgten und was die Obersten in der Schiffsbauhierarchie und im Marinekommando unternahmen, um ihre persönlichen Interessen zu wahren. Außerdem erzählte er, wie wenig sie dafür taten, dass in Zukunft keine weiteren Unfälle durch solche Mängel geschehen konnten. Die politische Führung der Marine hat normalerweise zuerst die Öffentlichkeit über Unfälle in der Marine informiert. In diesem Fall hat die Direktion aber niemals eine öffentliche Erklärung abgegeben. Das Verhalten der Direktion hat sich im Lauf der Zeit nicht verändert, und wenn Unfälle geschahen wie der Verlust des Atom-U-Bootes *Komsomolet* im April 1989, genau in der Glasnost-Periode von Gorbatschow, wurden den russischen Medien vorsätzlich falsche Informationen geliefert, um den Verlust eines Reaktors und zweier Nuklearwaffen sowie die ernsten Folgen sich ausbreitender Radioaktivität zu vertuschen.

Diese Politik, Informationen über Nuklearunfälle zurückzuhalten, setzte sich bis zum Ende des Kalten Krieges in die Zeit nach der Sowjetunion fort und betraf nicht nur Unfälle bei der Marine, sondern alle nuklearen Zwischenfälle. Mit dem Zerfall der Sowjetunion 1991 und den umfassenden politischen Reformen, die folgten, wurde die Anzahl von Atom-U-Booten und Nuklearwaffen deutlich reduziert. 1989 betrieb die sowjetische Marine die größte Anzahl von Atom-U-Booten – insgesamt 196. Die zahlreichen Abrüstungsabkommen zwischen den Vereinigten Staaten und Russland, einschließlich den Verträgen Start I und Start II, forderten die drastische Verminderung der Anzahl strategischer U-Boote und Nuklearwaffen. Die plötzliche Reduzierung erforderte die sofortige Demontage von Hunderten von Atom-U-Boot-Antrieben und Nuklearwaffen, außerdem die sichere Lagerung und Bearbeitung von nuklearem Brennstoff und Abfall. Die Vorgaben laut Abkommen konnten nicht genau erfüllt werden wegen der zusammenbrechenden russischen Wirtschaft und dem Mangel an finanziellen Rücklagen.

Die Neigung, die Wahrheit über nukleare Unfälle zu vertuschen, umfasste auch den Umgang mit Atommüll und die Lagerung von nuklearen Brennelementen stillgelegter U-Boote, die zu einem der gefährlichste Probleme führen, mit denen das 21. Jahrhundert konfrontiert ist. Unfälle und Beinah-Unfälle passieren in russischen Atomkraftwerken seit Jahren. Der schwerste seit Tschernobyl wurde verursacht durch einen Stromausfall und einen Ausfall der Notstrom-Dieselaggregate, um die Kühlung aufrechtzuerhalten. Der letzte und gefährlichste dieser Zwischenfälle ereignete sich im Februar 1993, als ein Atomkraftwerk auf der Halbinsel Kola namens Polyarny Zori – das erste Atomkraftwerk nördlich des Polarkreises – zweieinhalb Stunden ohne Kühlung lief. Die natürliche Zirkulation verhinderte knapp ein Schmelzen des Kerns. Da es immer wichtiger wird, aus Fehlern zu lernen, erhalten die Worte in Nikolai Satejews Memoiren noch größere Bedeutung. Was nach dem Unfall der *K-19* geschah, könnte sich wiederholen und wieder zu einem Unglück wie in Tschernobyl führen.

★ ★ ★

AM 13. UND 14. OKTOBER 1961 wurde eine Konferenz auf höchster Ebene unter Leitung des ersten stellvertretenden Oberbefehlshabers der Marine Admiral Kasatonow in Moskau abgehalten. Zunächst muss ich erklären, wie es zu meiner Teilnahme kam. Nach unserer Entlassung aus dem Krankenhaus am 9. Oktober erreichten wir Zapadnaja Litsa, um die Papiere, die für unsere Entlassung notwendig waren, einzureichen (sowohl Krankmeldungen als auch reguläre Urlaubsanträge). Zur selben Zeit wurde ich aufgefordert meinen neuen Posten anzutreten: als stellvertretender Kommandant der 3. Division der Nordmeerflotte der 1. Atom-U-Boot Flotille.

Da war niemand, dessen Aufgaben ich zu übernehmen hatte – die ganze Besatzung war gerade ernannt worden –, und niemand, der meine Aufgaben als Kommandant der *K-19* übernahm. Am 11. Oktober war ich bereit zur Abreise. Aber an diesem Tag erhielt ich einen Telefonanruf vom Flottenkommandanten, in dem er mir mitteilte, dass ich mit ihm am nächsten Morgen zu einer Konferenz nach Moskau fliegen würde.

Ich hatte keine Ahnung, was für eine Konferenz das sein sollte. Unser Flug dauerte etwas über drei Stunden (in der IL-2 des Kommandanten), und wir bezogen Zimmer im Zentralgebäude des Hotels der Sowjetarmee. Am Morgen des 13. Oktober gingen der Flottenkommandant und ich zum Marinehauptquartier. Die Konferenz wurde in einem kleinen Raum im zweiten Stock abgehalten. Alle Führungskräfte aus dem Bereich des Atomschiffbaus, sowohl Militärs als auch Zivilisten, waren anwesend. Ich werde mich nicht mit den Bemerkungen dieser verantwortungslosen

Personen aufhalten. Die meisten von ihnen sah ich zum ersten Mal.

Einer, den ich kannte, war das Akademiemitglied Anatoli Alexandrow. Und er war der einzige, der die Besatzung der *K-19* verteidigte. Anatoli Alexandrow bewertete die Handlungen dieser Besatzung bei dem Reaktorunfall als völlig korrekt und betonte wiederholt den persönlichen Mut der Mannschaften, Unteroffiziere und Offiziere und forderte ein Ende der verschiedenen Spekulationen und Anspielungen gegen die *K-19*. Er fügte hinzu, dass die Übernahme und Entwicklung der Atomenergie auf Kosten menschlichen Lebens langsamer voranschritt als jeder vergleichbare Bereich in Wissenschaft und Industrie. Die anderen Redner verstummten.

Das andere Akademiemitglied, das an der Konferenz teilnahm, Nikolai Dollezhal, verzichtete auf einen Kommentar. Dadurch war die Debatte abgeschlossen. Während der langen Pause, die dann folgte, baten Anatoli Alexandrow und Nikolai Dollezhal Admiral Tschabanenko und mich, ihnen „für einen Moment" zum Flurfenster rechts von der Konferenzraumtür zu folgen. Dort zeigten sie uns Fotos von dem Riss in der Leitung und gestatteten uns, den Ergebnisbericht des Untersuchungskomitees zu lesen. Der Riss in der Leitung soll wie folgt verursacht worden sein: Während der Installation der Leitungen des primären Kühlsystems wurde gegen die Sicherheitsauflagen beim Schweißen verstoßen. Sie besagen, dass alle Oberflächen mit Asbestabdeckungen geschützt werden müssen, damit kein Tropfen oder Funke von der Schweißelektrode auf die polierte Oberfläche der Leitungen fallen kann. Diese Auflage wurde wegen der Enge, in der die Arbeit erfolgte, nicht eingehalten. Tropfen flüssigen Metalls von der Schweißelektrode fielen auf die ungeschützte Oberfläche. Wo immer solche Tropfen auf die Leitung fallen, zum Beispiel auf die Metalloberfläche, entstehen molekulare Spannungen und führen zu mikroskopisch feinen Rissen im Metall.

Wenn solche Mikrorisse später in Kontakt mit Chloriden kommen (Meerwasser gelangt unweigerlich in die Bilge und dringt dann als Dampf weiter ein), entwickeln sich die Mikrorisse allmählich zu echten Rissen, die sich über die gesamte Leitungswand erstrecken. Die Stabilität der Leitungen, auf die ein Tropfen beim Schweißen gefallen ist, wird auf diese Weise erheblich verringert. Nach langer Beanspruchung des Reaktors, wenn das Kühlmittel mit hohem Druck (200 Atmosphären) durch den Primärkreislauf zirkuliert, gab es schließlich einen Riss in der Druckmesserleitung. (Das Institut für Physik und Energie schlug vor, diese molekularen Spannungen zu eliminieren, indem man die Flächen, auf die flüssiges Metall beim Schweißen getropft ist, mit Schmirgelpapier oder anderen Materialien poliert.)

Die Fotos, die man uns zeigte, waren von dem Riss in der Leitung, aufgenommen aus allen möglichen Perspektiven. Der innere Durchmesser des Rohrs war 10 mm mit einer Wandstärke von 2,5 mm. Die Ränder des Risses waren glatt. Das war alles, was Dollezhal sagte. Als er uns die gerissene Leitung zeigte, sagte er kein Wort über die Konsequenzen. Er sagte kein Wort über das Fehlen eines Notfallkühlsystems oder die Tatsache, dass dies ein Konstruktionsfehler war.

Ich erzählte Anatoli Alexandrow, wie sich die Ereignisse an Bord entwickelt hatten. Ich sagte, dass die Entscheidungen feststanden und es niemals Zweifel gab. Die Zerstörung des Reaktors wurde niemals als Möglichkeit in Betracht gezogen. Die Ergebnisse unserer Bemühungen sind dokumentiert. Wir handelten in striktem Einvernehmen mit unseren Anordnungen. Und wenn wir es nicht getan hätten, wenn wir nur für einen Augenblick von ihnen abgewichen wären, hätte man ungeachtet dessen, was mit allen anderen geschehen wäre, sicherlich den Kommandanten des Schiffes und den Kommandanten des technischen Bereiches vors Kriegsgericht gestellt.

Nach der langen Pause war ich an der Reihe, der Konferenz zu berichten. Meine Anmerkungen waren kurz. Nachdem ich die positiven Merkmale meines Schiffes erwähnt hatte, seine Autonomie beim Tauchen, seine Geschwindigkeit und seine Waffen, sagte ich, dass es einfach peinlich sei ein Schiff zu führen, das noch so viel Arbeit wie unseres benötigt. Jede einzelne Fahrt endete in irgendeiner Art Unfall. Nicht eines unserer U-Boote kehrte jemals ohne Schäden oder Funktionsstörungen zur Basis zurück. Dampfgeneratoren flogen ständig in die Luft, die Hilfspumpen oder die Hauptpumpen des primären Kühlsystems arbeiteten nicht, und so weiter und so fort. Mittlerweile machte der Lärm des Schiffes alle Vorteile, die ich zuvor erwähnt hatte, zunichte. Und doch fürchtete ich mich nicht, wie auch viele andere Kommandanten, mit dem U-Boot in See zu stechen. (Zu dieser Zeit wusste ich noch nicht, dass eine schmierige Kampagne gegen die *K-19* in Gang gesetzt wurde.)

Die wichtigsten Ergebnisse der Konferenz vom 13./14. Oktober 1961 waren folgende:

1. Die Reaktoren aller Atom-U-Boote, sowohl im Bau als auch schon im Einsatz befindliche, wurden mit dem SOAR Notfall-Kühlsystem ausgestattet (ein einfaches Reaktor-Notfall-Bewässerungssystem).
2. Ein gewisses U-Boot sollte repariert, die Sektion Sechs ersetzt werden (das fragliche Schiff war die *K-19*).

Nach der Konferenz erteilte mir Flottenadmiral Tschabanenko die Erlaubnis zu gehen und gab mir zum Abschied den Rat: „Erholen Sie sich, und machen Sie sich keine Sorgen“.

Am 30. März 1990 hielt der Rubin-Produktionsverband ein Treffen für Veteranen der Flotte der atomgetriebenen Raketen-U-Boote ab. Anlass war der 30. Jahrestag des Hissens der Marineflagge auf der *K-19*. Zwei Wochen zuvor hatte ich persönlich eine Einladung für diese Konferenz an das Akademiemitglied Anatoli Alexandrow überbracht. Er hatte sie dankbar angenommen. Wir unterhielten uns eine ganze Stunde. Unsere Unterhaltung war offen und ungezwungen (wir hatten uns in seinem Büro in der Gegend Oktiabrskoje Polje in Moskau getroffen). Ich war sehr neugierig darauf, zu erfahren, was das Akademiemitglied 30 Jahre nach dem Unfall sagen würde. Schließlich, als die Sprache auf Tschernobyl kam, konnte ich mich nicht länger zurückhalten und fragte ihn:

„Anatoli Alexandrow, heute, 30 Jahre nach dem Unfall an Bord der *K-19*, würden Sie sagen, dass die Situation auf unserem Schiff mit der in Tschernobyl vergleichbar war? Besonders, weil wir zweimal eine violette Flamme über der Reaktorabdeckung gesehen haben und zweimal Feuer im Kontrollraum ausgebrochen war?" Er dachte lange über die Antwort nach und sagte dann genau Folgendes: „Es könnte sein, dass keine Explosion stattgefunden hätte."

(Übrigens war das Logbuch des Kontrollpultes für den betroffenen Reaktor spurlos verschwunden, während die Regierungskommission sich beriet, und alle Bemühungen, es zu finden sind seitdem erfolglos. Offensichtlich hat jemand Interesse daran, die Eintragungen in diesem Logbuch vor der Öffentlichkeit zu verbergen.)

Ich für meinen Teil, auch wenn jemand meint, die Gefahr einer Explosion bestand nicht, würde immer noch gerne wissen, warum dann alle Reaktoren, einschließlich Tschernobyl, ein Notfallkühlsystem erhalten mussten. Und warum wurden solche Notfallsysteme nicht schon in die erste Generation der Schiffe eingebaut?

Kommandant V. P. Schukowski schrieb mir: „Aufgrund meiner direkten Beteiligung in Angelegenheiten, die Unfälle bei U-Booten betreffen, bin ich zu dem Schluss gekommen, dass die Besatzungen unserer Atom-U-Boote nicht ausreichend auf die Situation vorbereitet waren, wie sie auf Ihrem Schiff herrschte. Es war irgendwie implizit, dass die

Entscheidung, mit Notfallkühlsystemen weiterzumachen, ohne eine vorhergehende Analyse des Zustands des primären Kühlsystems und der Strapazierfähigkeit der Pumpen gefällt wurde. Und nicht ein Wort wurde darüber verloren, ob das Reaktorpersonal ständig die Temperatur in den Kühlleitungen des Kerns durch das ASIT-5 (automatisches Kühlmitteldurchlauf-Kontrollsystem) regulierte. Ich selber habe erst davon im letzten Jahr erfahren, als ich Pogorelows Bericht gelesen habe. Jedes weitere Atom-U-Boot dieser Serie und alle anderen Konstruktionen wurden mit eingebauten Notfallbewässerungssystemen ausgestattet (oder Notfallkühlsystemen, wie sie auch genannt werden). Ich kann mich für die Richtigkeit dieser Informationen aufgrund meiner persönlichen Erfahrung verbürgen, da ich von Januar 1961 bis 1964 Divisionskommandant war und dann als Ingenieur die nächsten acht Jahre lang Präventivmaßnahmen für Unfälle mit Schiffsbesatzungen entwickelt habe. Das heißt, ich habe ständig (wie jeder andere auch) von dieser tragischen Erfahrung in abgeschwächter Form Gebrauch gemacht. Der Grund für das Unglück auf Ihrem Schiff war ein Konstruktionsfehler im Dampfgenerator. Viele Menschen sind sich dessen nicht bewusst."

Ich wusste sehr wohl, dass die Tatsachen verschleiert und verfälscht wurden. Dies geschah von Leuten, die ihr Gewissen, wie immer es auch aussah, einfach ignorierten. Und so bezahlten wir mit dem Leben junger Männer für die Fehler und Irrtümer der Konstrukteure, besonders von N. A. Dollezhal. Die Verantwortlichen hatten guten Grund zu untersagen, dass man den U-Boot-Besatzungen erzählte, warum der Unfall geschehen war und warum es zu Todesfällen kam.

Die Ganze begann damals in Zapadnaja Litsa. Wer initiierte diese Kampagne? Anatoli Sorokin. Er arbeitete offensichtlich auf Befehl – auf wessen, weiß ich immer noch nicht. Aber darauf komme ich später zurück. Was war Ziel der Kampagne? Welche Interessen vertrat er? Er befahl den Offizieren der Brigade und danach den Männern der 31. Division, niemandem die Untersuchung des Materials zu gestatten, das von der Regierungskommission über den Unfall der *K-19* (angeführt von A. P. Alexandrow) gesammelt wurde, und zitierte dabei angebliche Befehle der Führung, dass diese Dokumente nicht an die Öffentlichkeit gelangen durften. Später würde er behaupten, dass sein Handeln gerechtfertigt war, weil eine objektive Beurteilung des Unfalls die Besatzungsmitglieder der Atom-U-Boot-Flotte beunruhigt hätte, weil man die Autorität der Schiffbauindustrie aufrechterhalten musste und um zu demonstrieren, dass Unfälle wie dieser Zufälle waren, aber nicht das Ergebnis von Konstruktionsfehlern. Die Maßnahmen der Besatzung wurden so dargestellt, als hätten sie nicht dem erforderlichen Handlungsprotokoll entsprochen.

Die schmierige Kampagne, angezettelt von Sorokin, ging weiter. Nachdem die Brigade zu einer Flottille neu organisiert worden war, wurde Sorokin Kommandant der 31. Division, deren Schiffe Bolschaja Lopatka zugeteilt wurden. Dort errichteten die Mitglieder der zweiten Besatzung der *K-19* mit ihren eigenen Mitteln und ihrer Arbeit am Wasser ein bescheidenes Denkmal für die toten Seeleute zusammen mit den Fotos der Mannschaften, Unteroffiziere und Offiziere der ersten Besatzung (29 Mann), die eine Auszeichnung erhalten hatten. Der Anblick dieses Denkmals ärgerte Sorokin maßlos, und als er zum Flottillen-Kommandanten ernannt wurde, was mit einer Verlegung der 31. Division nach Sajda Bay (Gadschijewo) verbunden war, befahl er die Zerstörung mit den Worten: „Ich möchte hier nie wieder etwas sehen, was an die *K-19* erinnert!" Das Einzige, was er nicht konnte, um die Demütigung der *K-19*-Besatzung komplett zu machen, war das Umbenennen der Leutnant-Kortschilow-Straße. Die Zerstörung des Denkmals ging über Blasphemie hinaus; es war sogar schlimmer.

Wer war also dieser Sorokin? Dieser „Held“ schwamm auf der Atomkraftwelle ganz oben, weil er die Fähigkeit besaß, für seine Vorgesetzten immer den roten Teppich auszurollen. Bevor er Kommandant einer Division mit Atom-U-Booten wurde, die in Sewerodwinsk im Bau waren, hatte er ein Projekt 613 mit Diesel-U-Booten in Paldiski (Estland) geleitet.

Außer dass er vorbildlich seine Betten machen und die Nachttische in den Baracken der Matrosen ordentlich anordnen konnte, hat sich Sorokin niemals in einem bestimmten Bereich ausgezeichnet. Er hat nicht einen Torpedo abgefeuert; seine U-Boote waren niemals an der Front. Der einzige Grund, warum er Kommandant einer Division von Atom-U-Booten im Bau wurde, war seine Freundschaft zu Kommandant Michail Blaschin, dem Leiter der U-Boot-Abteilung in der Personalverwaltung der Marine. Danach war sein Karriereaufstieg garantiert. Das Wort „nuklear“ hatte zur damaligen Zeit eine magische Aura und in seiner Art des Kriechens und Speichelleckens kam diesem Mann keiner gleich. Aber wie konnte Sorokin, ein Mann, der niemals ein kampffähiges Diesel-U-Boot kommandiert hatte, geschweige denn ein Atom-U-Boot, der nicht das Geringste über Atomantrieb wusste – wie konnte Sorokin den Kommandanten und die Besatzung der *K-19* verurteilen? Es ist kein Wunder, dass Prosjankin, der Direktor des „Nördlichen Maschinenbau Unternehmens“ (die Werft in Severodwinsk) Sorokin als „habgierigen Schwindler“ bezeichnete, nachdem er die Gelegenheit hatte sich von seinen Fähigkeiten zu überzeugen.

Sorokins Art fand reichlich Anklang bei unserem Verleumder und Verfälscher Nr. 1, Kommandant Boris Petrowitsch Akulow. Es war Akulow, der den Grund für den Unfall falsch darlegte und das Gerücht in die Welt setzte, dass die Besatzung überhaupt nichts hätte unternehmen sollen, weil 16 Atmosphären Restdruck im Primärkreislauf geherrscht hätten. (Als die *K-19* in der Andrejewa Bay vertäut und angedockt lag, kletterte er in den Laderaum der Sektion Sechs und hatte dort auf einer Art von Manometer eine Anzeige von 16 Atmosphären gesehen.) Darüber hinaus wären die Pumpen intakt gewesen und hätten angesaugt.

Nun, wie konnte eine kompetente Person, insbesondere ein Ingenieur, behaupten, dass im Primärkreislauf ein Druck von 16 Atmosphären herrschte, wenn sich darin ein Loch von 78,54 mm^2 Größe befand?

Das war alles, was sie brauchten. Es gab viele Menschen, alle ebenso technisch unqualifiziert wie diese beiden, die sich auf solche Behauptungen stürzten und sie verbreiteten. Und genau das wollte Brigadekommandant A. I. Sorokin erreichen. So machte diese empörende Lügengeschichte die Runde in der Atomflotte.

Später haben Wissenschaftler natürlich unseren Unfall „gründlich untersucht", legten einige zusätzliche Berechnungen vor und schlossen daraus, dass sogar, wenn der aktive Bereich geschmolzen wäre, keine Explosion und kein Schmelzen des Reaktordruckbehälters stattgefunden hätte. Aber was ist mit Tschernobyl? Tschernobyl strafte sie Lügen. Berechnungen sagen etwas voraus, aber die Realität beweist das Gegenteil. Es gab eine Explosion, eine höllische Explosion. Alexandrow fasste seine Ansichten zur Atomkraft zusammen: „Die Gefahren herunterzuspielen ist unmoralisch, aber andererseits diese Gefahren zu übertreiben, die Verbreitung unbestätigter Gerüchte zu fördern und Horrorgeschichten zu erfinden, welche die Ängste der Menschen schüren – das ist auch unmoralisch… Die Gefahren existieren. Aber sowohl die Wissenschaft als auch die Öffentlichkeit müssen alles tun, um sie so klein wie möglich zu halten. Es gibt in der Tat schon einen Reaktor, bei dem allein die physikalischen Gesetze verhindern, dass so etwas wie in Tschernobyl noch einmal vorkommt. Aber bis diese Reaktoren in Produktion gehen, bedarf es noch einiger Zeit."

Das Akademiemitglied Nikolai Dollezhal, der Chefkonstrukteur unseres eigenen *(K-19)* Reaktors, schreibt in seinen Memoiren über Tschernobyl: „Was genau explodiert in diesen Fällen? Nach einer Theorie (die ich auch vertrete) ist es Wasserstoff, der in einem laufenden Reaktor chemischen Veränderungen unterworfen ist. Solch eine Explosion ist meiner Meinung nach das, was die Zerstörung im vierten Block in Tschernobyl verursacht hat." Es hat ein violettes Glühen oberhalb des Reaktors gegeben, und während der schlimmsten Phase des Unfalls an Bord der *K-19* war eine hellblaue Flamme mit violettem Schimmer über der Reaktorabdeckung aufgetreten. Das Glühen war durch die Ionisierung des Wasserstoffs in der Luft unter dem Einfluss von Beta- und Gammastrahlen entstanden. In Tschernobyl deutete dieses Phänomen eine immense Explosion an. Wozu hatte dann Dollezhal diese Tatsache 25 Jahre lang zwischen dem Unfall der *K-19* und dem in Tschernobyl analysiert? Dollezhal schrieb: „Schock und tiefer Schmerz waren meine Gefühle, als ich von dem Unglück in Tschernobyl erfuhr. Und es war wirklich eine Katastrophe, kein Unfall, wie manchmal beschrieben." Warum war Dollezhal dann nicht von dem Unfall an Bord der *K-19* schockiert? Wir hatten doch auch Todesfälle, oder nicht? Könnte es sein, dass er seine eigenen Fehler nicht einsehen wollte?

Die Verantwortlichen hatten gute Gründe zu verbieten, den U-Boot-Besatzungen zu erzählen, warum der Unfall auf der *K-19* geschah und warum die Auswirkungen so katastrophal waren: Es gab keine Notfallmaßnahmen für den Reaktor für den Fall eines Lecks – oder Risses – im primären Kühlsystem, und die Verantwortung dafür liegt bei dem Chefkonstrukteur.

★ ★ ★

KAPITÄN SATEJEW SOLLTEN DIE ENTTÄUSCHUNG und die Trauer um die vielen Toten und Verletzten unter seinen Offizieren und seiner Mannschaft den Rest seines Lebens verfolgen. Während der folgenden Monate trat bei ihm immer mehr Ernüchterung ein über die Art, wie die Marine mit der Sicherheit bei Atomenergie umging, und er versuchte mit dem Wissen, das er durch seine Erfahrungen an Bord der *K-19* erlangt hatte, bei der Lösung vieler Probleme zu helfen.

Satejew verbrachte die restlichen Jahre seiner Marinekarriere mit dem vergeblichen Versuch, die Bedingungen für die Seeleute, die auf Atom-U-Booten dienten, zu verbessern. Er verließ 1978 den aktiven Dienst und trat der Marinereserve bei.

PATENTREZEPT FÜR KATASTROPHEN

KAPITEL 8

DIE WARNUNGEN VON SATEJEW und anderen wurden ignoriert. Die Sowjets hatten endlich atomgetriebene U-Boote für den Kampf gegen die Vereinigten Staaten und sie wollten sie einsetzen. Als diese schlecht geplanten und schlecht gebauten Boote nun mit immer weiter entwickelter und ebenfalls unzureichend getesteter Technologie ausgestattet wurden, sanken sie mit geradezu erschreckender Regelmäßigkeit.

Zwischen 1958 und 1968 verlor die Sowjetmarine mehr als sieben U-Boote und 200 Leute, weitere 400 Besatzungsmitglieder wurden schwer verstrahlt. In diesen Jahren der Aufholjagd bei der Sowjetmarine ließ man Strahlenopfer meist in isolierten Krankenhausabteilungen verschwinden und bezeichnete ihre Symptome als Nervenkrankheit. Viele litten angeblich unter einem „Trauma hevorgerufen durch Stress". Viele starben an radioaktiver Verstrahlung und wurden in unbekannten Gräbern verscharrt. Von vielen weiß man bis heute nichts. Der Oberste Sowjet, der meist die Beschlüsse des Zentralkomitees der Partei mit einem Stempel zum Gesetz machte, erklärte es als illegal, dass Ärzte „Strahlenverseuchung" als Todesursache in offizielle Totenscheine schrieben.

★★★

DER UNFALL IM JULI 1961 war nur der Beginn der Probleme, die das U-Boot *K-19* auch weiterhin heimsuchten. Die Beinahe-Katastrophe an Bord des ersten sowjetischen strategischen Atom-U-Bootes war ein Vorläufer anderer, dunklerer Vorfälle in der Zukunft.

Nachdem die *K-19* im Juli 1961 nach Polyarny zurückgeschleppt worden war, brachte man sie in eine Werft in Sewerodwinsk. Dort wurde sie gründlich entseucht und umfassend repariert, außerdem nahm man Veränderungen am Antrieb vor. Der gesamte Reaktorraum, Sektion Sechs wurde aus dem Rumpf des U-Bootes herausgeschnitten und durch einen völlig neuen Reaktor ersetzt. Im Januar 1964 wurde die *K-19* erneut in Dienst gestellt und fuhr Routine-Patrouillen im Nordatlantik. Die *K-19* führte bis zum Dezember 1968 strategische Abschreckungspatrouillen durch, dann kam sie in die Werft zu einer geplanten Umrüstung ihrer Hauptraketenbatterien. Die Umrüstung ermöglichte es der *K-19*, ihre Raketen auch untergetaucht abzuschießen.

Am 15. November 1969 stieß die getauchte *K-19* mit dem amerikanischen U-Boot U.S.S. *Gato* zusammen, die das russische U-Boot in der Barentssee überwachte. Die *K-19* trug bei der Kollision nur geringere Schäden am Bug davon. Vom Oktober 1970 bis zum April 1974 führte das U-Boot fünf Raketen-Patrouillen im Atlantik durch.

Während das glücklose U-Boot am 24. Februar 1972 von einer Patrouille in 140 Meter Tiefe zurückkehrte, brach ein größeres Feuer im hinteren Maschinenraum in Sektion Neun aus. Ein Leck in einer hydraulischen Hochdruckdichtung sprühte Flüssigkeit auf einen heißen Filter, der ein größeres Feuer entfachte, das außer Kontrolle geriet. 28 Besatzungsangehörige starben, bevor die restliche Besatzung in Bereiche vor Sektion Acht evakuiert werden konnte. Dann brachen Feuer in Sektion Fünf und Acht aus. Zwölf Männer wurden im hinteren Torpedoraum, Sektion Zehn eingeschlossen, während man versuchte das Feuer zu bekämpfen und das U-Boot an die Oberfläche zu steuern.

Der befehlshabende Offizier, II. Wachoffizier Viktor Kulibaba, brachte das Schiff an die Oberfläche und sandte ein Notsignal. Während Rettungskräfte an den Schauplatz eilten, brach ein Wintersturm mit Windgeschwindigkeiten von mehr als 160 Kilometern aus, ein Orkan mit Stärke 12. Die Versuche eines sowjetischen Hochseeschleppers, die geplagte *K-19* ins Schlepp zu nehmen, scheiterten wegen der schweren See. Der Raketenkreuzer Vizeadmiral Drosd, den die Nordmeerflotte zu Hilfe gesandt hatte, schaffte es, die meisten der überlebenden Besatzungsmitglieder zu bergen. Ein Lecksicherungsteam von 18 Mann blieb in Sektion Drei an Bord, dazu kamen die zwölf Männer, die noch im hinteren Teil des Rumpfes eingeschlossen waren. Der Sturm tobte drei Wochen lang, während die Männer in Sektion Zehn in völliger Dunkelheit überlebten; sie ernährten sich von Konserven und tranken das Kondenswasser, das sie mit Lappen am Rumpf sammelten, während nebenan die Sektion Neun weiterschwelte.

Als der Sturm schließlich abflaute, fanden die Retter die zwölf Männer lebend, aber teilweise erblindet und an extremer Unterkühlung und Unterernährung leidend. Die *K-19* wurde zum Stützpunkt zurückgeschleppt, repariert und wieder der Flotte eingegliedert. 1976 wurden die Raketensysteme der *K-19* noch einmal nachgerüstet, und sie wurde in ein Raketen-U-Boot des Typs Projekt 658 C umgewandelt, das Raketen von größerer Reichweite trug. Kurz nach diesem letzten Umbau gab es eine Sauerstoffexplosion und es brach in ihrem Reaktorraum ein Feuer aus, während sie im Hafen lag. Sie wurde zurück in die Werft gebracht, in eine spezielle Kommunikationsplattform umgewandelt, in *KS-19* umbenannt und war noch bis

1988 in Dienst, als wieder ein Feuer, diesmal in Sektion Zwei, ausbrach.

Die *KS-19* wurde 1990 endgültig außer Dienst gestellt und 1991 still gelegt. Satejew besuchte ein Treffen von früheren *K-19*-Mannschaftsangehörigen bei der Stilllegungszeremonie, als die Flagge des glücklosen U-Bootes eingeholt wurde und das Schiff zur ruhenden Flotte kam. Teile aus Satejews Memoiren, in denen er den Reaktorunfall von 1961 beschreibt, wurden bei der Stilllegungszeremonie verlesen. Das U-Boot, mit dem Spitznamen »Hiroshima« ist noch an einem verlassenen Pier der Shkval-Werft in Polyarny vertäut.

★ ★ ★

WENIGSTENS KONNTE ES SICH ÜBER WASSER HALTEN. Das konnte man von einer Reihe anderer sowjetischer U-Boote nicht behaupten, die im Meer ihr nasses Grab fanden. Ein solcher Unfall widerfuhr einem anderen aus der ersten Serie neuer Boote.

Das gefeierte erste atomgetriebene Angriffs-U-Boot des Atom-U-Boot-Pioniers Kapitän Leonid Ossipenko war die *K-3*, die 1957 vom Stapel lief. Es trug auch den Namen *Leninski Komsomol* und war das erste russische U-Boot, das sich unter dem Eis der Arktis bewegte und am 18. Juli 1962 am Nordpol auftauchte. Für diese Leistung erhielten Ossipenko und sein Stellvertreter Leo Siltsew von Nikita Chruschtschow den Orden Held des Vaterlandes. Während der langen, abenteuerlichen Reise zum Pol verstrahlte ein Loch im Dampfgenerator eines Reaktors ein Dutzend Seeleute der *K-3* tödlich, doch über den Vorfall wurde Stillschweigen bewahrt. Vier Jahre später verlor dasselbe U-Boot bei einem Feuer 39 Besatzungsangehörige, kam mit Mühe und Not in den Hafen und wurde stillgelegt. Es wurde in der Barentssee bei Nowaja Semlja versenkt, in einem Friedhof für gescheiterte sowjetische Atomprojekte.

Die Aufzeichnungen des ersten mit flüssigem Metall gekühlten sowjetischen Reaktors sind eine Katastrophe. Die Sowjets bauten die *K-27* fast identisch mit einem Projekt Kit Angriffs-U-Boot, doch mit einem neuen Versuchsreaktor. Unter anderem versprachen Reaktoren, die mit flüssigem Metall gekühlt wurden, größere Leistung aus einem kleineren Reaktor. Deshalb experimentierten sowohl die Sowjets als auch die Amerikaner in diese Richtung. Die Erfahrungen der Sowjets waren beträchtlich schlechter als die der Amerikaner mit der U.S.S. *Seawolf*. Der amerikanische Protoyp war mit einem natriumgekühlten Reaktor ausgestattet. Das System war schwierig zu bedienen und große Mengen der Natrium-Kühlflüssigkeit flossen aus und wurden fest. Sie mussten dann von betroffenen Seeleuten vorsichtig aus dem Reaktorraum geschaufelt werden. Dieser Reaktor wurde schließlich durch einen Druckwasserreaktor ersetzt.

Der *K-27* fror bei ihrer Jungfernfahrt in mittlere Breiten des Atlantiks 1964 das Kühlmittel ein (die flüssige Blei-Wismut-Mischung wurde fest). Im nächsten Jahr hatte sie eine Serie von sechs größeren Verlusten. Schließlich hatte die *K-27* im Mai 1968 einen schweren Strahlungsunfall, nachdem die Kühlflüssigkeit eingefroren war. Neun Mannschaftsangehörige wurden getötet. Die *K-27* wurde nach Nowaja Semlja geschleppt und aufgegeben. 15 Jahre später, 1981, wurde das U-Boot in 60 Meter Tiefe versenkt, die defekten Reaktoren befanden sich noch an Bord. Das Versenken geschah trotz Protesten und Warnungen von erfahrenen Atomingenieuren, die ernsthaft besorgt waren, wie man den teilweise ausgelaufenen Reaktorbrennstoff sichern sollte, der noch in der beschädigten Reaktorhülle verblieben war.

Nicht nur die sowjetischen Atom-U-Boote, sondern auch die Atomschiffe waren vom Pech verfolgt. Der erste atomgetriebene Eisbrecher der Welt, die viel gerühmte, in den späten 50er-Jahren gebaute Lenin, erlitt schwere Schäden an einem Großteil der Brennelemente in einem ihrer drei Reaktoren, der durch einen Bedienungsfehler nicht gekühlt worden war. Der Unfall, bei dem Ende 1965 nach Berichten 30 Seeleute ums Leben kamen, machte es erforderlich 95 Prozent des Reaktorbrennstoffes zu entfernen und zu ersetzen. Bei einem zweiten Unfall 1967 während eines Brennelementewechsels wurde ein anderer ihrer drei Reaktoren herausgenommen und bei Nowaja Semlja entsorgt. Teile der entsorgten Ausrüstung sind immer noch stark verstrahlt – darunter drei Reaktoren, eine Umwälzpumpe mit einer Leitung des primären Kühlkreislaufs und zahllose Fässer mit abgebranntem nuklearen Brennstoff. Diese liegen verstreut im Kara Golf, vor dem Tsiwolka-Fjord in einer Tiefe von 45 Metern und senden giftige radioaktive Strahlung in die Barentssee.

★ ★ ★

DER NAME DES CHEFINGENIEURS auf dem ersten Atom-U-Boot, Nikolai Mormul, wurde in der langen Geschichte der Unglücksfälle bei der sowjetischen U-Boot-Flotte sehr bekannt. Nach den Unfällen an Bord des Eisbrechers *Lenin* und der U-Boote *K-3, K-8, K-19* und schließlich *K-27*, bei denen mehr als 250 Marineangehörige ums Leben kamen, wurde der Atomingenieur Mormul ein offener Kritiker der Sicherheit auf sowjetischen U-Booten. Er begann seine vergeblichen Versuche, weitere Unfälle zu verhindern und legte dem Führungsgremium der Ingenieure bei der Marine in Moskau detaillierte Pläne zur Bedienung und Verbesserung von Reaktoren auf U-Booten vor. Er fiel sofort beim Marine-Oberkommando in Ungnade, weil er sich standhaft weigerte, mit seinen Versuchen aufzuhören, die Vorschriften im nuklearen Bereich neu zu schreiben. Der Flottenadmiral Sergej Gorschkow befahl, dass Mormul unehrenhaft entlassen wurde, wegen mangelnden Patriotismus und weil er den traurigen Zustand der frühen sowjetischen U-Boot-Flotte enthüllen wollte. Mormuls eigentliches Verbrechen war jedoch, dass er es wagte für verbesserte technische Sicherheit einzutreten.

1986, kurz nach dem Unfall in Tschernobyl, sandte Mormul, der immer noch in Ungnade war, schriftliche Vorschläge an den Generalsekretär Michael Gorbatschow, wie man die Mängel der beängstigend fehleranfälligen Kernkraftwerke in ganz Russland beheben könnte. Wieder wurden seine sachkundigen Vorschläge nicht beachtet und er als Störenfried gebrandmarkt.

Mormul wurde schließlich 1987 bei einer Generalamnestie politischer Dissidenten von Gorbatschow begnadigt. Er wurde zum Konteradmiral befördert und kehrte als ranghoher Ingenieur zur Nordmeerflotte zurück. Mormul schrieb später ein Buch, in dem er die verborgene Vergangenheit der sowjetischen U-Boote ebenso enthüllte, wie die traurigen Aufzeichnungen der Entsorgung atomaren Materials im Meer. Das Buch wurde 1996 endlich in Russland veröffentlicht, nachdem es von der Zensur seit seiner Fertigstellung 1992 unterdrückt worden war.

Das leuchtende sowjetische Versprechen von Schiffen, die endlos patrouillieren und jeden Winkel des Erdballs erreichen konnten, hatte eine dunkle Kehrseite. Männer starben bei diesem großartigen Experiment. Die Amerikaner mussten keinen einzigen Schuss abfeuern. Die Russen waren bereit, ihre eigenen Leute zu töten.

EINE GOLF GEHT VERLOREN UND WIRD WIEDERGEFUNDEN

KAPITEL 9

DER KALTE KRIEG WAR ein Krieg, auch wenn er nur zu wenigen Momenten offener Kriegshandlungen zwischen Militärkräften der Sowjetunion und der NATO führte. Und nirgendwo wurde das deutlicher als in den Meeren. Drei Jahrzehnte lang patrouillierten amerikanische und sowjetische Unterseeboote im Meer – und trafen auch oft aufeinander. Hier kamen die offensichtlichen technischen Ungleichheiten am deutlichsten zum Ausdruck.

Einer der bemerkenswertesten Zwischenfälle im Krieg unter Wasser war der Verlust eines sowjetischen U-Boots mit seiner ganzen Besatzung am 8. März 1968, als ein sowjetisches dieselgetriebenes U-Boot der Klasse *629 M* mit Raketengeschossen an Bord im Nordpazifik verschwand. Die Ursache für das Sinken des U-Bootes, das die Sowjets *K-129* nannten, konnte nie geklärt werden.

Die glücklose *K-129* war der U-Boot-Division 22 der Pazifikflotte zugewiesen worden. Konteradmiral Viktor A. Dygalo, der frühere Kommandant der Division, erzählte die Geschichte

1995. Dygalo, lange Zeit Mitherausgeber von *Morskoi Sbornik*, der Zeitschrift der Sowjetmarine, lieferte seine persönliche Fassung der ganzen Geschichte ordentlich von eigener Hand geschrieben. Bis heute glaubt der freundliche und tief religiöse U-Boot-Offizier, dass die Marine der Vereinigten Staaten am Verschwinden des U-Bootes und am Tod der 97 Mann Besatzung schuld ist.

Dygalo behauptet in seiner Darstellung, dass die *K-129* versteckt auf dem Weg in den mittleren Pazifik war; dabei schnorchelte sie gelegentlich. Ein amerikanisches atomgetriebenes Angriffs-U-Boot fing sie ab und verfolgte sie. Bei der Verfolgung manövrierte das amerikanische U-Boot und überholte sein Ziel kritisch nahe, um den Rumpf genau zu betrachten und zu fotografieren. Laut Dygalo kam es zu einem Zusammenstoß, als das sowjetische Schiff sich plötzlich drehte und dem amerikanischen die Breitseite zuwandte. Letzteres bemerkte das Manöver nicht sofort und der obere Teil der Aufbauten streifte die Kommandozentrale des sowjetischen U-Boots in 45 Meter Tiefe. *K-129* ging unter, nachdem sie etwa eine halbe Stunde gekämpft hatte und noch einmal kurz an die Oberfläche gekommen war. Während sie sank, zeichneten die amerikanischen passiven Sonare aufeinander folgende knallende Geräusche auf, als die Sektionen durch den ungeheuren Druck kaputt gingen, während der Rumpf 4,8 Kilometer zum Meeresgrund fiel.

Dygalo behauptet, dass das Kommando der amerikanischen Pazifikflotte verleugnete, dass eine Kollision stattgefunden hatte, und angab, dass die krachenden Geräusche des sinkenden Sowjet-U-Bootes vom amerikanischen Unterwasser-Geräuschüberwachungssystem (Sound Surveillance System = SOSUS) gehört und geortet worden wären – das erkläre die amerikanischen Kenntnisse des genauen Untergangsortes.

Admiral Dygalo war von Anfang an überzeugt, dass das amerikanische Angriffs-U-Boot die *K-129* zu verfolgen begann, während sie ihre Aufklärungsmission vor dem Stützpunkt von Pearl Harbor auf Hawaii durchführte. Die letzten Funksprüche und die Tatsache, dass das Schiff der Golf-Klasse am Meeresgrund mit aufgerissenem Rumpf gefunden wurde, beweisen laut Dygalo, dass es unter Wasser in einen Zusammenstoß mit einem anderen U-Boot verwickelt war.

Nach Aussage des Admirals wurde das Unterseeboot als vermisst erklärt, nachdem zwei der fest gelegten Funksprüche ausgeblieben waren. Als Divisionskommandant war Dygalo dafür zuständig, den Verlust dem Oberkommandierenden der Pazifikflotte, Admiral Ivan Amelko, zu melden. Dieser war nicht im Stützpunkt, sondern befand sich an Bord des Kreuzers *Dimitri Poscharski*.

Dygalo erklärte weiter, dass die Sowjets den Verdacht hatten, dass amerikanische Einheiten die *K-129* entdeckt hatten und sie bis zum 8. März verfolgten: „Wir hatten einen Funkspruch von ihr, dass sie von amerikanischen U-Boot-Abwehr-Kräften verfolgt wurde. Wir vermuten sowohl aus der Luft als auch unter Wasser. Es gibt keinen Zweifel, dass ein Zwischenfall mit jenen Kräften für den fehlenden Funkspruch verantwortlich ist. Wir fürchteten daraufhin, dass das U-Boot verloren war."

Admiral Amelko behielt nach dem Verlust sein Flottenkommando, doch er befahl, dass nach der *K-129* keine weiteren sowjetischen U-Boote mit dieselelektrischem Antrieb vor Pearl Harbor Aufklärungsmissionen durchführen sollten. Es war für ein Diesel-U-Boot zu riskant, so nahe der amerikanischen U-Boot-Abwehr die Batterien nachzuladen.

Die Suche nach *K-129* blieb mehrere Monate erfolglos, während das Kommando der amerikanischen Pazifikflotte sein Wissen über ihre genaue Position nicht preisgab.

Wenn die Position des gesunkenen Golf-U-Bootes aus anderen Gründen bekannt war, vielleicht durch die Einheit, die den Untergang verursacht hatte, hält die amerikanische Marine das immer noch geheim. Während Teile der Akten über die vom CIA unterstützte Bergung des U-Boots veröffentlicht wurden, ist die U.S. Marine, besonders die U-Boot-Flotte, nicht bereit, ihre Akten zum Kontakt mit und der Verfolgung der *K-129* durch U-Boot-Abwehrkräfte der Pazifikflotte der Öffentlichkeit zugänglich zu machen.

Die U.S. Marine kannte offensichtlich den genauen Ort des Untergangs und schickte nach einer gewissen Frist Einheiten, die nach dem Wrack suchen sollten. Ein ozeanographisches Forschungsschiff namens U.S.N.S. *Mizar* und ein speziell für Tiefsee-Einsätze eingerichtetes Bohrschiff, die U.S.S. *Halibut*, wurden ausgesandt, um das gesunkene sowjetische U-Boot zu orten und zu überwachen. Die U.S.S. *Halibut* SSGN 587 war ein Atom-U-Boot, das ursprünglich für Regulus-I-Marschflugkörper vorgesehen war, die mit einer Reichweite von 130 Kilometer von der Oberfläche abgeschossen werden sollten. Sie wurde 1965 weitgehend zum Tiefseeaufklärer und U-Boot-Jäger umgebaut und in SSN-587 umbenannt. Die *Halibut* hatte große Sektionen, in denen Trossenrollen lagen, mit denen man Beobachtungsgeräte kilometerweit unter die Meeresoberfläche ablassen konnte.

Nachdem die *Halibut* das sowjetische U-Boot vier Monate nach dem Untergang fand, erkundete sie das Wrack, machte Fotos und holte einige Gegenstände aus dem Rumpf – 1968 eine unwahrscheinliche Leistung. Das Vorgehen der *Halibut* wurde geheim gehalten, bis die *New York Times* im Februar 1994 darüber berichtete. Die amerikanische Marine hat die Fotos von der *Golf* auf dem Meeresgrund nie freigegeben oder veröffentlicht. Man behauptete, dass eines der Fotos das auf dem Meeresgrund liegende Skelett eines sowjetischen Seemanns zeigte, der eine Schwimmweste und Kleidung für raues Wetter trug. Manche glaubten, dass dieses Foto einen Hinweis darauf geben würde, dass das U-Boot sank, als es sich an der Oberfläche befand. Admiral Dygalo stellte allerdings fest, dass das Foto – falls es echt wäre – zeigte, dass die *Golf* sich an die Oberfläche geklammert hatte, als sie sich gegen den Untergang wehrte. Der Schnorchel und die Periskope waren eingefahren und das ist nach Dygalo ausreichender Beweis, dass der Untergang, was auch immer Schuld daran hatte, beim Tauchen passierte. Falls sie die Oberfläche erreicht hätte, wäre das mit eingefahrenen Periskopen geschehen, wahrscheinlich aufgrund einer Beschädigung.

Nachdem die Lage und der äußere Zustand der Wrackteile des U-Bootes begutachtet worden war, plante die CIA eine Bergungsaktion. Ein Tiefseebohrschiff namens *Glomar Explorer*, das von der CIA unter dem Decknamen der Summa Corporation gebaut und betrieben wurde, kehrte an die Unglücksstelle zurück und barg Teile des U-Bootes. Die bemerkenswerte Bergungsaktion konnte bereits während ihres Ablaufs nicht vor der westlichen Presse geheim gehalten werden, doch sie wurde wie geplant durchgeführt, obwohl mehrere sowjetische Schiffe aus geringer Entfernung alles genau beobachteten. Allerdings griffen diese nicht ein.

Das Bergungsschiff *Glomar Explorer* ähnelte im Bau einer Unterwasser-Bohrinsel. Es senkte eine klauenähnliche Vorrichtung am Ende einer 4,8 Kilometer langen Rohrleitung, ergriff den größten Teil des U-Boot-Rumpfes und begann, ihn zur Oberfläche zu hieven. Man muss sich das etwa so vorstellen, als ob jemand versuchte, einem Mann den Hut abzunehmen und dazu mit einer Angelrute mit Haken vom Empire State Building herunterlangt.

Als das U-Boot im Griff der mechanischen Klaue sich der Oberfläche näherte, brach eine Schaufel und einige Wrackteile fielen wieder zurück ins Meer. Vor allem eine Rakete mit einem nuklearen Sprengstoff rutschte aus ihrem Rohr am hinteren Ende der Brücke und stürzte zurück in die Tiefe, während die Besatzung des Bergungsschiffs voller Schrecken am Monitor zusah.

Der vordere Teil des U-Bootes wurde entdeckt und zur Untersuchung auf eine schwimmende Plattform gelegt. Nach sorgfältiger Vorbereitung stiegen U-Boot-Analytiker, forensische Experten und Ingenieure in die zertrümmerten Wrackteile und durchstöberten die grässlichen Überbleibsel gründlich. Sie hofften mit kostbaren Code-Büchern und Sprengköpfen herauszukommen – der gesuchtesten Beute der Agenten. Stattdessen waren sie entsetzt über das, was sie fanden.

Das Innere des U-Boots, in dem durch den starken Druck des Wassers vieles durcheinander geworfen war, zeigte eine sehr unsaubere Konstruktion. Die Stahlplatten des Rumpfes waren unterschiedlich dick, die Luken passten kaum, und die Schweißarbeiten waren grob und ungleichmäßig durchgeführt. Ein Teil des Rumpfes war durch hölzerne Streben verstärkt worden. Die Bergungsleute fanden Ballast in Form von Hunderten von Bleigewichten, der offensichtlich dazu gedient hatte, von Hand das Gleichgewicht des U-Bootes herzustellen. Die groben Konstruktionstechniken und die eindeutig unzureichenden Wartungsmaßnahmen schockierten die amerikanischen U-Boot-Spezialisten. Die Mängel im Rumpf des Unterseebootes kontrastierten stark mit den technisch ausgereiften Sprengköpfen, die man auf den Torpedos und Raketen fand. Die sterblichen Überreste von wenigstens sechs Besatzungsmitgliedern wurden aus dem Inneren geborgen und später mit militärischen Ehren auf See beigesetzt. Das Bergungspersonal zeichnete die Zeremonie auf Video auf, um zu dokumentieren, dass die Beisetzung mit Würde stattgefunden hatte. Dabei wurde die sowjetische Nationalhymne gespielt. Die Bergungsaktion brachte noch weitere wertvolle Ausrüstung ans Tageslicht, darunter Publikationen zu geheimer Kommunikation und Teile nuklearer Sprengköpfe von zwei Torpedos. Das Innere des Rumpfes und die Leichen zeigten beträchtliche Spuren von Radioaktivität, die auf die Zerstörung der nuklearen Torpedo-Sprengköpfe zurückzuführen war.

Die ersten Enthüllungen über den Untergang der *K-129* 1989 in der russischen Presse lieferten den Anstoß für einen Dialog zwischen der sowjetischen und der amerikanischen Marine über zahllose andere U-Boot-Zwischenfälle. Die Sowjets konzentrierten sich auf den jährlichen Bericht des sowjetisch-amerikanischen *Incidents at Sea Prevention accord* – einer Übereinkunft zwischen der Marine der beiden Länder, die 1972 unterzeichnet worden war, um die wachsende Zahl gefährlicher Zwischenfälle zwischen Schiffen und Flugzeugen der beiden Seiten zu verhindern. Die Sowjetmarine unterbreitete bei den jährlichen Treffen regelmäßig einen Antrag, auch U-Boot-Aktivitäten in das Abkommen mit aufzunehmen, doch die amerikanische Marine stimmte diesem Vorschlag nicht zu. Amerikanische Offiziere bestanden darauf, dass das Abkommen von 1972 sich nur auf Oberflächenschiffe und Flugzeuge bezog. Dabei behaupteten sie, dass Beschränkungen irgendeiner Art für amerikanische U-Boote eine Verletzung ihrer traditionellen Autonomie bei Aktionen sei.

Ein Versuch, von der U.S. Regierung 1975 eine Bestätigung der *K-129*-Bergung zu erhalten, erzielte einen Teilerfolg, als Außenminister Henry Kissinger die Namen von dreien der toten Seeleute, die identifiziert worden waren, an den sowjetischen Botschafter Anatol Dobrynin weitergab. Das war die letzte Information der amerikanischen Regierung zu diesem Zwischenfall, bevor die Sowjetunion 1991 zusammenbrach. Im folgenden Jahr während der anfänglichen Diskussionen um eine Zusammenarbeit, begannen die CIA und der frühere KGB sich auf eingeschränkter Basis zu treffen. Während einem der frühen Treffen bot die CIA den Russen einige Dokumente als Beweise an, darunter die Videoaufnahme vom Seebegräbnis.

Amerikanische Offiziere haben die russischen Vorwürfe zurückgewiesen, die schon früh behaupteten, die U.S.S. *Swordfish* sei das in den Zwischenfall verwickelte amerikanische U-Boot gewesen – Vorwürfe, die nur darauf beruhen, dass das Letztere am 12. März 1968 mit stark beschädigten Aufbauten in eine Werft in Yokosuka in Japan einlief. In einem Treffen einer amerikanisch-russischen Kommission wurden am 31. August 1994 Fragen des Kalten Krieges und vorhergehende Verluste erörtert. Daraufhin teilte William D. Smith, Admiral im Ruhestand der U.S. Marine, Dygalo in einem Brief mit, dass die Anschuldigung gegen die *Swordfish* falsch sei und dass dieses Schiff am 8. März 1968 nicht in die Nähe der *Golf* gekommen sei. Die gemeinsame Kommission unter Leitung von General Wolkogonow und Botschafter Malcolm Toon informierte die Russen, dass kein amerikanisches U-Boot an jenem Tag auch nur auf 300 Seemeilen an den Ort herangekommen wären, an dem die *K-129* gefunden worden war.

Trotzdem die Sowjets immer sehr schnell bereit waren, den Verlust eines U-Bootes Zusammenstößen mit amerikanischen oder anderen westlichen Unterseebooten zuzuschreiben, gibt es keinen Zweifel, dass die meisten sowjetischen U-Boot-Zwischenfälle während des Kalten Krieges selbst verschuldet waren. Die Jahre nach 1968 brachten fortwährend Verluste, oft sanken ganze U-Boote auf den Meeresgrund. Dort liegen sie heute noch, ihre Reaktoren verrotten und setzen tödliche Abfälle frei.

Versunkenes Gift

Kapitel 10

K-8 (Projekt 627) war das erste atomgetriebene U-Boot, das komplett vom Meer verschlungen wurde. Das Schiff befand sich auf der Heimkehr von einer Mittelmeerpatrouille, die 1970 im Rahmen des russischen Manövers Okean stattfand. Es kreuzte untergetaucht in der Biskaya, als gleichzeitig in Sektion Drei und Acht ein Feuer ausbrach. Nachdem es der Mannschaft nicht gelang, die Flammen unter Kontrolle zu bringen, befahl der Kommandeur, das U-Boot zu räumen. Nur ein paar Techniker, die weiterhin die Flammen bekämpften, blieben zurück. Aber das Feuer schwelte weiter. Schließlich befahl die Moskauer Marineleitung die Rückkehr der Besatzung, um das U-Boot zu retten. 52 Männer gingen wieder an Bord. Doch das U-Boot versank plötzlich und riss alle mit in die Tiefe. Die Ursache des Feuers ist bis heute unbekannt.

Leider blieb der Untergang von *K-8* kein Einzelfall. Im Jablokow-Report, einem Gutachten, das die Regierung der Russischen Föderation unter Boris Jelzin 1992 in Auftrag gegeben hatte, ist zu lesen, dass acht russische U-Boote auf dem Meeresgrund im Atlantik, in der Barentssee und im Pazifik ruhen. Und in diesen Schiffen befinden sich 18 mehr oder weniger beschädigte Kernreaktoren. Sechs davon enthalten noch nicht vollkommen ausgebrannte Brennelemente. Außerdem liegen mehr als 46 Atomsprengköpfe auf dem Grund der Weltmeere verstreut. 44 davon befinden sich in einer Tiefe von rund 5000 Metern etwa 800 Kilometer nordöstlich der Bermudas. „Verloren" hat sie das Atom-U-Boot *K-219* (Projekt 667) – das erste Atom-U-Boot, das mit Raketengeschossen beladen unterging. An Bord befanden sich 16 mit je zwei Atomsprengköpfen bestückte Raketen und zwei Atomtorpedos. Das Schiff sank Anfang Oktober 1986 während einer Patrouillenfahrt vor der Ostküste der USA. Unfallursache war eine Explosion und ein Feuer, das anschließend ausbrach. Raketentreibstoff, der nicht fachgerecht gelagert war, entzündete sich, als er mit Meerwasser in Berührung kam, und führte zur Explosion. Sowohl die Raketen als auch die Torpedos wurden aus ihren Halterungen gerissen und durch den Raketensilo geschleudert. In Bruchstücken landeten sie im Meer, wobei sich der Plutoniumstaub der Sprengköpfe im ganzen U-Boot verteilte. Der Unfall, der die USA in Alarmbereitschaft versetzte, geschah fünf Tage vor dem spektakulären Reagan-Gorbatschow-Treffen in Reykjavik (Island).

Zwei Mannschaftsmitglieder wurden durch die Explosion sofort getötet, im Raketensilo brach augenblicklich Feuer aus. Die mit Salpetersäure getränkten Rauchschwaden des brennenden Treibstoffes trieben durch das ganze Schiff und zerfraßen alles, womit sie in Berührung kamen, insbesondere die Isolationen der elektrischen Leitungen. Daher schlug der Versuch, die beiden an Bord befindlichen Kernreaktoren abzuschalten, fehl, weil das Stromversorgungssystem sehr schnell zusammenbrach. Um die zu befürchtende Kernschmelze zu verhindern, krochen zwei Männer in den Reaktorraum, um die Reaktoren manuell herunterzufahren. Dem Ingenieur Sergej Preminin gelang es, einen Reaktor abzuschalten. Dann brachte er seinen

OBEN: Harrison Ford als Kapitän Alexander Wostrikow, jener Figur, deren Vorbild Kapitän Nikolai Satejew ist. Hier nimmt er dankbar das Kommando über die *K-19* entgegen, den Stolz der sowjetischen Flotte.
Alle Fotografien von George Kraychyk, mit freundlicher Genehmigung von Intermedia und Paramount Pictures.

OBEN: In der Kommandozentrale der *K-19* kommt die von Harrison Ford gespielte Figur, Kapitän Wostrikow, an Bord, um den degradierten Kapitän Polenin, dargestellt von Liam Neeson, zu ersetzen.

RECHTS: Liam Neeson als Kapitän Polenin.
UNTEN: Der politische Offizier Igor Suslow, gespielt von Ravil Isyanov, macht sich Sorgen über die steigenden Strahlungswerte und über die Entscheidung des Kapitäns.

294

RECHTS: Regisseurin Kathryn Bigelow, hier mit Joss Ackland, der den sowjetischen Verteidigungsminister spielt, und mit John Shrapnel, Darsteller des Oberbefehlshabers der Sowjetmarine. In dieser Szene besprechen die beiden Männer die geopolitischen Auswirkungen, wenn die *K-19* in Gewässern so nahe an den Vereinigten Staaten operiert.
LINKS: Die meisten Mitglieder des Teams von *K-19* (einschließlich dem von Harrison Ford gespielten Kapitän Wostrikow auf der Brücke) versammeln sich für ein Foto, nachdem sie unter dem Polarkreis durchgetaucht sind.
UNTEN: Teamangehörige von *K-19* spielen auf dem arktischen Eis eine ausgelassene Partie Fußball.

LINKS: J. J. Fields spielt Andrej den Koch, der seinen Kameraden mitten in der Krise Trost und Nahrung spendet.
UNTEN: Michael Gladis spielt einen unerfahrenen jungen Seemann, der seine Maus mit an Bord bringt.
RECHTS OBEN: Der stellvertretende Reaktoroffizier Pawel Loktew, gespielt von Christian Camargo, zieht Schutzkleidung über, bevor er in die versiegelte Reaktorkammer steigt, um die Reparatur des defekten Kühlsystems zu versuchen.
RECHTS UNTEN: Peter Saarsgard spielt den jungen Reaktoroffizier Wadim Radschenko, der schwere Verstrahlungen erleidet, als er mutig versucht, das ausgefallene Kühlsystem des Reaktors zu reparieren.

RECHTS: Harrison Ford verteidigt seine Führung des Schiffes in der Notsituation.
UNTEN: Überlebende Offiziere der *K-19* warten auf ihre Befragung während einer Untersuchung des Unfalls durch die Regierung.

bewusstlosen Vorgesetzten in Sicherheit und kehrte zurück, um sich um den zweiten Reaktor zu kümmern. Er starb im Reaktorraum.

Die säurehaltigen Schwaden des brennenden Treibstoffes verätzten die Lungen der Seeleute. Unter Aufbietung aller Kräfte kämpften die Männer mehr als zwölf Stunden gegen das Feuer, um das Boot zu retten. Bis auf wenige Männer, die weiterhin versuchten, Sicherungsmaßnahmen auszuführen, evakuierte der kommandierende Offizier, Kapitän Igor Britanow, die Besatzung auf ein in der Nähe wartendes sowjetisches Handelsschiff. Britanow verweigerte den Befehl aus Moskau, die Besatzung auf das sinkende U-Boot zurückzubringen, und befahl auch der restlichen Mannschaft, sich auf das rettende Handelsschiff zu begeben. Er selbst blieb bis zur letzten Minute auf dem sinkenden Schiff. Während der Atlantik im Dunkel der Nacht das U-Boot verschlang, konnte Britanow in letzter Sekunde auf einem Rettungsfloß dem Tod entkommen. Er gelangte auf das Handelsschiff, weil ein Matrose mit einem Scheinwerfer das Wasser absuchte und so das schlingernde Gummiboot entdeckte.

Die unsachgemäße Lagerung von Raketenbrennstoff und Torpedobrennelementen verursachte zahlreiche Unfälle auf Schiffen und U-Booten der sowjetischen Flotte. In einem Fall schoss man eine Rakete samt Atomsprengkopf in den Pazifik, um eine Explosion an Bord zu verhindern (was man auch auf der *Kursk* versuchte). Nach tagelangen fieberhaften Bemühungen fand man den Sprengkopf und fischte ihn aus dem Wasser.

Einer der schlimmsten Unfälle passierte im April 1989 an Bord des russischen U-Boots *Komsomolez (K-287)*, dessen Bauweise als revolutionär galt. Der Schiffsrumpf bestand aus Titan, das Boot konnte mehr als 1000 Meter tief tauchen und war mit der neuesten sowjetischen U-Boot-Technologie ausgerüstet.

Vor der Nordküste Norwegens brach an Bord der *K-287* ein Feuer aus, das niemand mehr löschen konnte. Das Getriebeöl in der Hydraulik der Ruderanlage fing Feuer. Es breitete sich in rasender Geschwindigkeit auf fünf weitere Sektionen des Schiffes aus, bis schließlich Kurzschlüsse die Kontroll- und Steuerungssysteme zum Erliegen brachten. Gegen das von Luftdruckwellen immer neu genährte Flammenmeer kam die Besatzung nicht an. Die extrem hohe Temperatur verwandelte das Innere des Schiffes in eine Gluthölle und brachte die Schutzmasken auf den Gesichtern der Männer zum Schmelzen. Viele der Männer starben an Rauchvergiftung, nachdem Kohlenmonoxid in das Belüftungssystem gelangte, an das die Atemgeräte der Feuerbekämpfer angeschlossen waren.

Innerhalb weniger Minuten konnte man das schwer angeschlagene und in einer Tiefe von 150 Metern schwimmende U-Boot an die Wasseroberfläche bringen. Während das Schiff hilflos auf den Wellen tanzte und die Besatzung verzweifelt das Feuer bekämpfte, explodierten plötzlich die Sauerstoff- und Getriebeöltanks. Die Druckwellen rissen Löcher in den Rumpf, und immer mehr Wasser strömte herein. Erst langsam, dann immer schneller versank das U-Boot mit dem Heck voran in den Fluten, bevor irgendwelche Retter den Unfallort erreichen konnten. Die meisten Besatzungsmitglieder der *Komsomolez* verließen das U-Boot, als es noch an der Oberfläche schwamm. Ohne oder mit mangelhafter Rettungsausrüstung trieben sie in dem eiskalten Wasser des Nordmeeres.

Der Kommandeur des U-Bootes, Jewgeni Wanin, blieb an Bord, um mit dem Mut der Verzweiflung sein Schiff doch noch zu retten – er überlebte nicht. Die meisten der 42 Mannschaftsmitglieder verloren ihr Leben im Wasser, dessen Temperatur nahe dem Gefrierpunkt lag.

Der atomgetriebene Kreuzer Kirow erreichte als erstes Schiff den Unfallort und fischte die Überlebenden aus dem Wasser. Zwei von ihnen starben, nachdem sie vom Schiffsarzt versorgt worden waren. Die beiden hatten viel gegessen und zündeten sich gerade eine Zigarette an, als sie plötzlich tot zusammenbrachen. Als Todesursache gab der Schiffsarzt eine nicht sofort ersichtliche Rauchvergiftung an.

Überlebende berichteten, dass die Rettungsflöße des U-Bootes beschädigt waren und die automatische Aufblasvorrichtung nicht funktionierte. Auch die Rettungskleidung war offenbar so marode, dass sie die Seeleute nicht einmal für kurze Zeit vor der Eiseskälte des Wassers schützen konnte.

Wie der Schiffsarzt der Kirow berichtete, hat sich die wohl schlimmste Horrorszene in der Rettungskapsel des U-Bootes abgespielt. Das grauenvolle Ereignis hatte ihm der einzige Überlebende der fünf Seeleute, die in dieser Stahlzelle aus der Tiefe des Meeres an die Oberfläche gelangten, erzählt.

Als das U-Boot zu sinken begann, befand sich Kapitän Jewgeni Wanin noch an Bord. Er war ein sehr tapferer Mann. Während alle anderen sich nur darauf konzentrierten, sich selbst zu retten, brachte Wanin einige Männer, die sich noch an Bord befanden, in die Rettungskapsel. Von diesem Vorhaben ließ er auch nicht ab, als das Schiff wie ein Stein auf den Meeresgrund sank. Von den fünf Menschen, die versuchten, sich in dieser Stahlzelle zu retten, überlebte nur der Oberbootsmann Sljusarenko. Er erzählte mir, wie Kapitän Wanin ihn und drei weitere Männer an Bord des U-Bootes fand und ihnen half, auf Händen und Knien kriechend die Rettungskapsel zu erreichen. Da das Heck des Schiffes absank, mussten sie sich Zentimeter für Zentimeter bergauf hangeln. Die über ihren Köpfen befindlichen Luken ließen sich nur mühsam öffnen. Ein anderer Offizier, Judin, und der Oberbootsmann Tschernikow schlossen die Bodenluke, nachdem alle fünf Männer in die Kapsel geklettert waren. Der Kapitän befahl Judin, die Kapsel startklar zu machen. In dem Moment hörten die Insassen der Kapsel, wie jemand heftig gegen die Bodenluke hämmerte. Ein weiteres Besatzungsmitglied, wahrscheinlich der Ingenieur des U-Bootes, versuchte in die rettende Stahlzelle zu gelangen. Die fünf Männer wollten die Bodenluke wieder öffnen. Es gelang ihnen jedoch nicht, weil das eindringende Wasser schon ein paar Meter hoch über der Luke stand, wodurch sie sich nicht mehr bewegen ließ.

Zum Entsetzen der Männer sank die Kapsel immer tiefer, statt sich zu heben. Die Kapsel löste sich nicht vom U-Boot! Judin versuchte erneut, im wahrsten Sinne des Wortes alle Hebel in Bewegung zu setzen, aber nichts rührte sich. „Wie, zum Teufel, funktioniert dieses Ding?“, schrie Judin.

„Lies die Gebrauchsanleitung“, antwortete der Kapitän.

Niemand kannte sich mit der Rettungskapsel aus, eine Übung hatte es nie gegeben. Irgendjemand hatte ein paar schriftliche Instruktionen in der Nähe des Starthebels deponiert, wohl mehr zufällig als mit Vorbedacht. Können Sie sich das vorstellen? Da musste der arme Judin in einer Rettungskapsel, die in dem brennenden U-Boot immer tiefer sank, erst einmal Instruktionen lesen.

Und zur Verzweiflung aller, hörte das Klopfen an der Luke nicht auf, während um sie herum eine Sektion nach der anderen zu bersten schien. Das U-Boot sank bis in 1000 Meter Tiefe, der Tiefenmesser der Kapsel streikte schon bei 400 Metern.

Sljusarenko erzählte, dass Judin noch in aller Ruhe die Instruktionen las, als das U-Boot auf den Meeresgrund prallte und die Kapsel sich von alleine löste und – endlich – in die Höhe stieg. Er meinte sogar zu spüren, wie die Wände der Sektion, in der die Kapsel sich befand, regelrecht wegknallten.

Die Rettungskapsel stieg schnell zur Oberfläche auf, aber das rettete die fünf Männer nicht. Die Kapsel war zwar für einen Druckausgleich konstruiert, aber sie schoss einfach zu schnell in die Höhe. Vier der Männer starben – sie fielen dem Barotrauma, den Druckverletzungen, zum Opfer. Ihre Körper wurden wie Stoffpuppen aus der schmalen Ausstiegsluke der Kapsel, die an der Wasseroberfläche aufsprang, herausgeschleudert. Die Kapsel füllte sich rasend schnell mit Wasser und sank sofort. Alle starben – außer Sljusarenko. Er wurde durch die Luke gespült, nachdem sie sich geöffnet hatte. Als er zu mir gebrachte wurde, war er fast erfroren und hatte gebrochene Gliedmaßen sowie Platzwunden und Prel-

lungen am Kopf. Der Mangel an Rettungsübungen ist ein Verbrechen!"

Nach dem Verlust der *Komsomolez* wurden die Konstruktionsverfahren und die Sicherheitsregeln der sowjetischen Marine hart kritisiert. Untersuchungen ergaben, dass die Besatzung des U-Bootes niemals den Umgang mit der hochmodernen, ausgeklügelten automatischen Rettungskapsel trainiert hatte. Der automatische Sender, der die Kapsel von einem sinkenden U-Boot löst, um sie nach oben zu bringen, und der Notsignale via Satellit senden konnte, wurde von einem Matrosen an die Schiffswand geschweißt, damit er nicht verloren ging. Über die grauenvollen Fehler in der Ausbildung der *Komsomolez*-Besatzung berichtet Dimitri Romanow, einer der Konstrukteure des Schiffes, in seinem Buch *„Verlust der Komsomolez aus Sicht der Konstrukteure"*. So schreibt er zum Beispiel:

> *Am 29. Oktober 1955 sank das Kriegsschiff* Noworossysk *an seinem Anlegeplatz in einem Stützpunkt im Schwarzen Meer. Ursache des Unglücks war eine Explosion. Mehr als 600 Menschen verloren ihr Leben. Die amtlichen Untersuchungen stellten massive Führungs- und Organisationsfehler der Marineleitung fest: Man kümmerte sich zu wenig um Details. Diese fragwürdigen Kader waren schuld daran, dass die Schiffsbesatzungen nicht ausreichend ausgebildet wurden. Besonders gravierende Mängel gab es sowohl bei den Notfalleinsätzen als auch bei den Sicherheitsinstruktionen. Weder Technik noch Mannschaft funktionierten in diesen Bereichen einwandfrei und mit der gebotenen Effizienz. 33 Jahre später kam es aus genau den gleichen Gründen zu der Tragödie auf dem U-Boot* Komsomolez. *Ein Schiff sinkt, Menschen sterben und die Marineleitung fährt mit ihrem Schlendrian fort, als wäre nichts passiert.*

Mehr als 1000 Meter unter der Wasseroberfläche des Nordmeers verstopften die Russen die Löcher im Rumpf der *Komso-*

molez, um zu verhindern, dass sich das Plutonium der beiden Atomtorpedos im Meer ausbreitete. Der Leiter der Expedition, Dr. Sagalewitsch berichtete, dass es neun Löcher waren, die mit einer Mischung aus Gummi und Titan versiegelt wurden. Bei sechs Löchern handelte es sich um die Öffnungen der Torpedostartrohre, drei Löcher waren Bruchstellen, die beim Untergang des Schiffes entstanden waren.

Den Plan, das gesamte U-Boot zu bergen, verwarfen die Russen, weil es ihnen zu risikoreich erschien. Über den Zustand des Wracks waren sie jedoch so besorgt, dass sie den Westen baten, sie dabei zu unterstützen, die Gefahr einer nuklearen Verseuchung des Meeres zu bannen. Russen, Amerikaner und Europäer arbeiteten gemeinsam an einer Lösung. Das Resultat war: Die Russen umhüllten den beschädigten Schiffskörper mit Beton. Dieses Betongrab enthält rund 25 Pfund Plutonium, das sich immer noch in den Atomsprengköpfen der Torpedos befindet. Ein derartiges Begräbnis erwies sich als dringend nötig, denn die Torpedos waren schon sehr stark korrodiert. Das Gebiet, in dem das U-Boot liegt, gehört zu den reichhaltigsten und wertvollsten Biotopen der Weltmeere. Schon wenn die geringste Menge an Radioaktivität in die Nahrungskette, die vom Plankton bis zu den Fischen reicht, gelangen würde, hätte dies nicht nur gravierende Folgen für die Umwelt, sondern brächte auch wirtschaftliche und politische Konsequenzen mit sich.

Je mehr Informationen über die Unfälle und Störfälle, die zu Zeiten der Sowjetunion passierten, auftauchen, umso klarer wird, auf welcher gefährlichen Gratwanderung zwischen Sicherheit und Katastrophe die sowjetischen Streitkräfte sich befanden. Inzwischen sind eine ganze Reihe von Berichten über die Tragödien der Marine erschienen. Manche sind bruchstückhaft, andere bieten detailliertere Auskünfte über die früheren Atomunfälle und -störfälle, als es hier möglich ist. Einige Dokumente beschreiben ausführlich die grauenvolle Geschichte der sowjetischen Atommüllentsorgung.

Von der russischen Marine werden die Informationen über die Anzahl der Unfälle und der Verluste an Menschenleben,

Schiffen usw. noch immer äußerst argwöhnisch betrachtet. Die Sorgen, die sich die internationalen Umweltschutzorganisationen machen, beruhen weitgehend auf Fakten, die man offiziellen Berichten entnommen hat. Eine Zusammenarbeit mit russischen Staatsbürgern ist selten. Die beiden ehemaligen Marineoffiziere, die beim Sammeln der Fakten über die früheren Unfälle und die schlampige Entsorgung von Atommüll halfen, wurden verhaftet und des Verrats von Staatsgeheimnissen angeklagt. Die Schatten der Vergangenheit sind noch nicht vertrieben. Vor Repressalien – wie sie das alte Regime praktiziert hatte – muss sich offenbar immer noch jeder, der über bestimmte Informationen verfügt, fürchten. Zu diesem „gefährlichen" Wissen gehört alles, was Licht in das Dunkel der früheren nuklearen Unfälle und Störfälle bringt. Und es betrifft jeden, der sich darum bemüht, die Maßnahmen in Gang zu bringen, die nötig sind, um das Risiko einer Umweltkatastrophe zu mindern.

Atomarer Friedhof

KAPITEL 11

Die Offenheit in der politischen Landschaft der Gorbatschow-Ära ließ die sowjetische Marine in einem völlig anderen Licht erscheinen. Schon Jahre zuvor argwöhnte man im Westen, dass die Sowjetunion die Schwächen ihrer Flotte vertuschen würde. Und dieses Misstrauen stellte sich nun als berechtigt heraus. In Moskau tauchten immer mehr Informationen auf, die Einblicke in die katastrophalen Sicherheitsmängel der Flotte – vor allem an Bord der atomgetriebenen Schiffe – gewährten. Damit bestätigten sich die Vermutungen, die sich früher nur auf fragmentarische Geheimdienstberichte und geheime Gespräche zwischen westlichen Diplomaten und Sowjetbürgern stützen konnten.

Noch bedrohlicher als die Berichte über einzelne Störfälle auf See waren die Enthüllungen über Kernreaktoren und atomare Waffen, die in einem mehr oder weniger verrotteten Zustand auf dem Meeresboden verstreut liegen. Die alarmierenden Berichte, die nach 1991 auftauchten, deckten die Anzahl und die Lage der mit Kernreaktoren bestückten Wracks und verloren gegangener Atomsprengköpfe auf – die Überreste von 40 Jahren geheim gehaltener Störfälle auf sowjetischen Atom-U-Booten.

Nicht nur die Karasee ist als Atommüllkippe benutzt worden, sondern auch die Barentssee, die als der größte nukleare Friedhof der ehemaligen Sowjetunion betrachtet wird. Wie man 1992 festgestellt hat, steckt allein in dem in der Nähe der Insel Nowaja Semlja auf dem Meeresboden lagernden Atommüll Radioaktivität von 3,5 Millionen Curie. Das entspricht einem Zehntel der radioaktiven Kontamination der Atmosphäre während des Supergaus von Tschernobyl. Dieser nukleare Müll besteht aus acht komplett versenkten U-Booten, 16 ausrangierten Atomreaktoren, von denen sechs noch nuklearen Brennstoff enthalten, sowie 9000 Tonnen ausgebrannten Brennelementen und flüssigen radioaktiven Abfällen. Und das Ganze liegt nicht tiefer als 45 Meter.

Zwischen den späten 50er-Jahren und 1993 gehörte es zur gängigen Praxis der russischen Marine, regelmäßig flüssige und feste radioaktive Abfälle in der Barentssee und im Pazifik zu verklappen. Nach Aussagen von Nikolai Mormul und anderer Zeugen aus dem Müllentsorgungsgeschäft führte man zu Zeiten der Sowjetunion weder über die Menge des entsorgten Atommülls Buch, noch achtete man darauf, ob sich das Gebiet für eine derartige Müllentsorgung eignete. Bei Nacht und Nebel wurde der radioaktive Abfall im Norden der Barentssee und im Japanischen Meer im Umkreis der Stützpunkte der russischen Pazifikflotte einfach versenkt. Wie viel Atommüll damals verklappt wurde, lässt sich nicht mehr feststellen.

Diese von niemandem autorisierte, heimliche Entsorgung atomaren Mülls ist ein Produkt der Zeit zwischen 1964 und 1983, als Stagnation die Politik der Sowjetunion prägte. Aus Angst vor den Auswirkungen wollten weder die Befehlshaber der Marine noch irgendjemand von den Werften die Verantwortung für diese Aktionen übernehmen.

Die Enthüllung der katastrophalen Sicherheitsmängel in der sowjetischen Marine und die darauf folgenden internationalen Proteste gegen die jahrzehntelang praktizierte Form der Atommüllentsorgung setzten Russlands Präsidenten Boris Jelzin unter Druck. Er sah sich gezwungen, eine Ermittlungskommission zu beauftragen, mehr Licht in das Dunkel der Atommüllentsorgung im Umkreis der Marinestützpunkte zu bringen. Ein Jahr später lag ein ausführlicher Bericht vor: der so genannte Jablokow-Report.

Jahrelang begegneten sowohl die offiziellen Stellen in den USA als auch die der russischen Marine der Kritik an der Atommüllentsorgung mit dem Argument: Der beste Platz für ausgediente Reaktoren und Sprengköpfe ist der Schlamm des Meeresgrundes. Je tiefer man den Schrott versenken würde, umso besser. Die Experten der unabhängigen ozeanografischen Forschungseinrichtung WHOI (Woods Hole Oceanographic Institution) meinen jedoch, dass diese Theorie nur zutrifft, wenn sich der radioaktive Müll in absolut sicher versiegelten und vollkommen intakten Containern befindet. Wie lange solche Behälter am Meeresboden unbeschädigt bleiben, weiß allerdings niemand.

Die Kernreaktoren eines außer Betrieb gesetzten Atom-U-Bootes sind zwar abgeschaltet, aber dennoch muss ein Teil der elektrischen Systeme aktiv bleiben, weil die Brennelemente gekühlt werden müssen, bis sie ausgebrannt sind. Um die Beschädigung oder Zerstörung der Reaktoren zu verhindern, muss die so genannte Nachwärme durch ein Kühlsystem, in dem Meerwasser zirkuliert, abgeführt werden. Anderenfalls kann der Reaktor überhitzen und explodieren, wodurch radioaktive Stoffe freigesetzt werden. Das bedeutet, dass die Atom-U-Boote, die auf ihre Verschrottung warten, sowohl Strom für die Pumpen als auch technische Wartung benötigen, um die Sicherheit zu gewährleisten.

Für die Entsorgung radioaktiver Bestandteile ausgemusterter Atom-U-Boote gibt es drei Möglichkeiten: Man kann sie im Meer versenken, langfristig an Land lagern oder in unterirdischen Stätten wie Bergwerken oder Salzstollen „begraben". Bis die Abwrackung, bei der die radioaktiven Teile entfernt werden, beginnt, liegen die stillgelegten U-Boote meist längere

Zeit an den Piers der Marinestützpunkte. Während dieser Zeit müssen die Reaktoren mithilfe zusätzlicher korrosionsbeständiger Verschalungen gesichert werden. Bis zur endgültigen Entsorgung sind Menschen, die Wartungs- oder Verschrottungsarbeiten ausführen, der Gefahr einer Kontamination ausgesetzt.

Die sowjetische Marine versenkte die durch Unfälle beschädigten Schiffs- und U-Boot-Reaktoren im Ozean, so zum Beispiel die Reaktoren des Eisbrechers *Lenin* und der U-Boote *K3, K11* und *K27*. Die Tiefsee als Müllkippe zu benutzen ist die billigste und für die aktiv Beteiligten gefahrloseste Entsorgungsmethode. Für die Bevölkerung unserer Welt jedoch kann diese Praxis eine erhebliche Gefahr bedeuten, wenn sich eine größere Anzahl schrottreifer Reaktoren am Grund der Meere ansammelt.

Für besonders risikoreiche nukleare Friedhöfe hat die sowjetische Marine reichlich gesorgt, weil sie routinemäßig die beschädigten Reaktoren mit den Brennelementen nur unzulänglich gesichert in die nicht sehr tiefen Bereiche der Karasee und des Japanischen Meeres versenkt hat. Obwohl einige Sicherungsmaßnahmen getroffen wurden, um die Freisetzung und Ausbreitung radioaktiver Stoffe zu verhindern, kann niemand in Russland das Potenzial einer zukünftigen ernsthaften Verseuchung der Meere mit Gewissheit einschätzen. Die Experten der U.S.-Marine behaupten ebenfalls, der Meeresboden – je tiefer, umso besser – sei der sicherste Platz für beschädigte Kernreaktoren (sofern sie fachgerecht gesichert sind).

Als Problem betrachtet man allerdings die in den Meeren verloren gegangenen Nuklearwaffen. Das in Atomsprengköpfen enthaltene Plutonium sinkt zwar durch sein Gewicht auf den Meeresboden, doch damit ist die Gefahr keineswegs gebannt. Wegen seiner enorm hohen Halbwertzeit von rund 24 000 Jahren ist die zur Nahrungsproduktion genutzte Biosphäre Jahrtausende lang durch eine mögliche Kontamination gefährdet – ein grauenvoller Gedanke.

Zu Zeiten der Sowjetunion versenkte man nicht nur den nuklearen Müll der sowjetischen Marine im „Wassergrab“, sondern auch große Mengen an mehr oder weniger verseuchten

Abfällen, die aus anderen militärischen oder zivilen Beständen stammten. Bekannt sind mehr als 50 Stellen im Nordatlantik und im Pazifik, die regelmäßig als Atommülldeponien herhalten mussten.

1982 versuchte man, mit einem internationalen Moratorium die Verklappung von Atommüll, die bereits 1946 begonnen hatte, zum Stillstand zu bringen.

Allein die bekannte Menge der radioaktiv belasteten Bestandteile von Schiffs- und U-Boot-Reaktoren, die zu Sowjetzeiten in den Meeren abgeladen wurden, überschreitet bei weitem die Menge, die alle anderen Nationen zusammengenommen verklappt hatten. Während der Atommüll des Westens – organisiert und deklariert – in den großen Tiefen der Meere lagert, liegen die sowjetischen nuklearen Hinterlassenschaften im Flachwasser der Karasee vor der Küste der Insel Nowaja Semlja – 20 bis 150 Meter von der Meeresoberfläche entfernt. Nach dem Erscheinen des Jablokow-Reports 1993 haben die russischen Behörden weder damals noch in der Folgezeit zur Frage des Atommülls eine klare Stellung bezogen. Anfragen der UN-Organisation International Atomic Energy Agency blieben unbeantwortet. Einem gemeinsam von der norwegischen und russischen Marine gecharterten Forschungsschiff verweigerte man die Zufahrt zu den Gewässern um Nowaja Semlja. Als sich das Greenpeace-Schiff *MV Solo* 1992 der Insel näherte, wurde das Schiff samt Besatzung tagelang von russischem Militär festgehalten.

Warum verhielten die Russen sich so ablehnend? Heute weiß man, dass nach dem einschneidenden Wechsel in der sowjetischen Politik zwischen 1983 und 1985 wesentlich weniger Atommüll im Meer versenkt wurde. Im Gegensatz dazu verklappte man in den vorhergehenden Jahren jede Menge Atommüll unterschiedlichster Art. Dieser Müll wurde von einem speziellen Atommüll-Schiff der Murmansker Schifffahrtsgesellschaft *Atomflot* transportiert und entsorgt. Sie „kümmerte“ sich um die radioaktiven Abfälle der Marinestützpunkte auf der Halbinsel Kola sowie um den Atommüll der Werft und

Wiederaufbereitungsanlage in Sewerodwinsk. Schätzungsweise 16 000 Kubikmeter Kühlmittel aus dem primären Kühlkreislauf (die am stärksten radioaktiv angereicherte Flüssigkeit) wurden an zwei Stellen im Westen der Insel Nowaja Semlja im Meer versenkt. Östlich der Inseln lagern im relativ flachen Wasser 11 350 Tonnen fester Atommüll, darunter drei komplette Reaktoren (4650 Tonnen), die nach den Unfällen des Eisbrechers *Lenin* in den Jahren 1965 und 1967 beschädigt und ausrangiert wurden.

Vergleicht man die Menge dieses im Zeitraum von 20 Jahren abgeladenen Mülls (ohne die Reaktoren der *Lenin*) mit der Menge des mehr oder weniger radioaktiven Abfalls, der bei einem mit zwei Reaktoren bestückten U-Boot in Friedenszeiten anfällt, kommt man zu dem Schluss: Sie entspricht der Atommüllmenge von 50 bis 60 Atom-U-Booten. Und das wiederum ist die Anzahl der Atom-U-Boote der Nordmeerflotte in besagtem Zeitraum. Mit anderen Worten: Alle Atom-U-Boote der Nordmeerflotte kippten 20 Jahre lang ihren nuklearen Müll in die Kara- und Barentssee.

Nach der Auflösung der Sowjetmarine im Jahr 1991 erbte Russland mit 245 Atom-U-Booten die größte nukleare Unterseeflotte der Welt. Und damit stand und steht der Staat vor der immensen Aufgabe, die veralteten Atom-U-Boote außer Dienst zu stellen und sachgerecht zu verschrotten. 1995 wurden 126 dieser U-Boote ausgemustert. 80 weitere sollten bis zum Ende des Jahrtausends aus dem Verkehr gezogen werden. Trotz der Unterstützung durch die USA und Japan sowie der Finanzspritzen des ECTR (Expanded Cooperatve Threat Reduction Program) liegt der Abwrackungsprozess erschreckend weit hinter dem Plan zurück. Im Januar 2001 warteten immer noch 104 Atom-U-Boote auf ihre fachgerechte Verschrottung. Das Schlimme an der Sache ist, dass man mit der Aufbereitung der radioaktiven Abfälle dieser U-Boote mehr als fünfeinhalb Jahre im Rückstand ist. Schon vor dem Zusammenbruch der UdSSR befand sich die Atom-U-Boot-Flotte samt ihrer Versorgungs-, Wartungs- und Entsorgungseinheiten in einem äußerst desolaten Zustand. Doch nun scheint der Bogen vollends überspannt zu sein, denn jetzt verkommen die stillgelegten U-Boote an den Piers der Marinestützpunkte. Manche dümpeln in nahe gelegenen Fjorden oder Buchten vor sich hin. An Land stapeln sich auf den Geländen der Nordmeer- und Pazifikflotte die Container mit dem radioaktiven Erbe der Vergangenheit. Und bei vielen der außer Dienst gestellten U-Boote befinden sich die Brennelemente noch an Bord!

Ein Bericht der norwegischen Umweltschutzorganisation Bellona aus dem Jahr 1996 führt die möglichen katastrophalen Folgen, die durch den technischen und besatzungsmäßigen Verfall der russischen Atomflotte der Umwelt drohen, drastisch vor Augen. Die Organisation, die einst Geschäftsstellen in Russland hatte, bevor sie des Landes verwiesen wurde, stellt fest, dass Russland weder in der Lage noch willens ist, die notwendigen Maßnahmen voranzutreiben, um die prekäre Situation zu entschärfen.

Aus dem Bellona-Bericht (The Russian Northern Fleet. Sources of Radioactiv Contamination/Die Russische Nordmeerflotte – Quellen der radioaktiven Verseuchung) geht hervor, dass das größte Problem – und das größte Sicherheitsrisiko – des Abwrackungsprozesses in der Entsorgung und Lagerung des flüssigen und festen Atommülls liegt.

Admiral Oleg Jerofew, der 1995 Kommandant der Nordmeerflotte war, sagte dazu:

Probleme machen sowohl die Lagerung von verbrauchten Brennstäben, anderem radioaktivem Abfall und die auf die Verschrottung wartenden U-Boote als auch die geringe Arbeitskapazität in den Abwrackeinrichtungen. Doch über diese Probleme müssen sich nicht nur die Führungskräfte der Nordmeerflotte ernsthafte Gedanken machen, sondern auch der russische Staat. Daher wäre es dringend nötig, dass nicht nur die Verantwortlichen der Flotte, sondern auch des Emercom (Ministerium für Sicherheits- und Notstandsmaßnahmen) die längst überfälligen Maßnahmen ergreifen. Wird jetzt nichts unternommen, um der aktuellen Situation Herr zu werden, kann die Lage mit der Zeit eskalieren und zu einer Umweltkatastrophe führen.

Dringender Handlungsbedarf besteht an allen Ecken und Enden: Die Zerlegung der ausgemusterten atomgetriebenen Schiffe (U-Boote, Frachtschiffe und Eisbrecher) geht nur schleppend voran. In den Werften und Stützpunkten mangelt es an technischer und Arbeitskapazität. Massive Platzdefizite gibt es bei der Lagerung jeder Art von kontaminiertem Müll, sei es flüssiger oder fester Atommüll oder die ausgebauten Reaktoren der U-Boote. Hinzukommen gravierende organisatorische und institutionelle Schwachpunkte sowie der beträchtliche Geldmangel.

Die russische Pazifikflotte lagert zum Beispiel 10 000 Brennelemente, die von abgewrackten U-Booten stammen, auf zwei rostenden Schiffen im Japanischen Meer und in einer Deponie südöstlich von Wladiwostok. Der Zustand der Schiffe ist so desolat, dass sie an ihren Liegeplätze zu versinken drohen. Die Radioaktivität des auf diesen Schiffen gelagerten Mülls beträgt vier Millionen Curie. Die beiden Schiffe und die Deponien der Pazifikflotte an Land sind bis auf den letzten Millimeter gefüllt. Die USA und Japan fördern ein Programm zum Bau sicherer Transportschiffe, doch trotz dieser Unterstützung hinkt man in Russland fünfeinhalb Jahre hinter dem Plansoll her.

Aufgrund der gesamten Bedingungen bei der Lagerung hat Russland 1997 praktisch aufgehört, seine Atom-U-Boote abzuwracken – und die marode Warteschlange wird immer länger und länger. Bis zum Ende des vergangenen Jahrhunderts sollten 300 Schiffsreaktoren entsorgt werden, nur 97 hat man geschafft. Um die Lage zu verbessern, bat Russland den Westen um Hilfe. Doch die USA weigern sich, mehr als eine begrenzte finanzielle Unterstützung zu leisten. Verständlich ist auch, dass die U.S. Marine, die ihre eigene Schiffsreaktorentsorgung einwandfrei ausführt und dokumentiert, sich nur widerwillig der Aufgabe stellt, die unübersichtliche russische Atommüllsituation zu entwirren. Die USA, Norwegen und Japan haben zwar schon viel dazu beigetragen, die Atommüllkrise der Russen zu entschärfen, aber die U.S.-Marine verweigert erhöhte Unterstützung, solange die Russen ihre Atom-U-Boot-Flotte nicht vollständig oder zumindest zum größten Teil abrüsten. Das ist eine utopische Forderung, weil die U.S. Marine ja selbst weiterhin Atom-U-Boote baut. Unterm Strich betrachtet „schmoren" also Hunderte Reaktoren samt unzähliger Brennelemente in rostenden, verkommenen U-Booten vor sich hin. Das sind schwimmende Zeitbomben – welch ein Horrorszenario!

Zu allem Übel hat sich die Tendenz, Informationen über die Atommüllsituation zu unterdrücken, verstärkt. Seit 1995 setzen die russischen Sicherheitsbehörden alles daran, um den Informationsfluss, der die wahre Situation in den Marinestützpunkten und deren Umgebung betrifft, abzuwürgen. In besonderem Maße trifft dies auf das risikoreiche Erbe der früheren sowjetischen Atomflotte zu. Mit vereinten Kräften blockiert man in Russland jeglichen ausländischen Zugang zu Informationen über die nuklearen Brennstoffdeponien und den Zustand von mehr als 270 Reaktoren, die sich immer noch an Bord der auf die Demontage wartenden U-Boote und Schiffe befinden.

Mit dieser Form der Informationspolitik kehrt die Regierung der Russischen Föderation zu Taktiken zurück, die an KGB-Zeiten erinnern. Am 5. Oktober 1995 zum Beispiel stürmten Beamte des russischen Geheimdienstes FSB (der Nachfolger des KGB) das Büro der norwegischen Umweltschutzorganisation Bellona in Murmansk. Die Beamten beschlagnahmten alle Unterlagen, die in irgendeiner Weise mit den nuklearen Sicherheitsbedingungen im Gebiet der Nordmeerflotte zusammenhingen.

Zu einem weiteren Schlag holte der FSB aus, als man am 6. Februar 1996 den russischen Ex-Marineoffizier Kapitän Alexander Nikitin verhaftete. Der hoch spezialisierte Ingenieur hatte mit Bellona zusammengearbeitet, als es um die Zusammenstellung der Recherche-Ergebnisse für den 1996 erschienenen Bericht über die nuklearen Sicherheitsbedingungen im Gebiet der Nordmeerflotte ging. Man steckte Nikitin ins Gefängnis und klagte ihn der Spionage und des Hochverrats an, weil er

Staatsgeheimnisse an ausländische Institutionen verraten und verkauft habe.

Am 23. November 1997 inhaftierte der FSB in Wladiwostok einen anderen ehemaligen Marineoffizier wegen Spionage und Landesverrat: Kapitän Grigori Pasko. Er war gerade von einer Geschäftsreise aus Japan zurückgekehrt. Seine Frau und seine Anhänger meinten von Anfang an, dass die Anklage fadenscheinig wäre und die russische Staatsgewalt Jagd auf Pasko gemacht hätte, um die bei der Atommüllentsorgung durch die Marine offenkundigen Missstände zu vertuschen.

Die Fälle Pasko und Nikitin sind vergleichbar. Auch Pasko wurde wegen Hochverrats angeklagt – ein Verbrechen, das mit bis zu 20 Jahren Haft bestraft wird. In beiden Fällen basierten die Anklagepunkte auf vagen russischen Gesetzen für die staatliche Sicherheit, die im Oktober 1997 erlassen wurden. Juristisch betrachtet sind Informationen über die Umwelt eigentlich keine Staatsgeheimnisse, doch die neuen russischen Gesetze lassen einige Hintertüren offen. In den Augen der russischen Ankläger fallen nukleare Einrichtungen mit Verteidigungscharakter unter die Rubrik Staatsgeheimnis. Eine gegenteilige Beweisführung gestaltet sich schwierig, da die Gesetze so formuliert sind, dass man sie in alle möglichen Richtungen interpretieren kann. Unabhängig von diesen „Gummiparagraphen" waren die Anklagen gegen Nikitin und Pasko mehr von der russischen Politik als von der korrekten Auslegung der Gesetze bestimmt. Nach langem Hin und Her endeten beide Prozesse mit einem Freispruch. Allerdings wurde Pasko in einem geheim gehaltenen Wiederaufnahmeverfahren im Dezember 2001 zu fünf Jahren Gefängnis verurteilt.

Das plötzliche harte Durchgreifen des russischen Geheimdienstes bekamen auch die ausländischen Forscher und Umweltschützer zu spüren. Bis dahin konnten sie sich eine ganze Zeit lang relativ frei in den früheren sowjetischen Militärgebieten sowohl an Land als auch zu Wasser bewegen, um Daten und Fakten sammeln. Bei ihren Recherchen ging es um die Analyse der allgemeinen nuklearen Sicherheit und um die

Umweltschäden, die durch die katastrophale Praxis der Atommüllentsorgung zu Zeit der Sowjets entstanden sind. Der russische Geheimdienst stürmte zum Beispiel die Moskauer Wohnung von Joshua Handler, der als Wissenschaftler an der Universität Princeton arbeitete und ehemaliger Greenpeace-Autor war. Man beschlagnahmte seinen Computer und nahm ihn vorübergehend fest. Auf Anraten der amerikanischen Botschaft verließ Handler nach seiner Freilassung umgehend das Land. Sein russischer Assistent jedoch wurde verhaftet und der Spionage für die USA angeklagt.

Im Jahr 2000 wurde der ehemalige US-Marineoffizier Kapitän Edmond Pope verhaftet und angeklagt, als er sich im Auftrag der Universität von Pennsylvania in Russland aufhielt. Er wurde wegen Spionage verurteilt, weil er Nachforschungen über den neuen Hochgeschwindigkeitstorpedo *Shkval*, der sich zu Testzwecken an Bord des U-Bootes *Kursk* befand, anstellte. Edmond Pope wurde zwar nach seiner Verurteilung freigelassen, aber dieser Vorfall zeigt, wie lebendig in Russland noch immer das Denken der alten Sowjetzeit ist.

Der Untergang des U-Bootes *Kursk* im August 2000 und die verworrenen Bergungsbemühungen im folgenden Jahr haben die russische Marine (und die DUMA) zu einer neuen Informationspolitik gezwungen. Die Initialzündung gaben die in einer skandalösen Weise nur zögernd bekannt gegebenen Fakten über den Unfall sowie der misslungene Versuch, möglicherweise noch vorhandene Überlebende zu bergen. Die tragischen Verluste und das Aufsehen, das der Unfall in aller Welt erregte, zwang die russische Flottenführung zum Umdenken. In einer ähnlichen Situation – anlässlich des Untergangs der *Komsomol* im April 1989 – war die Marine ebenfalls nicht in der Lage, für einen freien Informationsfluss zu sorgen. Dieser Unfall passierte während der Gorbatschow-Ära, als die unzensierte Presse noch mehr oder weniger in den Kinderschuhen steckte.

In beiden Fällen fand die Marineführung keinen zufriedenstellenden Weg, die Öffentlichkeit so zu informieren, dass man einerseits die militärischen Geheimnisse schützen und andererseits die betroffenen Familien schonen konnte. Als Erstes wartete man mit nebulösen Unfallursachen auf – im Fall *Kursk* schob man den Unfall erst einmal auf einen Zusammenstoß mit einem unbekannten westlichen U-Boot.

* * *

Am windgepeitschten Zusammenfluss der Newa und des Newkakanals in St. Petersburg schaukelt an einem einsamen Ankerplatz ein altes Kriegsschiff. Es ist der Kreuzer *Aurora*, der lange Zeit ein Symbol der Großen Sozialistischen Oktoberrevolution und der Stolz der russischen Marine war. Das Schiff wurde 1903 in Dienst gestellt und gehört zu den Veteranen des Russisch-Japanischen Krieges, in dem die Mannschaft wahre Heldentaten vollbracht haben soll. Im Oktober 1917 hisste die Besatzung der *Aurora* die Rote Flagge der Revolution und lief auf die Seite des aufständischen Volkes über. Und der berühmte Kanonenschuss auf das Winterpalais soll der Startschuss für die Revolution von 1917 gewesen sein. Die ruhmreiche Vergangenheit der *Aurora* steht im Mittelpunkt der von den Sowjets erzählten Geschichte dieses Panzerkreuzers. Allerdings fehlen ein paar Fakten, die nicht ganz so glorreich sind, zum Beispiel: Als die russische Kriegsstaffel 1904 von der Ostsee zu dem Einsatz im Pazifik fuhr, wurde die *Aurora* von ihrem eigenen Schwesterschiff bombardiert. Im darauf folgenden Jahr wurde die Flotte in der Seeschlacht von Tsushima von den Japanern vernichtend geschlagen. Nur wenige wissen, dass die *Aurora* in dieser Schlacht schwer angeschlagen die Flucht ergriff und bis zum Ende des Krieges in der Manila-Bucht in einem Marinestützpunkt der neutral gebliebenen USA interniert blieb. Diese Tatsachen hatte man aus den Geschichtsbüchern der Sowjetunion gestrichen. Wie bei der Geschichte des Kreuzers *Aurora* verschweigt die Geschichte der sowjetischen Marine alles, was den Versuch, die größte Seemacht der Welt zu werden, beeinträchtigt hätte, aber der Rüstungswettbewerb kann jetzt nicht mehr als Vorwand für schludriges Arbeiten verwendet werden.

Neuland: Die Entstehung des Films *K-19*, von Kathryn Bigelow, Regisseurin von *K-19*

NACHWORT

Die wahre Geschichte der Katastrophe des U-Bootes *K-19* erschien schon immer als idealer Filmstoff. Sie bot alles, was man brauchte. Eine „Zeitbombe“ für den Spannungsbogen, nämlich den Reaktor auf einem Atom-U-Boot, der zu schmelzen droht, mit der Möglichkeit katastrophaler weltweiter Auswirkungen. Im Mittelpunkt stand ein äußerst engagierter und charismatischer Kapitän, dessen kühne Entscheidungen unter Druck sein Boot und seine Mannschaft retteten.

Und vor allem gab es da diese mutigen jungen Männer, die U-Boot-Besatzung selbst, die sich bewusst und ohne zu zögern einer tödlichen Strahlenmenge aussetzte und den glühend heißen Reaktorraum betrat, um das defekte Kühlsystem zu reparieren.

Darüber hinaus besaß die Geschichte der *K-19* ein weiteres einzigartiges Element: Die U-Boot-Besatzung, deren Heldenmut wir feiern wollten, waren Russen. Und wir machten vom Beginn an klar, dass wir diese Männer ohne Kompromisse beschreiben wollten, als loyale Diener des Sowjetstaates um 1961, auf dem Höhepunkt des Kalten Krieges, genau ein Jahr vor den Ereignissen, die Symbolcharakter für den atomaren Schrecken jener Zeit besaßen: die Kuba-Krise.

Offensichtlich bewegt, doch sehr besorgt, fragten alle potenziellen Geldgeber des Films: „Mit wem kann ich mich in dieser Geschichte identifizieren?"

Ich sagte dann stets genau das, was ich auch heute sage: Die Schönheit dieser Geschichte liegt darin, dass Sie diese Männer sind. Für mich als Filmemacherin war das Aufregende und die Herausforderung bei diesem Thema schon immer, amerikanische Zuschauer dazu zu bringen, die „anderen" zu werden, sich mit der Mentalität einer Gruppe von Menschen zu identifizieren, die jahrzehntelang als „Feind" betrachtet wurden.

Mir war 1996 von dem Augenblick an, als ich über diese stillen russischen Helden hörte, klar, dass ich aus ihrer Geschichte einen Film machen musste. Sie verhinderten eine Krise in einem bereits angespannten geopolitischen Klima, eine Krise, die uns an den Rand eines Krieges hätte bringen können. Und einige opferten sogar ihr Leben dafür. National Geographic Television brachte einen britischen Dokumentarfilm über diese außerordentlichen Vorfälle, die von offizieller Seite fast 30 Jahre lang mit Geheimhaltung belegt wurden.

Ich entwickelte *K-19* zunächst innerhalb meines Produktionsvertrages mit Working Title Films und sicherte mir die Mitarbeit des Drehbuchautors Louis Nowra („Flucht aus dem Eis"). Louis fuhr 1997 nach Russland, um sowohl den Kapitän als auch den Ersten Offizier zu treffen, die während der Katastrophe auf der *K-19* Dienst taten. Die Beziehung dieser beiden Männer sollte wahrscheinlich der Kernpunkt unseres Drehbuches werden.

Das Verlangen nach einer klareren Handlungsführung brachte mich 1998 zu einem neuen Drehbuchautor, dem New Yorker Dramatiker Christopher Kyle. Für mich stand fest, dass das Hauptthema des Films das menschliche Element sein sollte, und nicht die ganzen technischen Spielereien und Special Effects, die bei vielen Filmen im Mittelpunkt stehen. Wenn diese Geschichte nicht als die Geschichte eines Zusammenstoßes zwischen willensstarken Männern am Grund des Meeres bei der Entscheidungsfindung in einer katastrophalen Situation funktionierte, dann funktionierte sie überhaupt nicht, egal wie viel Technik ich einsetzte. Daher sagte ich Chris: „Stell dir vor, du hast zwei Männer allein in einem dunklen Raum, auf einer leeren Bühne." Ich dachte wirklich daran, dieser Geschichte am Theater zu inszenieren, wenn ich das Geld für einen Film nicht zusammenbekommen würde.

Chris und ich arbeiteten eng zusammen. Er schrieb einen wunderbaren ersten Entwurf, kompakt, knapp und auf dem Punkt. Dann flogen wir nach Moskau, um selbst ein Gespräch mit diesem alternden russischen Helden, Kapitän Satejew, zu führen – nur um kurz nach unserer Ankunft zu erfahren, dass er zwei Wochen zuvor gestorben war. Wir wurden jedoch eingeladen, uns mit der Witwe des Kapitäns zu treffen, und so fuhren wir am nächsten Tag zu der kleinen Wohnung, in der sie gemeinsam mit ihm eineinhalb Stunden außerhalb von Moskau gelebt hatte.

Das Gebäude, in dem dieser Held der Sowjetunion seinen Ruhestand genossen hatte, ein Betonhochhaus aus der Chruschtschow-Zeit, war in einem traurigen Zustand. Die gemeinsamen Räume im Erdgeschoss waren übersät mit Graffiti, und ein klappriger, wackliger Lift brachte uns langsam ins zwölfte Stockwerk.

Antonina Satejewa war eine schöne, kleine ältere Frau mit einem herzförmigen Gesicht, deren Augen noch vom langen Weinen geschwollen waren. Anders als das restliche Gebäude war ihre Wohnung makellos sauber und ordentlich. Auf dem Ehrenplatz stand ein Sessel, der eindeutig seiner gewesen war: der leere Stuhl des Kapitäns.

Zunächst war Antonina, wie viele Leute, die wir in Russland getroffen haben, verständlicherweise misstrauisch. Wie die meisten Amerikaner waren auch durchschnittliche Russen seit

Jahren daran gewöhnt, Angehörige der anderen Supermacht als Todfeinde zu betrachten. Allein der Gedanke, dass eine Amerikanerin in ihr Heim kam, und noch viel mehr die Vorstellung, dass diese Person das Leben ihres verstorbenen Mannes verfilmen wollte, war für sie zunächst nur schwer vorstellbar. Deshalb begannen wir langsam, sprachen über ihr Leben. Sie und ihr Mann hatten Vögel gehalten. Ein kleiner Wellensittich flog frei durch die Wohnung, während wir sprachen, und ließ sich immer wieder einmal auf den Möbeln nieder.

Antonina erzählte uns viele Geschichten über den Kapitän und über ihr gemeinsames Leben, die uns halfen, ein klareres Bild von ihm zu bekommen: über ihre tiefe Liebe und Achtung füreinander, aber auch über seine strenge Selbstdisziplin und sein unbeugsames Pflichtgefühl. „Er war wie ein Ehrengast in seinem eigenen Heim", sagte sie mit einem traurigen Lächeln. Und zum Abschied nahm sie das schwarze Trauerband von einem großen gerahmten Fotoporträt des Kapitäns und überreichte es mir. Es war ein erstaunliches Geschenk und ein tief empfundenes Symbol des Vertrauens, das sie uns schenkte.

Als ich Antoninas Wohnung verließ und noch einmal versuchte, sie zu beruhigen, dass ich die wahre Persönlichkeit dieses Mannes auf die Leinwand bringen wollte, nahm sie mich einfach in den Arm und begann zu schluchzen: „Sie müssen seine Geschichte erzählen, Sie müssen seine Geschichte erzählen." Von diesem Moment an gab es kein Halten mehr. Nichts konnte uns mehr bremsen. Nicht einmal die Wechselfälle Hollywoods.

Es ist keine Übertreibung, wenn ich sage, dass das fesselnde Porträt Satejews, das Antonina mir gegeben hatte, über der ganzen Produktion von *K-19* thronte. Es zeigte den Kapitän mit 50, fast 15 Jahre nach dem Unfall. Er hatte zu diesem Zeitpunkt schon mehrere Knochenmarkstransplantationen hinter sich, die gegen die Auswirkungen der radioaktiven Strahlung helfen sollten. Außerdem war nach dem Vorfall eine Menge Kritik laut geworden und die Untersuchungen hatten sich über

Wochen hingezogen, in denen seine Vorgehensweise von einer Regierungskommission genauestens durchleuchtet worden war. An diesen ganzen Erfahrungen wäre ein schwächerer Mann zerbrochen. Ich nahm sein Bild überall mit hin, es war bei allen Dreharbeiten dabei. Der Blick dieses Mannes hielt mich fest, er besaß eine ungeheuere Konzentration und Intensität. Diese Mann hatte nie an sich oder der Richtigkeit seiner Entscheidungen gezweifelt. Ein Mann, dem man in die Hölle folgen würde.

Meine Vorstellung von Satejew, von seinem Selbstvertrauen und seinem Ernst, wurde bestätigt und noch verstärkt, als Chris Kyle und ich einige Mitglieder seiner Mannschaft trafen. Diese Treffen fanden zuerst in Moskau und dann in St. Petersburg statt. Dort verabredeten wir uns zum Gespräch in einem großen alten Etablissement namens U-Boot-Club. In seiner großen Eingangshalle brannte nur ein Licht von 18 Watt. Eine blasse flackernde Glühbirne in einer Ecke, als wir uns die Treppe hinauftasteten. In einem kleinen dunklen Raum standen wir einer Gruppe älterer Männer mit verschrumpelten Gesichtern gegenüber, die uns mit starker Neugierde, die schon fast an Missachtung grenzte, ansahen.

Es waren stolze Männer. In den 60er-Jahren gehörte es in der Sowjetkultur zu den begehrtesten Jobs, zu einer U-Boot-Besatzung zu gehören. Die Eltern wurden zu Stars in der Heimatstadt, wenn der Sohn sich zur Halbinsel Kola auf den Weg machte, um von dort mit einem U-Boot auszulaufen. Doch die meisten von ihnen hatten keine Ehrung, nicht einmal eine Anerkennung für die Opfer, die sie gebracht hatten, bekommen.

Ganz im Gegenteil, die genauen Fakten über jene, die infolge des Unglücks starben wurden mit dem Mantel der Geheimhaltung zugedeckt, begraben oder verschwanden, als ob es sie nie gegeben hätte. Wenn sie einmal im Monat zu einer Bluttransfusion ins Krankenhaus gingen, war die offizielle Erklärung, dass sie wegen eines Nervenleidens behandelt würden, schon eine Erniedrigung. Sie hatten die Erinnerung fast vier

Jahrzehnte still mit sich herumgetragen. Und jetzt stand ich da, eine Amerikanerin, und stellte mich als die Person vor, die schließlich ihre Geschichte der Welt erzählen würde. Ihr Gesichtsausdruck sprach Bände: „Wer glauben Sie, dass Sie sind, um die Bedeutungslosigkeit auszulöschen, in der wir die ganze Zeit leben?"

Und auch hier gab es gegen Ende einen Moment, wo mich einige dieser Männer, zurückhaltende, stolze Männer, die auch demonstrativ russisch waren, mich auf die Seite nahmen, Tränen in den Augen hatten und zu mir sagten: „Sie müssen diese Geschichte erzählen."

Die Männer der Besatzung halfen uns, ein besseres Gespür für den Unterschied zwischen Kapitän Satejew und seinem Ersten Offizier Wladimir Jenin (auch als Alexei Wostrikow und Michail Polenin bekannt) zu bekommen. Sie erzählten uns, dass Jenin ein Freund war, ein älterer Bruder, jemand mit dem man trinken konnte und der sich alle Klagen über lästige Regeln anhörte. Doch wenn es in einer Situation um Leben und Tod ging, wollte man, dass der strenge Vater, Satejew, die Entscheidungen treffen sollte. Man fürchtete ihn, aber man vertraute ihm hundertprozentig. Sie waren überzeugt, dass es Satejews Unbeirrbarkeit und seine Zielstrebigkeit waren, die ihnen das Leben rettete.

Mit dieser Information waren Chris und ich in der Lage, den roten Faden für das endgültige Drehbuch zu entwickeln, das Fiktion ist, aber auf wirklichen Ereignissen beruht. Wir verkürzten die Zeit, konzentrierten uns auf die wichtigsten Beziehungen und setzten eine überschaubare Anzahl Mannschaftsangehörige als Hauptcharaktere ein. Wir beschlossen die Namen der Leute zu ändern, um sie nicht falsch darzustellen oder versehentlich eine der heldenhaften Aktionen der wirklichen Helden von *K-19* auszulassen.

Wir wussten, dass Kapitän Nikolai Satejew sein Kommando zum Teil bekommen hatte, weil er ein loyales Parteimitglied war. Er verstand die Notwendigkeit und man konnte ihm trauen, dass er entschlossen versuchen würde, die dringendste Aufgabe der *K-19* durchzuführen, den Abschuss einer Rakete ohne Sprengkopf im Nordatlantik. Er sorgte sich sehr um seine Leute, doch wie jeder militärische Führer akzeptierte er die Tatsache, dass sein Pflichtgefühl ihn mitunter dazu zwang, von seinen Männern das letzte Opfer zu verlangen.

Es ist wichtig, sich vor Augen zu führen, dass solche Demonstrationen 1961 eine Sache von Leben und Tod zu sein schienen. Der Kalte Krieg war in der Menschheitsgeschichte einmalig, weil er eher auf einem mentalen als auf einem realen Schauplatz stattfand. Es reichte nicht aus, nur eine neue mächtige Waffe zu besitzen. Die Bewaffnung hatte nicht die gewünschte Abschreckungswirkung, wenn der Feind nicht wusste, dass es sie gab. Deshalb waren die Raketentests der *K-19* von Anfang an darauf angelegt, von den Amerikanern leicht entdeckt zu werden. Es war ein Weg, die Vereinigten Staaten mit der Mitteilung aufzuschrecken, dass ihre kürzlich aufgestellten Polaris-Raketen nicht mehr die alleinige Seeherrschaft besaßen.

Es schien uns immer wahrscheinlich, dass Satejew die Wichtigkeit dieser Mission in einer Art verstand und daran glaubte, wie es niemand sonst an Bord der *K-19* tat, schon aus mangelnder Information. In einem extremen Spannungsmoment während der Krise führte dieses unterschiedliche Verständnis zu einem Disput (der nach manchen Berichten an eine Meuterei grenzte) zwischen Satejew und einigen seiner Offiziere. Um diesen Konflikt wirksamer darstellen zu können, formten wir aus Jenin einen Charakter, der die Meinung der Mannschaft verkörperte und sich mit dem Kapitän messen konnte. In unserer Version ist Jenin (den wir in Polenin umbenannten) der frühere Kommandant des Schiffs, der degradiert wurde, weil er die Sicherheit der Mannschaft über die Erfüllung einer Mission gestellt hatte – einer Mission, deren Zweck ihm nicht ausreichend mitgeteilt worden war. In der Entwicklung der Beziehung zwischen diesen Männern untersucht der Film auch unterschiedliche Führungsstile.

Die erste Russlandreise war von großer Bedeutung für uns. Bei unserer Rückkehr fühlten wir uns der Geschichte, die wir erzählen wollten, verbundener als je zuvor. Und wir waren jetzt zuversichtlich, dass wir wussten, wie man sie am besten erzählt. In Hollywood sind jedoch nicht die Zeiten großer Diskussionen um ein Projekt am schwierigsten, sondern die ruhigen Zeiten, wenn das Interesse zwischendurch sinkt. Wie das so oft geschieht, wurde *K-19* eine Zeitlang auf Eis gelegt, bevor es bei Intermedia Films eine neue dauerhafte Bleibe fand. Jetzt hatten wir zum ersten Mal einen Produktionsauftrag, und wir konnten ernsthaft über die Besetzung zu diskutieren beginnen.

Als Wladimir Jenin hatte ich immer Liam Neeson gesehen: Vom Körperbau her fast ein wenig zu groß für das U-Boot und mit einer angeborenen Großzügigkeit und mit offenem Wesen. Und als Intermedia Harrison Ford als möglichen Satejew (wir nannten die Figur Alexei Wostrikow) ins Spiel brachte, war das eine so perfekte Idee, dass man sich überhaupt niemand anderen mehr vorstellen konnte. Als Harrison dem Projekt und der Rolle zustimmte, trieb *K-19* nicht mehr länger auf den stürmischen Wassern der Entwicklung: Es war eine Notwendigkeit geworden.

Wir kehrten vor dem Drehbeginn zu *K-19* im Sommer 2001 noch einmal nach Russland zurück, um zu klären, ob wir die Szenen im Trockendock und bei der Einschiffung auf dem Stützpunkt im Hauptquartier der russischen U-Boot-Flotte in Murmansk drehen konnten. Dies erwies sich jedoch letztendlich als nicht machbar. So sprang Halifax in der kanadischen Provinz Nova Scotia als Murmansk ein. Doch die Erfahrungen auf der Halbinsel Kola Mitte Dezember 2000, die ich gemeinsam mit dem Chefkameramann, Jeff Cronenweth, und dem ersten Regieassistenten, Steve Danton, machte, beeinflussten unser Herangehen an die Produktion gewaltig.

Wir waren hier nahe dem Polarkreis, und das zu einer Zeit des Jahres, in der die Sonne nie weiter als 15 Grad über den Horizont steigt – eine Spur von Licht, die etwa von 11 bis 14 Uhr jeden Tag vorhanden war. Ansonsten lebten wir in einer herrlichen, kobaltblauen Zwischenwelt, die weder ein Gefühl von Tag noch von Nacht vermittelte.

Eine der merkwürdigen Erfahrungen bei diesem Projekt war, dass die amerikanische Armee in keiner Weise bereit war, uns zu helfen, während die Russen geradezu scharf darauf waren, mit uns zu arbeiten. Als wir nach Murmansk fuhren, wurden wir von einem hoch gestellten Marinefunktionär aus Moskau begleitet. Es war sehr viel, worum wir baten: Kein westlicher Zivilist hatte je in der Geschichte der Sowjetunion einen Fuß auf diesen Marinestützpunkt gesetzt. Doch unser Begleiter verstand die Bedeutung unserer Pläne: Eine amerikanische Filmgesellschaft drehte einen Film, der einen russischen Seehelden ehrte, und wollte dafür eventuell vor Ort im Hauptquartier der russischen Nordmeerflotte drehen. Er ermöglichte es uns, die wirkliche *K-19* zu sehen und auf ihrem Deck zu stehen.

Früh an einem Morgen steckte uns der wunderbare Mann in einen Kleinbus, der offensichtlich schon bessere Tage gekannt hatte. Seine Fenster waren vergilbt, als ob er Tabakflecken hätte. Jede Oberfläche im Inneren trug eine Patina aus altem Schmutz. Fast zwei Stunden klapperten wir dahin, querten einige Male gefährlich aussehende Eisflächen in der endlosen flachen Tundra, mit nur einem Schimmer von Licht am Horizont.

Und schließlich ging es über eine schmale Straße, die sich zur Küste hinabwandte. Dort richteten an einem Wachposten vier sehr junge Männer ihre Kalaschnikows auf unsere Fenster. Es gab eine hitzige Debatte zwischen unserem Begleiter und einem Offizier des Stützpunkts, der ganz offensichtlich an der Tradition festhielt. Die Wachposten waren sichtlich angespannt. Plötzlich öffnete sich das Tor und wir fuhren hindurch, über eine Grenzlinie, die kein westlicher Zivilist je gequert hatte, hinein in eine streng geheime russische Militäreinrichtung.

Es war ein unheimliches Schauspiel: Unter der Kuppel von unnatürlichem Blau erstreckte sich eine Reihe von Docks, eines nach dem anderen, so weit das Auge reichte. An jedem dieser Docks waren U-Boote aus der Zeit des Kalten Kriegs vertäut, dieselgetriebene ebenso wie Atom-U-Boote. Sie sahen alle ziemlich ramponiert aus, dass sie der Luft ausgesetzt waren, hatte das Metall einigermaßen mitgenommen.

Wir gingen bis zum Ende eines dieser Docks, stiegen über den Rumpf eines anderen alten Boots und gingen schließlich über das Deck der *K-19*. Jetzt standen wir dort, wo Satejew selbst gestanden hatte. Dies war das Deck, wo seine Leute sich während der Krise bibbernd gedrängt hatten, von ihrem Kapitän dorthin verbannt, um die Strahlendosis möglichst gering zu halten. Wenige Meter unter uns waren die Sektionen, die einst die Reaktoren enthalten hatten, die nuklearen Öfen, in denen jene jungen U-Boot-Matrosen bewusst ihr Leben geopfert hatten.

Der Anblick all dieser einst prächtigen Schiffe, mit ihrer tödlichen, stromlinienförmigen Schönheit, die jetzt im Polarmeer vor sich hin rosteten, war aufwühlend. Gleichzeitig passte dieses traurige Schauspiel zu vielen anderen Dingen, die wir in Russland gesehen hatten: den Nachwirkungen des Kalten Krieges, der die Ressourcen dieser riesigen Nation schon übermäßig ausgeschöpft hatte und der zu einer chronischen, systematischen Ausbeutung führte, mit deren Folgen die Bürger noch tagtäglich leben müssen.

Der Kalte Krieg war schließlich nicht nur ein militärisches Planspiel, ein Versuch das Gleichgewicht der Atomkräfte zu bewahren, mit dem wundervollen Konzept der gegenseitigen sicheren Zerstörung. Er war auch ein Krieg im viel wörtlicheren Sinn, ein Zermürbungskrieg. Unsere Strategie den Einsatz im Wettlauf der Waffen stetig zu erhöhen diente dazu, das ganze Sowjetsystem zum Zusammenbruch zu bringen. Und natürlich war die Strategie erfolgreich. Der Kalte Krieg ist vorbei, und wir haben gesiegt. Die Mauern und Zäune sind gefallen, und wir können dieser Tatsache applaudieren. Doch jetzt können wir es uns vielleicht auch erlauben, den menschlichen Einsatz bei diesem Krieg zu betrachten, als siegreiche

Soldaten, die durch eine zerbombte Stadt spazieren, und als menschliche Wesen, die beklagen, dass diese Zerstörung je nötig wurde.

Ich hoffe selbstverständlich, dass dieser Film erfolgreich und unterhaltsam sein wird. Er hat sicher alle Elemente dafür und die Darstellung von Harrison Ford, Liam Neeson, Peter Sarsgaard und von vielen anderen weckte die unbekannten Helden von 1961 besser zum Leben, als ich es zu hoffen gewagt hätte.

Doch manchmal erlaube ich mir die Hoffnung, dass *K-19* noch eine andere Rolle spielen wird: dass der Film helfen kann, das ideologische Fenster zu öffnen, durch das wir Amerikaner lange Zeit eine bestimmte Ära und eine bestimmte Kultur betrachtet haben. In jenen Momenten denke ich zurück an die vielen beunruhigenden Dinge, die ich in Russland gesehen habe, und vor allem an all die Menschen, die mir dort begegnet sind: Unsere früheren Feinde, deren großen Mut wir jetzt, nach so vielen Jahren, vielleicht endlich anerkennen werden.

Sowjetische und russische Marineunglücke

Anhang

1952, 15. Dezember
Projekt 613, Whiskey-Klasse, Diesel-Angriffs-U-Boot *S-117*. Es sinkt im Pazifik. Alle 47 Besatzungsmitglieder kommen ums Leben.

1955, 29. Oktober
Das Kriegsschiff *Novorossisk* (früher das italienische Schiff *Giulio Cesare*) explodiert und sinkt in Sewastopol. 608 Seeleute sterben, viele werden lebendig begraben. Es war das größte Schifffahrtsunglück in Friedenszeiten des ganzen Jahrhunderts. In Sewastopol erinnert ein Denkmal an die Toten.

1956, 21. November
Ostseeflotte M-200, Quebec-Klasse, Diesel-U-Boot, das erste mit dem Namen *Komsomolets*. Nach einem Zusammenstoß mit einem Zerstörer entfacht flüssiger Sauerstoff einen Brand, das Schiff explodiert und sinkt bei Tallinn, Estland. 28 Seeleute sterben, sieben überleben. Ein Denkmal für die Toten steht in Paldiski.

1957, 22. August
Schwarzmeerflotte Projekt 613, Whiskey-Klasse, Diesel-U-Boot. Es sinkt vor der Küste der Krim, weil Wasser durch ein teilweise geschlossenes Ventil in den Raum mit dem Dieselantrieb gelangt und ein Feuer ausbricht. Die gesamte Besatzung war vier Tage ein-

geschlossen, überlebte aber. Das U-Boot wurde am 26. August gehoben.

1957, 26. SEPTEMBER
Ostseeflotte Diesel-U-Boot Projekt 615, Quebec-Klasse, *M-256*. Es sinkt in der Ostsee. 35 Besatzungsmitglieder kamen ums Leben.

1959, 19. MAI
Ostseeflotte *S-99*, mit einer kombinierten Diesel-Gas-Turbine, Projekt 617. In 73 m Tiefe explodiert die Gasturbine. Dem U-Boot gelingt es aufzutauchen, es kehrt auf den Stützpunkt zurück und wird ausrangiert. Ob und wie viele Opfer es gab, ist unbekannt.

1960, 13. OKTOBER
Nordmeerflotte November SSN *K-8*. In der Barentssee wurden durch einen Defekt an einer Dampfgeneratorleitung des Reaktors 13 Besatzungsmitglieder schwer verstrahlt. Das U-Boot kehrte zurück.

1961, 27. JANUAR
Nordmeerflotte umgebautes Projekt 613, Whiskey-Klasse, Zwei-Zylinder Diesel *S-80*. Es versank in der Barentssee in 200 Meter Tiefe. 68 Männer fanden den Tod. Das U-Boot wurde als erstes Marschflugkörper tragendes Diesel-U-Boot konzipiert. Nach einem Raketentest verursachte ein Leck in einem Raketenrohr den Untergang. Das U-Boot wurde im Juli 1969 gehoben. In Polyarny steht ein Denkmal für die Toten.

1961, 4. JULI
Nordmeerflotte Hotel-Klasse, *K-19*. Bei einem Reaktorunfall kamen acht Seeleute ums Leben, weitere wurden schwer verstrahlt. 13 Besatzungsmitglieder starben später. Der Prototyp SSBN hatte auf dem Weg ins Testgebiet der Nordmeerflotte ein Leck im primären Kühlkreislauf. Der Reaktor wurde ersetzt. Das U-Boot wurde 1962 wieder eingesetzt. Ein kleiner Gedenkstein auf dem Moskauer Kusminiski-Friedhof ehrt fünf der Toten. Im Leningrader Krasnenski-Friedhof werden zwei der Toten geehrt. Eines einzigen Opfers der *K-19* wird in Selenograd außerhalb von Leningrad gedacht.

1962, 11. JANUAR
Nordmeerflotte Projekt 641, Tango-Klasse, *B-37*, Diesel-U-Boot. Ein Torpedo explodierte während das U-Boot im Heimathafen war. Dar-

aufhin sank das Schiff. 132 Menschen starben; auch auf in der Nähe vertäuten U-Booten. Ein Denkmal für die Toten steht in Polyarny.

1965
Nordmeerflotte November-Klasse, *K-11*. Das U-Boot hatte in Sewerodwinsk einen Reaktorunfall. Sieben Männer aus dem Reparaturteam wurden schwer verstrahlt, als der Reaktor beim Aufladen der Antriebsanlage eine Überspannung bekam.

1965, Februar
Der Eisbrecher *Lenin* hat den ersten Atomunfall. Durch einen Bedienungsfehler bekam der Reaktorkern nicht genügend Kühlmittel, und die Brennelemente wurden beschädigt. 30 Besatzungsmitglieder wurden tödlich verstrahlt. Sechzig Prozent der Brennelemente hatten Schäden. Die restlichen Brennelemente, die Steuerstäbe und die Drosselungsvorrichtungen wurden entfernt und in der Tsiwoli-Bucht auf Nowaja Semlja verklappt. Das Schiff wurde nach Nowaja Semlja geschleppt und dekontaminiert. Ein zweiter Unfall geschah 1967, als eine Leitung des primären Kühlkreislaufs einen Riss bekam. Das Schiff wurde nach Nowaja Semlja geschleppt, wo der beschädigte 3500-Tonnen-Reaktor in Beton eingegossen, herausgeschnitten und dann mit Dynamit durch den Rumpf ins Meer gesprengt wurde. Der Eisbrecher wurde nach Sewerodwinsk geschleppt und lag, bis im Mai 1970 ein neuer Reaktor installiert wurde. Das Schiff wurde außer Dienst gestellt und ist jetzt einen Kilometer außerhalb der Stadt Murmansk vertäut, die Reaktoren sind noch an Bord. Es gibt Pläne, den Eisbrecher in ein Museum umzuwandeln. Die Kosten würden sich auf eine Million Dollar belaufen.

1965, 15. Juli
Nordmeerflotte Projekt 641, Tango-Klasse, Diesel-U-Boot *B-31*. Bei einer Fahrt ins Mittelmeer brach ein Feuer in der Kommandozentrale aus. Vier Besatzungsmitglieder wurden getötet.

1967, 8. September
Nordmeerflotte Projekt 627, November-Klasse, *K-3, Leninsky Komsomol* (das erste in der Sowjetunion gebaute Atom-U-Boot). Bei einem Feuer im Meer vor Norwegen starben 39 Seeleute in Sektion Eins und Zwei. Das Schiff war 2850 Kilometer vom Heimathafen entfernt und kam von einer Tauchfahrt unter das Polareis zurück. Ein Denkmal für die Toten steht in Zapadnaja Litsa.

1968, 8. März
Pazifikflotte Projekt 629, Golf-II-Klasse, SSB, *K-129*. Das U-Boot sank im Pazifik mit der gesamten Besatzung, 98 Männer. Die U.S.S. *Halibut* fand das Wrack und der vordere Teil wurde von der *Glomar Explorer* gehoben. Die Sowjets behaupteten, dass ein Zusammenstoß mit einem amerikanischen U-Boot den Untergang verursacht hätte. Ein Denkmal für die Toten steht in Rybachim Petropawlowsk auf Kamtschatka.

1968, 10. April
Nordmeerflotte Projekt 675, Echo-II-Klasse, *K-172*. Auf einer Patrouille im Mittelmeer wurde eine Sektion mit Quecksilberdampf kontaminiert. Die gesamte Besatzung erlitt Vergiftungen, die Zahl der Opfer ist unbekannt.

1968, 24. Mai
Nordmeerflotte Projekt 645, November-Klasse, *K-27*, mit dem Prototyp eines Reaktors, der mit flüssigem Metall gekühlt wurde (Blei-Wismut). Das U-Boot hatte einen nuklearen Unfall vor Seweromorsk. Brennelemente des Reaktors erreichten 1000 °C; die radioaktiven Werte stiegen auf 2000 Röntgen pro Stunde in der Reaktorsektion und in Teilen der Kommandozentrale. Von den 142 Besatzungsmitgliedern, die der Strahlung ausgesetzt waren, starben sechs sofort, vier später und zwölf waren schwer verstrahlt. Der Rumpf wurde aufgegeben, bis er am 6. September 1981 mit den Reaktoren in der Stepow-Bucht in der Karasee in einer Tiefe von 18 Metern versenkt wurde.

1968, 23. August
Nordmeerflotte Yankee-II-Klasse SSBN, *K-140*. Im Hafen hatte der Reaktor eine unkontrollierte Überspannung. Es gab keine Opfer. Ein beschädigter Reaktor wurde später in der Karasee versenkt.

1968, 10. Oktober
Nordmeerflotte Yankee-I-Klasse, *K-26*. Ein Feuer brach aus, ein Seemann erstickte.

1969, 15. November
Nordmeerflotte Projekt 658M, Hotel-Klasse, SSBN, *K-19*. Das U-Boot stieß in der Barentssee in 24 Metern Tiefe mit der U.S.S. *Gato* (SSN-615) zusammen. Es gab keine Opfer unter den Besatzungsmitgliedern, und das U-Boot kehrte in den Stützpunkt zurück.

1970, 10. Januar
Projekt 641, Foxtrott-Klasse, Diesel-Angriffs-U-Boot. Es stieß mit dem italienischen Schiff *Angelina Laura* im Golf von Neapel zusammen. Das U-Boot verlor die Hälfte des Bugs und vier nukleare Torpedos. Personen kamen nicht zu Schaden.

1970, 8. April
Nordmeerflotte Projekt 627, November-Klasse SSN, *K-8* sinkt vor der spanischen Küste nach einem Feuer in Sektion Drei und Sieben. Das U-Boot wurde zunächst aufgegeben, bis Moskau befahl, es für einen Bergungsversuch erneut zu besetzen. Alle 52 Seeleute, die wieder an Bord gekommen waren, starben, als das Schiff plötzlich in 4270 Metern Tiefe versank. Ein Denkmal für die Toten steht in Seweromorsk.

1970, 20. Juni
Pazifikflotte Echo II SSGN, *K-877*. Das U-Boot galt wegen einer Kollision mit der U.S.S. *Tautog* (SSN-639) als verloren. Der sowjetische Admiral Alexin behauptet, dass das U-Boot 1993 wohlbehalten zum Stützpunkt zurückgekehrt sei.

1970, Ende des Jahres
Bei einem U-Boot der Alpha-Klasse kam es zu einer Kernschmelze. Es wurde in Stücke geschnitten und in der Karasee versenkt. Über Opfer ist nichts bekannt.

1972, 24. Februar
Ein zweiter Reaktorunfall passierte an Bord des Hotel-II-Klasse SSBN, *K-19* der Nordmeerflotte. 28 Besatzungsmitglieder starben in einem Feuer in den Sektionen acht und Neun, während das Schiff im Atlantik 965 Kilometer nordöstlich von Neufundland patrouillierte. Zwölf Besatzungsmitglieder waren bei einem Sturm 24 Tage in der Sektion Zehn eingeschlossen. Das U-Boot kehrte am 4. April nach Seweromorsk zurück.

1973, 14. Juni
Pazifikflotte Projekt 675, Echo-II-Klasse SSGN, *K-56*. Das U-Boot stieß mit dem Forschungsschiff *Akademic Berg* zusammen. 27 Seeleute und ein Fachmann von der Werft starben.

1973, 31. August
Nordmeerflotte Yankee-I-Klasse SSBN, *K-219*. Das Schiff hatte ein

Leck im Raketensilo 15. Ein Seemann, der versuchte ein Feuer im leeren Silo zu löschen, wurde dabei getötet. Das U-Boot kehrte beschädigt in den Heimathafen zurück.

1973, 5. SEPTEMBER
Nordmeerflotte Echo-II-Klasse. Das Atom-U-Boot wurde bei einer Übung vor Kuba von der Artillerie eines sowjetischen Schiffes getroffen. Die Anzahl der Opfer ist unbekannt.

1974, 31. AUGUST
Kaschin-Klasse Raketenzerstörer *Otvaschni* explodierte und brannte im Schwarzen Meer 193 Kilometer südwestlich von Sewastopol. 24 Besatzungsmitglieder starben.

1975, 7. NOVEMBER
Ostseeflotte Krivak-Klasse. Die Besatzung der Fregatte *Storoschewoi* meutert in der Ostsee. Die Zahl der Opfer ist unbekannt. Der politische Offizier, I. Wachoffizier Valeri Sablin, wurde nach einer Verfolgungsjagd durch schwedische Gewässer durch ein sowjetisches Kriegsgericht zum Tode verurteilt und später hingerichtet.

1976, 28. AUGUST
Echo-II-Klasse SSGN stieß mit der U.S.S. *Voge* (DE 1047) im Mittelmeer zusammen. Keine Personenschäden.

1977, 8. SEPTEMBER
Pazifikflotte Delta-I-Klasse SSBN, *K-171*. Das U-Boot warf eine Rakete mit einem Atomsprengkopf in der Nähe von Kamtschatka über Bord, nach einem Leck und dem Aufbau von Druck im Abschusssilo. Der Sprengkopf wurde später wiedergefunden.

1977, 10. SEPTEMBER
Pazifikflotte Yankee-I-Klasse, *K-403*. Bei einer Explosion der Batterie gibt es viele verletzte Besatzungsmitglieder.

1978, 28. DEZEMBER
Pazifikflotte Projekt 667, Delta-I-Klasse SSBN, *K-171*. Zwei Dampfgenerator-Rohre im Reaktor waren defekt. Drei Besatzungsmitglieder starben; offiziell hieß es, dass Fahrlässigkeit der Mannschaft schuld sei. Die Reaktoren wurden in 3000 Meter Tiefe versenkt.

1980, 21. August
Pazifikflotte Projekt 659, Echo-I-Klasse SSN. In dem U-Boot brach 137 Kilometer vor der Ostküste von Okinawa ein Feuer aus. Neun Besatzungsmitglieder starben und 50 wurden im Japanischen Meer evakuiert. Dabei trugen sie weiße Umhänge. Das U-Boot wurde nach Wladiwostok geschleppt.

1980, 30. November
Nordmeerflotte Prototyp Projekt 661, Papa-Klasse *K-162*. In dem atomgetriebenen U-Boot kam es zu einer unkontrollierten Überspannung im Reaktor, während das Schiff in der Werft in Sewerodwinsk lag. Die Zerstörung des primären Reaktor-Kühlkreislaufs war die Folge. Opfer unbekannt.

1981, 21. Oktober
Pazifikflotte Projekt 613, Whiskey-Klasse, Diesel-Angriffs-U-Boot, *S-178*. Nach einem Zusammenstoß mit dem sowjetischen Kühlschiff Nummer 13 gab es eine Explosion und im Anschluss einen Brand. Das U-Boot sank in 30 Metern Tiefe bei Wladiwostok. 32 Männer starben. Die Toten sind auf dem Marinefriedhof von Wladiwostok begraben.

1981, 27. Oktober
Ostseeflotte Projekt 613, Whiskey-Klasse, Diesel-Angriffs-U-Boot, *S-137*. Es lief in schwedischen Gewässern vor Karlskrona auf Grund. Der befehlshabende Offizier wurde später vor ein Kriegsgericht gestellt.

1983, Juni
Pazifikflotte Viktor-III-Klasse SSGN, *K-324*. Das U-Boot vom Pazifikstützpunkt Rakuschka stieß mit dem chinesischen U-Boot der Han-Klasse SSN bei der Insel Putjatin 100 Kilometer südöstlich von Wladiwostok im Seegebiet 99 zusammen. Die Han ließ Schrauben- und Ruderteile im Bug der Viktor III. Der befehlshabende Offizier der *K-324*, II. Wachoffzier Viktor Uschakow, behauptete, dass die Han bei der Insel Aschkold in einer Tiefe von einem Kilometer versunken sei. Die ganze Besatzung sei ums Leben gekommen. Eine sowjetische Untersuchung, die von der Pazifikflotte beim fernöstlichen Zweig der Akademie der Wissenschaften in Auftrag gegeben wurde, ergab 1989 extrem hohe Strahlungswerte von bis zu 1000 Röntgen pro Stunde in einem Fünf-Meilen-Radius um den zerstörten Rumpf

der Han. Nachrufe, die in chinesischen Zeitungen erschienen, bestätigen, dass viele erfahrene U-Boot-Konstrukteure 1983 bei einem U-Boot-Unfall ums Leben kamen.

1983, 23. JUNI
Pazifikflotte Projekt 670, Charlie-I-Klasse SSGN, *K-429*. Das U-Boot sank während einer Lecksicherungsübung, als Meerwasser durch ein offenes Raketenrohr eindrang. Sechzehn Seeleute starben in der Kratschennikow-Bucht, 7 Kilometer vor der Küste. Das Schiff wurde 1983 gehoben.

1984, 13. MAI
Eine Explosion in Seweromorsk zerstörte das komplette Raketenlager der Nordmeerflotte. Dabei kamen mehr als 200 Menschen ums Leben.

1984, 18. JUNI
Nordmeerflotte Projekt 675, Echo-II-Klasse SSGN, *K-131*. In der Barentssee brach ein Feuer auf dem U-Boot aus. 13 Männer starben und wurden in Widajewo begraben. Das U-Boot wurde später gehoben.

1984, 18. SEPTEMBER
Pazifikflotte Projekt 629, Golf-II-Klasse SSB. Das U-Boot verhedderte sich im Tau eines japanischen Fischernetzes, dadurch brach aufgrund einer elektrischen Überlastung ein Feuer aus. Der Trawler *Sumiyoshi Maru* wurde zurückgezogen, bevor das Tau durchgeschnitten werden konnte. 13 Besatzungsmitglieder starben. Das U-Boot kehrte aus eigener Kraft in den Heimathafen zurück.

1984, 21. SEPTEMBER
Nordmeerflotte Projekt 671, Viktor-I-Klasse SSN. Es stieß bei einer Übung zur verdeckten Durchfahrt durch die Straße von Gibraltar von unten gegen den Rumpf eines begleitenden sowjetischen Tankers. Der Bug wurde abgerissen, die Torpedorohre und das Sonar lagen frei. Opfer unbekannt.

1985, 10. AUGUST
Pazifikflotte Projekt 675, Echo-II-Klasse SSGN, *K-431*. Beim Austausch der Brennstäbe in der Chazma-Bucht wurde die Einheit mit den Brennelementen versehentlich angehoben. Bei der folgenden Ex-

plosion wurden zehn Menschen zerrissen und die Reaktorabdeckung flog weg. Die Reaktoren wurden entfernt und das U-Boot an Land gezogen, um den Untergang zu verhindern. Dabei wurde die Umgebung schwer verstrahlt. Das Schiff wurde außer Dienst gestellt und ist jetzt im Hafen vertäut. Die Reaktorsektion wurde entfernt und gelagert.

1986, 3. Oktober
Nordmeerflotte Yankee-I-Klasse *K-219*. Ein Brand, der nach der Explosion einer Rakete ausbrach, forderte vier Opfer. Das U-Boot sank vor der Küste der Bermudas mit 36 Atomsprengköpfen und acht mit Atomsprengköpfen versehenen Torpedos an Bord. Der Ingenieur Sergej Preminin verhinderte eine nukleare Katastrophe, indem er von Hand den Reaktor herunterfuhr. Ein Denkmal für den jungen Seemann steht in Murmansk.

1986, 20. Oktober
Die Sowjetmarine behauptete, dass die U.S.S. *Augusta* (SSN-170) mit der Delta-1 SSBN *K-279* im Ostatlantik zusammengestoßen wäre. Der Kommandant Boris Apanasenko und der Erste Offizier Wladimir Tarasenko erklärten später, dass sie aufgetaucht seien, um den Schaden zu prüfen. Die *Augusta* blieb unter Wasser und kehrte am 27. Oktober zu Reparaturen in die Groton Werft in New London zurück. Der Schaden an ihrem Bug betrug circa 3 Millionen Dollar.

1988, 1. November
Auf dem Atomeisbrecher *Rossija* kam es in Murmansk fast zu einer Kernschmelze, als der sekundäre Kühlkreislauf eines Reaktors versehentlich frei gesetzt wurde.

1989, 7. April
Nordmeerflotte Projekt 685, Mike-Klasse, Atom-Angriffs-U-Boot, *K-278, Komsomolets*. Es sank vor Norwegen nach einem Brand. 42 Besatzungsmitglieder starben. Ein Denkmal für die Toten steht in Murmansk.

1991, 26. Januar
Pazifikflotte Projekt 641, Foxtrott-Klasse, Diesel-Angriffs-U-Boot. Da Schiff sank, während es in Wladiwostok im Dock lag. Es gab keine Opfer, und das U-Boot wurde gehoben.

1992, 11. FEBRUAR
Nordmeerflotte Sierra-Klasse SSN. Das U-Boot stieß mit der U.S.S. *Baton Rouge* vor der Halbinsel Kola zusammen.

1992, 15. MAI
Schwarzmeerflotte Projekt 877, Kilo-Klasse, Diesel-Angriffs-U-Boot, *B-596*. An Bord kam es zu einer Rebellion. Der Konflikt führte zur vorzeitigen Entscheidung die Schwarzmeerflotte zwischen der GUS und der Ukraine aufzuteilen.

1993, 20. MÄRZ
Nordmeerflotte Projekt 667, Delta-VI-Klasse SSBN. Das U-Boot stößt in der Barentssee mit der U.S.S. *Greyling* zusammen. Opfer waren keine zu beklagen. Der befehlshabende Offizier des russischen U-Bootes, Kommandant Andrei Bulgarkow, gab dem Autor ein Foto von den Schäden des Zusammenstoßes.

1994, 18. MAI
Pazifikflotte Explosion im Munitionsdepot. Opfer unbekannt.

2000, 12. AUGUST
Nordmeerflotte Projekt 949, Oscar-II-Klasse SSGN, *K-141 Kursk*. Das U-Boot explodiert und sinkt in 108 Meter tiefem Wasser nördlich der Halbinsel Kola. 118 Besatzungsmitglieder kamen ums Leben. Das U-Boot wurde im Oktober 2001 gehoben.

BIBLIOGRAPHIE

Interviews, Gesprächsberichte

* Quelle in russischer Sprache

Andrejew, Gennady Alexejewitsch, Kapitän, ehemaliger befehlshabender Offizier von Yankee-Klasse SSBN, Spezialist für Flag-Raketen, Ghadzhiewo Division. Interview, St. Petersburg, 2. Oktober 1995.

Antonov, Gennady Nikolajewitsch, Konteradmiral, ehemaliger befehlshabender Offizier von Delta-Klasse SSBN, Chef der Raketenkommission der Marine, Inspektionskommission, russisches Verteidigungsministerium. Interview, St. Petersburg, 2. Oktober 1995.

Argunow, Sergej, Kapitän, ehemaliger befehlshabender Offizier von Charlie-II-Klasse SSGN, Pazifikflotte, dieses U-Boot folgte der U.S.S. *Enterprise* CVN 65 während ihrer Fahrt im Westpazifik im Mai 1978. Interview, St. Petersburg, 27. September 1995.

Britanow, Igor A., Kapitän, ehemaliger befehlshabender Offizier und Überlebender von Yankee-Klasse SSBN *K-219*. Interview, Moskau, 8. November 1994.

Bystrow, Konteradmiral, erster stellvertretender Leiter des Marinestabes der UdSSR für Operationen und Planung, Gesprächsbericht, Washington, D.C., 8.–14. Juli 1989.

Dygalo, Viktor Ananewitsch, Konteradmiral, Kommandant der Division, zu der die Golf-II SSB *K-129* gehörte (sank im Pazifik am 8. März 1968, gehoben von U.S. CIA Op. *Jennifer*). Früherer Redakteur von *Morskoi Sbornik*. Interview, Moskau, 23. September 1996.

Geraschenko, Vasili Wladimirowitsch, Stabsbootsmann, Überlebender des Untergangs der Mike-Klasse Komsomolets, 7. April 1989. Interview, St. Petersburg, 28. September 1995.

Iwanow, Wladimir Petrowitsch, Konteradmiral, ehemaliger Direktor der sowjetischen Marine-Spionageabwehr 1986–1991. Interview, St. Petersburg, 1. Oktober 1996.

Jasov, Dmitry, Marschall, Verteidigungsminister der UdSSR, Gesprächsbericht. Sewastopol, 9. August 1988.

Kalistratow, Nikolai Jakoblewitsch, Generaldirektor des wissenschaftlichen Produktionskomitees Kleiner Stern (Konstruktion von Atom-U-Booten und Trainingszentrum) Sewerodwinsk, Russland. Interview, St. Petersburg, 30. Juli 1996.

Kapitanets, Admiral, Erster stellvertretender Befehlshaber der Sowjetflotte und ehemaliger Kommandant der Nordmeerflotte. Gesprächsbericht. Moskau, 10. Juli 1989.

Kapitulsky, Gennadi Ja., Kapitän, ehemaliger Ingenieur für die Antriebsanlage, Überlebender der Yankee-Klasse SSBN *K-219*. Interview, St. Petersburg, 15. November 1994, 26. September 1995.

Kipjatkowa, Anna I., Direktorin der Abteilung für die Geschichte des U-Boot-Baus, Zentrales Konstruktionsbüro für Marine-Ingenieurswesen, Rubin. Interview, St. Petersburg, 26. September 1995.

Kwatow, Admiral, Oberbefehlshaber der Pazifikflotte. Gesprächsbericht. Wladiwostok, 12. Juli 1990.

Kronopulo, Admiral, Oberbefehlshaber der Schwarzmeerflotte. Gesprächsbericht. Sewastopol, 9. August 1988; 4.–8. August 1989; 10. Oktober 1989.

Kochergin, Igor, N., Kapitän, ehemaliger medizinischer Offizier und Überlebender der Yankee-Klasse SSBN *K-219*. Interviews, St. Petersburg, 15. November 1994 und 1. August 1996.

Komarow, B. M., Vizeadmiral, erster stellvertretender Leiter des Marinestabes für Operationen und Planung. Gesprächsbericht. Moskau, Sewastopol, 4.–9. Juni 1988, 6. August 1989.

Kormilitsin, Chefkonstrukteur, Zentrales Konstruktionsbüro für das Mike-Klasse SSN *Komsomolets*, Marine-Ingenieurwesen, Rubin. Interview, St. Petersburg, 25. September 1995.

Krasnow, Engels Jakowljewitsch, Konteradmiral, Chef der Hochseeraketentests 1970–1975, Klassenkamerad und enger Freund von Nikolai Fedorovich Artamonov. Interview mit Lev Wtorygin, St. Petersburg, 1. September 1996.

Krause, Wladimir Alexejewitsch, Kapitän, ehemaliger Assistent des Marineattachés in Ottawa und Washington D.C., 1986–1990. Interviews, 8.–13. November 1994.

Kurdin, Igor, K., Kapitän, ehemaliger Erster Offizier von Yankee-Klasse *K-219*, und befehlshabender Offizier von Delta-IV-Klasse, *K-459*. Interviews, St. Petersburg, 15. November 1994, 18. September – 2. Oktober 1995.

Kuzmin, Vizeadmiral, erster stellvertretender Befehlshaber des Nachschubs, Nordmeerflotte. Gesprächsbericht. Seweromorsk, Moskau, Sewastopol, 8.–13. Oktober 1989.

Loikanen, Gary Henrikowitsch, Konteradmiral, ehemaliger Kommandant der Yankee-Flotille bei der Nordmeerflotte. Interview, St. Petersburg, 27. September 1995.

Machonin, Admiral, ehemaliger erster stellvertretender Leiter des sowjetischen Marinestabes für Logistik 1988–1991. Interview, Moskau, 14. November 1994.

Moisejev, Armeegeneral, ehemaliger Chef des sowjetischen Generalstabs 1988–1991. Interview, Moskau, 14. November 1994.

Muru, N. P., Kapitän, Dr. ing., Professor, Überlebender der Rettung und Hebung des Schlachtschiffes *Novorossysk* 1955. Interviews, St. Petersburg, 15. November 1994 and 27. September 1995.

Musatenko, Roman Iwanowitsch, Kapitän, ehemaliger Erster Offizier der Yankee SSBN, Direktor der Waffenabteilung an der Kriegsakademie. Interview, St. Petersburg, 28. September 1995.

Muschketow, Michail P., Kapitän, stellvertetender Direktor des zentralen Marinemuseums. Interview, 26. September 1995.

Navojtsew, Pjotr Nikolajewitsch, Admiral, ehemaliger erster Stellvertreter beim Marinestab für Operationen 1975–1987. Interview in Washington, D.C., 18.–24. Juni 1987, als er die sowjetische Delegation zu den jährlichen sowjetisch-amerikanischen Gesprächen über Zwischenfälle auf See begleitete.

Nikitin, Ju., Kapitän, Autor. Interview, Moskau, 8. November 1994.

Owscharenko, Alexei Michailowitsch, Konteradmiral, ehemaliger Kommandant von Diesel-U-Booten und Flotillenkommandant. Interview, St. Petersburg, 27. September 1995.

Petrachkov, Alexei, Kadett an der Nachimov-Marine-Vorbereitungsschule, Sohn von Kapitän Petrachkov, ehemaliger Waffenoffizier, getötet beim Zwischenfall an Bord der Yankee *K-219*. Interview, St. Petersburg, 15. November 1994.

Ponikarovskiy, Valentin Nikolajewitsch, Admiral, ehemaliger befehlshabender Offizier von November-Klasse SSN, stellvertretender Kommandant für U-Boot-Operationen bei der Nordmeerflotte, Leiter der Marine-Kriesgakademie in St. Petersburg. Interview, St. Petersburg, 29. September 1995.

Romanow, Dimitri Andrejewitsch, ehemaliger Chefkonstrukteur im zentralen Konstruktionsbüro der Marine. Rubin, Stellvertretender Vorsitzender des Erinnerungsstiftung für das U-Boot *Komsomolets*. Interview, St. Petersburg, 27. September 1995.

Rusin, Alexander, Kapitän, Ingenieur, Schwarzmeerflotte. Interviews, Sewastopol, 4.–10. August 1989.

Rusin, Wjatscheslav, Leutnant im medizinischen Stab, Stabsarzt an Bord des Kreuzers *Kirow*. Interview, Seweromorsk, 13. Oktober 1989.

Russin, Juri Sergejewitsch, Konteradmiral, ehemaliger Stabschef der Kamtschatka-Flotille, zu der Golf-II-Klasse SSB *K-129*, gehörte. Interview.

Rutskoi, Alexander, V., Vizepräsident der GUS, Gesprächsbericht. Moskau, 5. September 1991.

Seliwanow, Je. V., Stabschef, Schwarzmeerflotte, 1985–1989, Kommandant des Marinestützpunktes Leningrad, 1989–1992. Gesprächsbericht. Sewastopol, 4.–8. August 1989; Leningrad, 28. Juli 1990. Stabschef der Marine, Interview, Moskau, 20. September 1995.

Schewardnadse, Eduard, ehemaliger Außenminister der UdSSR. Gesprächsbericht. Moskau, 20. Juni 1991; Interview, 5. September 1991.

Tschernawin, Lev Dawidowitsch, Konteradmiral, ehemaliger Kommandant von Foxtrott SS und Divisionskommandant während der Kubakrise 1962, Leiter der Kommission für den historischen Kreuzer *Aurora*. Interview, St. Petersburg, 29. September 1995.

Tschernawin, Wladimir. N., Flottenadmiral, Befehlshaber der Sowjetmarine, Gesprächsbericht. Moskau, 6. Oktober 1989, 14. Juli 1992, St. Petersburg, 29. Juli 1996.

Tschifonow, Konteradmiral, Stellvertretender Leiter des Untersuchungsausschusses zum Untergang der Yankee-Klasse SSBN *K-219*, befehlshabender Offizier von Delta-IV-Klasse SSBN. Interview, Moskau, 8. November 1994.

Wtorygin, Lev Alexejewitsch, Kapitän, ehemaliger sowjetischer Marineattaché in Washington, D.C., 1960–1964. Interview, Moskau, 13. November 1994, 23. September 1995, 30. Juli 1996; Raymond, Maine, 29. September bis 6. Oktober 1996.

Zadorin, Kapitän, ehemaliger Assistent des Befehlshabers der sowjetischen Flotte V. N. Tschernawin, 1985–1991. Interview, Moskau, 8. November 1994.

Private und Regierungsdokumente und -studien

Bellona Report Volume Two, "The Russian Northern Fleet – Potential Risk of Radioactive Contamination of the Region," Thomas Nilsen, Igor Kudrik, Alexander Nikitin. Moskau: Bellona Foundation, 19. April 1996.

Bellona Report Volume Three, "The Arctic Nuclear Challenge," Nils Bomer, Alexander Nikitin, Igor Kudrik, Thomas Nilsen, Michael McGovern, Andrey Zolotov. Moskau: Bellona Foundation, 13. Juni 2000.

Decommissioning of Nuclear Facilities: "Decommissioning of Nuclear Powered Submarines," Konferenzbericht, Dr. John H. Large, Large and Associates Ltd., Konferenz organisiert von IBC Technical Services, Ltd., 10.–11. Februar 1993.

Deep Sea Radiological Environmental Monitoring Conducted at the Site of the Nuclear-Powered Submarine U.S.S. *Thresher* Sinking. (R/V LULU Voyage 119 and ORV Cape Florida Cruise CF-83-11A, August 2–12, 1983; and R/V ATLANTIS II Voyage #117 Leg #1, August 19 – September 15, 1986). Richard B. Sheldon und John D. Michne. Oktober 1993. KAPL, Inc. Knolls Atomic Power Laboratory, Schenectady, New York. KAPL-4748.

Deep Sea Radiological Environmental Monitoring Conducted at the Site of the Nuclear-Powered Submarine U.S.S. *Scorpion* Sinking. (R/V ATLANTIS II Voyage #117 Leg #1, August 19 – September 15, 1986) Richard B. Sheldon und John D. Michne. Oktober 1993. KAPL, Inc. Knolls Atomic Power Laboratory, Schenectady, New York. KAPL-4749.

Greenpeace Trip Report: Subject: "Radioactive Waste Situation in the Russian Pacific Fleet, Nuclear Waste Disposal Problems, Submarine Decommissioning, Submarine Safety, and Security of Naval Fuel." Joshua Handler, Forschungskoordinator, Abrüstungskampagne, 27. Oktober 1994.

Greenpeace Working Paper, "Soviet Submarine Accidents and Submarine Safety." Joshua Handler, Forschungskoordinator, Greenpeace Kampagne für atomfreie Meere, Washington, D.C., 4. September 1991.

Greenpeace, "Spying Beneath the Waves: Nuclear Submarine Intelligence Operations – An extract from "The Nuclear Navy." Vorbereitet von Hans M. Kristensen, Greenpeace International, August 1994.

Greenpeace, "Soviet/Russian Submarine Accidents: 1956–1994." Joshua Handler, Forschungskoordinator, Greenpeace Internationale Abrüstungskampagne, 9. Oktober 1994.

Greenpeace, "Testimony for the U.S. Senate Permanent Subcommittee on Threat Posed by the Proliferation of Weapon of Mass Destruction," von Joshua Handler, Greenpeace Abrüstungskampagne, 13. März 1996.

Neptune Papers No. Three, "Naval Accidents 1945–1988." William M. Arkin und Joshua Handler, Greenpeace, Institute for Policy Studies, Juni 1989.

Russian Nuclear-Powered Submarine Decommissioning, Oleg Bucharin und Joshua Handler. Amsterdam, Science and Global Security, 1995, Volume 5, S. 245–271.

Tragedy and Triumph: The Sinking and Salvage of Battleship Novorossysk, Murmu, N. P., Doktor der Technik, Professor, Ingenieur, Überlebender der Such- und Rettungsmannschaft 1955. Unveröffentlichtes persönliches Manuskript, 1993.*

U.S. Council for Energy Awareness, Study Source Book, 1992. Soviet-Designed Nuclear Power Plants in the Former Soviet Republics and Czechoslovakia, Hungary and Bulgaria. U.S. Council for Energy Awareness, 1776 I Street, NW, Washington, D.C., 20006-3708.

"Yablokov Report," Facts and Problems Related to Radioactive Waste Disposal in Seas Adjacent to the Territory of the Russian Federation (Materials for a Report by the Government Commission on Matters Related to Radioactive Waste Disposal at Sea, Created by Decree No. 613 of the Russian Federation President, October 24, 1992). Office of the President of the Russian Federation, Moskau 1993.

AUTOBIOGRAFIEN, MEMOIREN UND BERICHTE AUS ERSTER HAND

Agar, Augustin, VC, Baltic Episode: *A Classic of Secret Service in Russian Waters.* London: Conway Maritime Press, 1963.

Burow, Wladimir Nikolaevich, Vizeadmiral, Otechestvennoe Voennoe Korablestroenie V Tretyem Stoleti Svoeii Istorii *(Patriotic Naval Shipbuilding During the Past 300 Years).* St. Petersburg: Federal Program of Russian Publishers, 1995.*

Chernavin, Wladimir N., Flottenadmiral, *The Log*: "The Fleet and The Destiny of Russia." Moskau: Andreevski Flag, 1993.*

________________, *Atomi Podvodni'* (Atoms Underwater). Moskau: Andreevski Flag, 1993.*

Colby, William und Peter Forbath, *Honorable Men*. New York: Simon and Schuster, 1978.

Courtney, Anthony, Commander, *Sailor in a Russian Frame*. London: Johnson, 1968.

Custine, Marquis, *Journey of Our Time*. New York: Pelligrini and Cudahy, 1956.

Daniloff, Nicholas, *Two Lives, One Russia*. New York: Avon, 1988.

Djilas, Milovan, *Conversations With Stalin*. New York: Harcourt Brace and World, 1962.

Gorbatschow, Michail S., *Erinnerungen.* Berlin: Siedler, 1995.

Kalugin, Oleg mit Fen Montaigne, *The First Directorate: My Thirty-Two Years in Intelligence and Espionage Against the West.* New York: St. Martin's Press, 1994.

Michailovski, Arkadi, P., Admiral, *Vertikalnoye Vspl'itie (Blow to the Surface)*. St. Petersburg: Nauka, 1995.*

Mormul Nikolai, *Atomnye Unikalnye Strategicheskie, Zapiski Ispyitalyelya Atomnikh Podvodnikh Lodok (Memoirs of Nuclear Submarine Trials)*. Murmansk: Dom, 1997.*

Romanov, D. A., *Tragediya Pdvodvodnoi Lodki Komsomolets, Argumenti Konstrucktura (Tragedy of Submarine* Komsomolets, *Arguments of the Constructor).* St. Petersburg: Peasant and Humanitarian Institute Press, 1995.*

Samoylov, V., Admiral (Reserve), "Seventeen Hundred Meters Down Aboard the *Komsomolets*," Morskoi Sbornik, Vol. 4, September 1992, S. 33–36.*

Soviet General Staff Archives, "Anadyr." File Six, Volume 2, S. 144, Moskau, 1962.*

Standley, William H. und Arthur A. Ageton, *Admiral Ambassador to Russia*. Chicago: H. Regnery, 1955.

Stevens, Leslie, *Russian Assignment.* Boston: Little Brown, 1955.

Tolley, Kemp, *Caviar and Commissars: The Experiences of a U.S. Naval Officer in Stalin's Russia.* Annapolis: Naval Institute Press, 1983.

Zavarin, V., "In Memory of the Living," Morskoi Sbornik, Nr. 6, 1990, S. 42–46.*

Zhiltsov, Lev; Nicolai Mormoul; Leonid Ossipenko, *La Dramatique Histoire Des Sous-Marins Nucléaires Soviétiques: Des exploits, des échecs et des catastrophes cachées pendant trente ans.* Paris: Robert Laffont, 1992.

____________________ . *Atomnaya Podvodnaya Epopeya: Exploits, Misfortune, Catastrophes.* Moskau: A/O "Borgee," 1994.*

ZEITUNGSARTIKEL

Allyn, Bruce J. und James G. Blight, "Closer Than We Knew." *The New York Times,* 2. November, 1992. Letters, S. A18.

Atlas, Terry, "Old Russian Nuclear Subs Pose Environmental Threat, Study Says," *Chicago Tribune,* 26. Februar 1993. Section 1, S. 5.

Babashin, Gerald, *"Tragediya V Rezhime Molchaniya"* (Tragedy in the Regime of Silence), *Sem'ya*, Nr. 11, St. Petersburg, 1997.

Bivens, Matt, "Soviet Captain Recounts Tale of a 'Chernobyl' Under Sea." *The Nation,* Bangkok, Thailand, 21. Mai 1993, S. 1.

Black, Norman, "Augusta Likely Hit Soviet Sub," *The Day,* New London, Connecticut, 2. März 1987.

Bobkov, B. N., "Why No Foreign Sources on Diversionary Tactics?", *Krasnaya Zvezda,* 21. Mai 1988.*

Bohlen, Celestine, "Soviet A-Sub Blaze Off Bermuda Kills Three", *The Washington Post,* 5. Oktober 1986.

Broad, William J. "Navy Has Long Had Secret Subs." *The New York Times,* 7. Febr. 1994. S. A1–B7.

________, "Disasters With Nuclear Subs In Moscow's Fleet Reported," *The New York Times.* International, 26. Februar 1993.

________, "Sunken Sub to Be Tested for Nuclear Leaks," *The New York Times*, 1. August 1993, S. 8.

________, "Hazard Is Doubted From Sunken Sub," *The New York Times*, 5. September 1993.

________, "Russians to Seal Sunken Nuclear Torpedoes," *The New York Times*, 19. September 1993, S. 19.

Bushev, Aleksandr, "Kontr-Admiral Mormul' Idiet Na Dno" (Kontr Admiral Mormul Goes Bottoms Up), *Komsomolskaya Pravda,* Moskau, 27. Dezember 1995.*

Campbell, Matthew, "Revealed: the Real Red October Story," *Sunday Times*, London, 3. Oktober 1993, S. 1.

Gellman, Barton, "U.S. and Russian Nuclear Subs Collide," *The Washington Post*, Washington, D.C., 22. März 1993.

Getz, Bill, "Ukraine Won't Finish Russian Flattop," *The Washington Times*, 1. Januar 1997, S. A3.

Gordon, Michael R., "Russians Asked U.S. Aid to Raise Lost Atom Sub," *The New York Times*, 24. November 1993.

Gundarov, Vladimir, "Violation of Rules of Submarine Operations, Together with an Incident of Concealment; Collision of a Russian Atomic Submarine with an American Nuclear Sub (U.S.S. *Greyling*) in the Eyes of Witnesses." *Krasnaya Zvesda*, Nr. 69–70, 27. März 1993, S. 1.*

Harnon, William H., "Russian and American Pilots Play Chicken," *The New York Times* Magazine, 22. November 1970, S. 25.

Hague, Frederic, "Russian Treason Case Tests New Freedom," *The New York Times, Portland Press Herald*, Portland, 27. November 1996, S. 3.

Hoffman, David, "Russia Accuses Ex-Officer of Spying," *The Washington Post*, Washington, D.C., 12. Februar 1996.

_________, "Russian Ex-Navy Captain Is Charged With Treason," *The Washington Post*, 3. Oktober 1996, S. A29.

_________, "Russian Turmoil Reaches Nuclear Sanctum," *The Washington Post*, 22. Dezember 1996, S. A34–36.

Kolton, Ilya, "Surface and Show; Secret Documents About the Condition of Submarines in the Russian Fleet," *Sobesednik*, Nr. 12, Juni 1992, S. 1–3.*

Nikitin, Yevgeni, "Without the Secret Caveat: The Secret of Submarine *Yankee*," *Rossiskaya Gazeta*, 2. September 1994. S. 6.*

Mellgren, Doug, "Russia's Nuclear Woes Said World Threat," Associated Press, *Potomac News*, Woodbridge, Virginia, 7. Dezember 1994.

Offley, Ed, "Sub that came in from the Cold: Spy vessel finds new home, but is mission familiar?" *Navy Times*, 12. Dezember 1994, S. 8.

_______, "Russian Warships Pose Threat – To Russians," *Seattle Post-Intelligencer*, 26. Februar 1993, S. A2.

Pincus, Walter, "Military-to-Military Talks on Cuts Suggested," The Washington Post, 18. Juli 1988, S. 1-8.

Pitt, David, E., "Pentagon Fights Wider Ocean-Dumping Ban," The New York Times, 26. September 1993, S. 8.

Ploskurovskaya, Y., "Extraordinary American Emissary in Moscow," Moscow Evening News, 18. Juli 1989, S. 3.*

Razumn'iy, A., "Tired of Submarines in the Deep, I Came Home," Polyarka, 23. Februar 1993.*

Smith, R. Jeffrey, "U.S. Officials Acted Hastily In Nuclear Test Accusation, CIA Hesitates to Call Russian Event a Quake," The Washington Post, 20. Oktober 1997, S. A1-A7.

Solovyev, S., "Once More About the Tragedy Novorossysk," Krasnaya Zvezda, 27. Januar 1990.*

Strouse, Charles, "At The Moscow Embassy, U.S. Blindsided by Caution," The Daily Press, Newport News, Virginia, 22. Januar 1988, S. 4. Nachdruck aus The New Republic.

Sullivan, Walter, "Soviet Nuclear Dumps Disclosed," The New York Times, 24. November 1992, S. C9.

Tutorskaya, S., Iswestija, 11. Mai 1991.*

Volkogonov, Dmitri, General, "Looking Back: The Search for Information about the Crew of K-129," Krasnaya Zvezda, 11. Dezember 1993, S. 1-4.*

Williams, Daniel, "Legacy of Soviet Nuclear Tests Haunts Kazakhstan," The Washington Post, 7. November 1997, S. A1-A33.

Yakimets, Vladimir, "Splitting the Atom, the First Half- Century." Sobesednik, 1994, S. 3-7.*

Yemelyanekov, Aleksander, "The Navy: In Tragedies at Sea – Conditions Ashore. Unsinkable, From Notes Under the Caveat 'Secret.'" Sobesednik, Nr. 14, April 1992, S. 4-5.*

York, Geoffrey, "Black Sea Imbroglio Strains Ties, Spat Strands Fleet," The Washington Times, 30. November 1996, S. A1.

Sekundärquellen und Zeitschriften

Ablamonov, P. F., Admiral: Twice Hero of the Soviet Union, S.G.Gorshkov. Moskau: Publisher of Political Literature, 1986.*

Aleksin, V., Kontr Admiral, "The Case of Operation Jenifer," Morskoi Sbornik, 5. Juni 1992, S. 79-83.*

____________________, "Incident in the Barents Sea," Morskoi Sbornik, 5. Juni 1992, S. 21-22.*

____________________, "The Fleet's Accident Rate," Morskoi Sbornik, Nr. 10, 1992, S. 37-42.*

____________________, "They Died At Action Stations," Morskoi Sbornik, Nr. 12, 1993, S. 12-14.*

Andrew, Christopher und Oleg Gordievsky, Das Schwarzbuch des KGB. München: Ullstein, 2001.

Beschloss Michael R. and Strobe Talbott, At The Highest Levels: The Inside Story of the End of the Cold War. Boston: Little Brown, 1993.

Berezhnoi, S. S., Flot SSSR Korabli i Suda Lendlisa, Spravochnik (The U.S.S.R. Fleet, Ships of Lend Lease, and Reference). St. Petersburg: Velen', 1994.*

Boechin, Igor, "Investigating a Catastrophe: Sarcophagus at Bear Island?" Technika-Molodezhi, Nr. 10, 1994, S. 30-35.*

Brown, Anthony Cave, The Last Hero. New York: Time-Life Books, 1982.

Bukan, S. P., Investigating Underwater Catastrophes. Moskau: Guild Master "Rus'", 1992.*

Burleson, Clyde W., The Jennifer Project. Englewood Cliffs: Prentice-Hall, 1977.

Burov, V. N., Patriotic Naval Shipbuilding (Otechestvennoe Voennoe Korablectroenie). St. Petersburg: Sudostroenie, 1995.*

Capelotti, P.J., Our Man in the Crimea: Commander Hugo Koehler and the Russian Civil War. Columbia: University of South Carolina Press, 1991.

Cherkashin, Nikolai, "Requiem for a Battleship," aus The Secret Bond that Binds all Seamen. Moskau: Voenizdat, 1990.*

______ , The Log, "Hiroshima"; Surface at Noon. Moskau: Andreevsky Flag, 1993.*

______ , The Log, "Last Parade"; Chronicle of an Anti-Brezhnev Rebellion. Moskau: Andreevsy Flag, 1992.*

______ , The Log, "Kak Pogibayut Submarini" (How Subs Die). Moskau: Andreevsky Flag, 1995.*

______ , "Povsednevnaia Zhizn Russuskikh Podvodnikov." Moskau: Molodaia Guardia, 2001.

Corson, William R. and Susan B. Trento, Widows: Four American Spies, the wives they left behind, and the KGB's crippling of American intelligence. New York: Crown Publishers, 1989.

Dotsenko, V. D., Flot v Voina i Pobeda (The Fleet in War and Victory) 1941-1945. St. Petersburg: Sudostroenie, 1995.*

Drew, Christopher and Sherry Sontag, Jagd unter Wasser. Die wahre Geschichte der U-Boot-Spionage. München: Bertelsmann, 2000.

Dybski, Kiril, "The Secret of Volume Nr. 33," Chest Imayu, Nr. 7, 1994, S. 16-19.*

Erichkson, William, Lighting the Dark: Revolution in Eastern Europe. New York: William Morrow and Co. 1990.

Fleming, Peter, The Fate of Admiral Kolchak. London: Rupert Hart Davis, 1963.

Grebera, Rene, "Wie ging die Novorossysk Verloren?" Marine Rundschau, Nr. 6, 1989, S. 369-373.

Golovko, A., With the Fleet. Moskau: Progress, 1979.

Guttridge, Leonard, F., Munity: A History of Naval Insurrection. Annapolis: Naval Institute Press, 1992.

Handler, Joshua, "No Sleep In the Deep for Russian Subs." Bulletin of the Atomic Scientists, April 1993, S. 7-9.

__________, "Submarine Safety – The Soviet/Russian Record," Jane's Intelligence Review, Juli 1992–International, S. 328-332.

Herbig, Jost, Im Labyrinth der Geheimdienste: Der Fall Jennifer. Frankfurt am Main: Fischer, 1981.

Herrick, Robert Waring, Soviet Naval Strategy. Annapolis: U.S. Naval Institute Press, 1968.

__________, Soviet Naval Theory and Policy, Gorshkov's Inheritance. Annapolis: U.S. Naval Institute Press, 1988.

Hurt, Henry, Nick Shadrin, The Spy Who Never Came Back. New York: McGraw Hill, 1981.

Hraptovich, Albert, "We Riveted Hundreds of Floating Targets," Rossiskaya Gazeta, 19. Oktober, 1994.

Karzhavin, B.A., Sinking of the Otvazhniy: Documentary History of a Naval Catastrophe. Moskau: Korvet, 1993.*

________, The Sinking of the Battleship Novorossysk: Documents and Facts. St. Petersburg: Polytechnik, 1992.*

________, The Mystery of the Sinking of the Battleship Novorossysk. St. Petersburg: Polytechnik, 1991.*

________, "Novorossysk, Lessons of the Tragedy," Morskoi Sbornik, Nr. 4, 1991.*

________, Secret Archives: The Loss of Otvazhniy. St. Petersburg: Korvet, 1994.*

Kasatanov, V. A., Admiral; Senatski, Yu. K.; Shigin, V. V., The Log, "Kholodnaya Voina Poteplenie ili proriv?" (Cold War: Heating Up or a Break?). Moskau: Andreevski Flag, 1995.*

Korshunov, Yuri, "America Discovers Russia," Stari Peterburg, Vol. 24, S. 33, Sommer, 1989.*

Kostomarov, V., "Prosti Novorossysk," Strazh Baltik, 24. März 1992.*

Kraus, George R., "Papa, Alfa, and Soviet Submarine Innovation," U.S. Naval Institute Proceedings, Februar 1994, S. 87-88.

Kravtsov, Anatoli, "Investigating An Underwater Chernobyl?" Ogonyok, Dezember 1993, S.44-45.*

Lehovich, Dimitry V., White Against Red, The Life of General Anton Denikin. New York: W. W. Norton, 1993.

Leskov, Sergei, "Nuclear Dumping: Lies and Incompetence," The Bulletin of Atomic Scientists, Juni 1993, S. 13-14.

Loubat, J., Fox's Mission to Russia. New York: 1873.

Minchenko, S., Captain 1st Rank, "Operation Depth," Morskoi Sbornik, Juli, 1994.*

Mitchell, Donald W., A History of Russian and Soviet Sea Power. New York: Macmillan, 1974.

Mitchell, Mairin, Maritime History of the Russians. Paris: Victor Hugo, 1952.

Mozgovoi, Aleksander, "Secret Concealed Beneath the Waves," Echo of the Planet, Nr. 6, February 1994, S. 22-27.*

_________, "Ram 'Hiroshima,'" Morskoi Sbornik, Nr. 11, 1993, S. 48-50.

Nikitin, Ye., Captain 1st Rank, "Tragedy in the Sagasso Sea," Morskoi Sbornik, Oktober 1991, S. 45-51.*

_________, "Fateful Bermuda: The Story of K-219." Unpublished Manuscript, Moskau: July 1994.*

Oberg, James E., Uncovering Soviet Disasters: The Limits of Glasnost. New York: Random House, 1988.

Oberdorfer, Don, The Turn, From the Cold War to the New Era. New York: Touchstone, 1991.

Pavlov, Aleksandr S., Military Vessels of the Soviet Union and Russia 1945-1995. 3. Auflage, Yakutsk, 1994.

Razdolgin, A. A. and Skorikov, Y. A., Kronstadt Fortress, Leningrad: Stroyizdat, 1988.*

Remnick, David, Lenin's Tomb. New York: Simon and Schuster, 1993.

Ryan, Cornelius, The Last Battle. New York: Simon and Schuster, 1966.

Sanders, James, Mark Sauter, Cort Kirkwood, Soldiers of Misfortune: The Cold War Betrayal and Sacrifice of American POWs. New York: Avon, 1992.

Savinkin, A. E., Dominin, I. V., Voenno-Morskaya Ideya Rossii (Russian Naval Ideas). Moskau: Military University, 1997.*

Schachte, William L., "The Black Sea Incident," U.S. Naval Institute Proceedings, Vol.114/6/1024, S. 12, Juni 1988.

Schoenfeld, Gabriel, "Underwatergate, A Submarine Chernobyl," The New Republic, 27. April 1993, S. 20-21.

Shitarev, Viktor, "Secret of the Pacific Ocean," Technika-Molodozha, Nr. 8, 1992, S. 40-42.*

Shlomin, V., "Andrevskiy Flag," Morskoi Vestnik (Naval Digest), Nr. 6, 1992.*

Sigar, Norman, "Why Did the Novorossysk Sink?," Revista Marina, Januar 1990.

Stvolinski, Yu, Konstruktori Podvodnykh Korablyi (Submarine Builders). Leningrad: Lenizdat, 1984.

Vali, Ferenc A., The Turkish Straits and NATO. Stanford: Hoover Institution Press, 1972.

van Voors, Bruce, "Murky Waters for the Supersub," Time, 25. Januar 1988, S. 26.

Varner, Roy, A Matter of Risk. New York: Random House, 1978.

Vego, Milan, Soviet Naval Tactics. Annapolis: U.S. Naval Institute Press, 1992.

Watson, Bruce, Red Navy and Soviet Naval Operations on the High Seas, 1956-1980. Princeton: Westview Press, 1982.

Weeks, Charles, J., Jr., An American Naval Diplomat in Revolutionary Russia: The Life and Times of Vice Admiral Newton A. McCully. Annapolis: U.S. Naval Institute Press, 1993.

Yermolin, Y., Mozgovoi, A. and Nikitin, Y., Echoes of the Planet, Ausgabe Nr. 40, 1991.*

Dank

Die Geschichte der *K-19* wäre ohne die jahrelangen hartnäckigen Nachforschungen der Regisseurin Kathryn Bigelow, des Drehbuchautors Chris Kyle und der Producerin Christine Whitaker von National Geographic nie erzählt worden. Sie konnten die Details nur rekonstruieren, nachdem hartnäckige Behinderungen überwunden waren, und sie Zugang zu den persönlichen Erinnerungen des früheren Kommandanten der *K-19* und zu den Aussagen einiger der überlebenden Besatzungsmitglieder bekamen. Hier können die Betroffenen dieses erschütternden Vorfalls die Geschichte erstmals in ihren eigenen Worten schildern. Es ist auch das erste Mal, dass ein westlicher Autor, die Kommentare von früheren ranghohen Angehörigen der Sowjetmarine verwendet, um einige der Lücken in der Geschichte des Kalten Kriegs auf See zu füllen.

Dieser Bericht zeigt, dass weder die Planer noch die Konstrukteure der Reaktoren sich über die Risiken unkontrollierter Atomkraft im Klaren waren. Das Gleiche gilt für die Männer, die mit den Schiffen in See stachen. Die *K-19* erwies sich als schlechtes Omen für die nächsten drei Jahrzehnte sowjetischer Erfahrungen mit Kernkraft.

Die handgeschriebenen Erinnerungen von Kapitän Satejew redigierte John Paine geschickt, und Timothy Sergay übersetzte sie gewissenhaft. Der Atomexperte Lars Hanson von der Marine überprüfte die Inhalte und half gelegentlich, die oft schwierige Materie für Laien verständlicher zu machen. Ich danke auch dem Herausgeber von National Geographic Books Kevin Mulroy und meinem Agenten Alexander Hoyt, die mir die Gelegenheit gaben, die Geschichte der *K-19* ausführlich zu beschreiben, nachdem ich drei Jahre lang hinter den Kulissen als technischer Berater für den Film gearbeitet hatte. Ich danke auch der Redakteurin Lisa Lytton für ihre Geduld und die enge Zusammenarbeit.

PETER A. HUCHTHAUSEN
Kapitän, U.S. Marine (i. R.)

★★★

LEIDER KANN ICH HIER NICHT allen danken, die mir geholfen haben. Doch ich möchte, dass jeder Einzelne von ihnen weiß, dass ich ihm nicht nur die Entstehung dieses Films verdanke, sondern die außergewöhnlichste Erfahrung meines Lebens. Mein besonderer Dank gilt Hank Palmieri und Chris Whitaker von National Geographic Feature Films, die mir 1996 die Geschichte der *K-19* unterbreiteten; und meinem Agenten, Ken Stovitz, dessen unerschütterliches Vertrauen mir half, die Sache weiterzuverfolgen.

Sobald ein gut gearbeiteter Drehbuchentwurf fertig war, hatte Joni Sightvatsson die Eingebung und den Weitblick *K-19* Nigel Sinclair von Intermedia als potenziellem Geldgeber vorzulegen. Dafür meinen herzlichen Dank. Auch Nigel selbst möchte ich danken, dessen Entschlossenheit und Engagement während des ganzen Projektes gleich blieben.

Von Herzen danke ich Kalli Juliusson und Michael Novotny für die Ausstattung und Maria Allen für die hervorragenden Kostüme; dem genialen Dirigenten Valeri Gergjew und dem

Petersburger Kirow-Orchester, das die atemberaubende Filmmusik von Klaus Badelt so ausgezeichnet zum Leben erweckte; dem unerschöpflichen Glauben und der Begeisterung von Steve-Charles Jaffe, der mir über viele Wechselfälle half; der steten Leidenschaft und Sorge von Walter Murch, der für den Bau der *K-19* verantwortlich zeichnet und dessen gute Laune nie verging, mit welchen Schwierigkeiten er auch fertig werden musste.

Mein tief empfundener Dank gebührt auch Harrison Ford, Liam Neeson und dem ganzen Team für ihre beständige Loyalität und ihre Großzügigkeit.

Am meisten jedoch schulde ich der Besatzung der *K-19*. Ohne sie und ihren unglaublichen Mut, wäre dieser Film nie entstanden.

KATHRYN BIGELOW
Regisseurin, K-19

REGISTER

A

B

C

D

E

F

G

H

I

J

K

L

M

N

O

P

R

S

T

U

V

W

Z